《焦氏笔乘》研究

史振卿 著

齊魯書社

此书得到海南师范大学出版资金和海南省重点（培育）学科资金的资助

序

杨 昶

又睹史振卿《〈焦氏笔乘〉研究》文稿，如见故旧，趁受托作序的机会，说一说其中的缘由。

乙酉(2005)秋，史振卿君年届而立之年，负笈自豫北抵鄂，入华中师范大学历史文献学研究所攻读硕士学位。是所由国学大师张舜徽先生于1979年创立，系全国最早的历史文献学研究生学位点，为湖北省重点学科单位；数代师承，世誉“张门”，精研古典，学风谨严，弟子习染，克绍术业。我有幸早先师从舜徽先生，遂备位华中师范大学历史文献学研究所研究生导师。振卿来到桂子山校园后，经导师、学生“双向选择”而归于我来指导，师生缘分始定。

业师舜徽先生生前曾经力排陈见，谓“明代学术不可全谓为空疏”(《爱晚庐随笔·学林脞录》)。受此教诲，我在从事教学和科研的时候，多将视阈置于“明代典籍之研究与整理”中，对宋濂、杨慎、梅鷟、胡应麟、陈献章、何心隐、王士性、徐霞客、焦竑、陈第等人的文献和学术有所留意。因此，在给硕士生们确定课题研究范围时，经常以这些名家的著述作为选项，供他们各取所需。振卿入学后不久，便和我认真商讨硕士学位论文选题之事，最终确定了学位论文所瞄向的"标靶"，即焦竑之著述与学术。振卿在较短的时间内，完成了对焦竑著述的全面搜集、清理和著录工作，撰写了论文《焦竑著述考》(载《历史文献研究》第26辑，华中师范大学出版社2007年版)。论文发表后，振卿受到了学校的奖励。2008年，振卿在仔细研读多部焦竑著述的基础上，完成了硕士学位论文《〈焦氏笔乘〉研究》，并以全优的成绩通过论文答辩。2009年，《〈焦氏笔乘〉研究》被评为"湖北省优秀硕士学位论文"，荣获湖北省人民政府学位委员会、湖北省教育厅颁发的荣誉证书。自2008年以来，史振卿赴海南师范大学文学院任教，其间又在职攻读博士学位，继而进入博士后流动站历练，学术上日臻成熟。现在《〈焦氏笔乘〉研究》经过振卿悉心修改和补充，即将付梓，乃是繁荣学术、嘉惠同仁的好事情。

被称为"巨儒宿学"的焦竑(字弱侯)，生于南京应天府上元县，是明代后期的大学问家。他具天资而早慧，幼得令名却命蹇。弱冠之年便获南都地区童生考试头彩，25岁于乡试登榜"点贤书"；不料盛年之期凡七次会试均落第，蹉跎了四分之一个世纪的青春。迄于万历十七年(1589)，焦竑以五旬垂老之秋赴会试得中，殿试被御笔点为状元。焦竑中魁后在宦海几经沉浮，十载煎熬再无恋栈之心，遂挂冠归隐，潜心四部，辨章学术不辍，裒集频年述作。焦竑虽官场失意，但在江南学苑则享有盛誉，被视为士林领袖，史称“博极群书，自经史至稗官杂说无不淹贯，善为古文，典正驯雅，卓然名家”（《明史·焦竑传》）。

焦弱侯著述之宏富、涉猎之广博、考订之创见、学术之高识，于明季硕儒之列罕有等侔者，诚如《四库全书总目提要》卷一四六所言：“明代自杨慎以后，博洽者无过于竑。”余英时先生在《论戴震与章学诚》外篇之《从宋明儒学的发展论清代思想史》一文中论述：“在心性之学方面，弱侯实可说是一结束人物。此与其在博学考订方面之为一开创人物，适成为有趣之对照。”张舜徽先生认为：“焦弱侯自是明代博学高识之士，故昔人辨章学术，常取弱侯与郑渔仲（笔者注：即郑樵）并论。焦氏著述既富，而议论多通……信乎其为一代儒林冠冕也。”（《爱晚庐随笔·艺苑丛话·品书画第一》）凡此种种评价，均为切中肯綮。

《焦氏笔乘》系弱侯的代表作，采用的是读书札记的体例，汇聚焦氏一生的重要学术成果，是研究明代文献考据学的重要文献资料之一。学术界对《焦氏笔乘》的研究著述，主要有以下数种：吴荣政《刘知几〈史通〉评述书目考——兼为〈焦氏笔乘〉二则纠谬》（载《湘潭大学学报（社会科学版）》1993 年第 3 期），指出《焦氏笔乘》于《史通》所载古今正史及偏部短记 148 种的基础上，虽加补苴，但仍有五点缺憾；王炜民《〈焦氏笔乘〉的文献学价值》（载《阴山学刊（社会科学版）》1994 年第 3 期），从文字、音韵、注释、辨伪、考据等五方面论述《焦氏笔乘》的文献学价值；龚仕明《〈焦氏笔乘〉医方杂识》（载《中医文献杂志》1999年第3期），考订《焦氏笔乘》所辑录笔记文集内百余条医方，于中医发展有益；陈瑞芳《从〈焦氏笔乘〉看焦竑文献考据学研究》（湖南师范大学2010年硕士论文），重点探讨焦竑反对空疏学风及学术经世的文献考据学思想，及其考据实践在晚明学风转变中所起的重要作用。此外，李剑雄先生在《焦竑评传》（南京大学出版社1998年版）专辟“焦竑考据学的内容与成就”一章，据《焦氏笔乘》、《澹园集》、《俗书刊误》等著述探讨焦竑的学术建树，而亢学军《从〈焦氏笔乘〉看焦竑的文献考据学成就》（载《苏州大学学报（哲学社会科学版）》2004年第4期）未能突破李著之藩篱。林庆彰《明代考据学研究》（台北学生书局1983年版）就《焦氏笔乘》中的诗歌考证作了论述，南柄文等所著《明代文化研究》（人民出版社2006年版）肯定了焦竑在文字学、训诂学、音韵学、考据学等方面的贡献。

与上述研究成果相比较，史振卿所著《〈焦氏笔乘〉研究》与它们各有侧重，短长互补；诸人的精华叠加，足以架构为一个研究焦竑思想和学术的共同体。况且《〈焦氏笔乘〉研究》的篇幅更大，涉及的层面更丰富；在理论运用、谋篇布局、资料发掘、考订辨析等方面都有自己的独到之处，凸显了它的原创性。行文于此，笔者不想再书褒美言辞。《〈焦氏笔乘〉研究》之优劣短长，还要由读者们来评价。相信人们阅过都会得出中肯看法的。

经过多年的砥砺，振卿“由一名对学术茫然无知的中学老师蜕变成把学术作生命的高校老师”（史振卿博士学位论文《清代〈尚书〉学若干问题研究》后记），但是今后的学术生涯还很漫长。期盼他仍不懈怠，积跬步以至千里，勖哉！

因徇师生之谊，为短序千言于其端焉。

癸巳夏杨昶于武昌南湖听沨簃

目 录

绪 论

一、明代学术思想演变概要

明初学术思想在政府的主导下确立朱子学的绝对权威地位，刚继大统的朱元璋于洪武元年（1368）三月就下令设科举取士，科考的内容以朱子学为准绳。永乐二年（1404）严厉惩罚诋毁程朱理学的饶州儒士朱友季，①与此同时，朱棣在永乐年间相继编成《五经大全》、《四书大全》、《理性大全》，并亲自作序："有发明经义者取之，悖于经旨者去之"，确立了"道之在天下，无古今之殊，人禀受于天者，无古今之异"，②并规定了士人阅读与理解的取向。在这样的视域下，明初学术则"原夫明初诸儒，皆朱子门人之支流余裔，师承有自，矩镬秩然。曹端、胡居仁笃践履，谨绳墨，守儒先之正传，无敢

① ［明］沈德符：《万历野获编》卷二十五《献书被斥》，中华书局1959年版，第633页。

② ［清］张廷玉等：《明史》卷九十八《艺文志》，中华书局1974年版，第2425页。

改错”①。明初诸儒如曹端、胡居仁等均以朱子为宗,少有发明之处,但对理学的内在发展理路则自有特质。黄宗羲《明儒学案》载:“有明文章事功,皆不及前代,独于理学,前代之所不及也,牛毛茧丝,无不辨晰,真能发先儒之所未发。”②这样的精神旨趣随着社会的发展必然发生变化,万历年间的李廷机认为:

国初固多才,然而挺然任圣道者寡矣。自河津薛公起而引圣道为己任,卮言细行,必准古遗训而绳之。盖自是天下学道者四起,争自濯磨以承圣范。岂谓尽出河津哉?要之,默自河津启之也。然而士知惇质行已矣,于心犹未有解也。自新会陈公谓:“学必有源,静而反观乎此心之体,得其自然而不假人力。”以为至乐具是矣,其于世之荣名若遗也。盖自是天下学道者,浸知厌支离而反求诸心。岂谓尽出新会哉?要之,默自新会启之也。然以其初知反本真也,则犹隐然与应感二之也。自会稽王公于百难万变中,豁然有悟于学之妙机,以为天下之道原自吾本心而足也。于是揭人心本然之明以为标,使人不离日用而造先天之秘,不出自治而握经世之枢,及其随所施而屡建大勋,则亦由学之约而达也。盖自是天下学道者,浸知显微之无间,体用之一源,斠然有

① [清]张廷玉等:《明史》卷二百八十二《儒林传序》,中华书局1974年版,第7222页。

② [清]黄宗羲:《明儒学案·发凡》,中华书局1985年版,第17页。

中乎道之窾郤。岂谓尽出会稽哉？要之，默自会稽启之也。①

在李氏看来，明代学术起初没有变化，到王阳明的时候，由于阳明悟得学术妙机，才改变学术发展的取向。学术在正德和嘉靖年间发生很大的变化，葛兆光认为，自宋以来构建而成的维护社会秩序的伦理同一性遭到破坏，出现程度的断裂，导致士人开始去寻找解决这种断裂的灵丹妙药。② 在笔者看来，"大礼仪之争"在这次学术变迁中起到了重要的作用。明世宗嘉靖15岁时，以藩王身份继皇帝位，登基后不顾礼制，为了追封自己的生父兴献王为皇帝，不惜与群臣反目。嘉靖的父亲兴献王最终被追封为睿宗。史称"大礼仪之争"。这次斗争的结果是，以杨廷和为代表的一派被罢官。权力之间争斗的背后是思想的纠结和挣扎，士人们不得不重新思考程朱理学的权威性。士人们通过苦读儒家经典，通过追问"学统"，探求"道统"，进而问鼎"政统"，他们也希望通过"道统"对政治有所干预，对皇权有所限制。"大礼仪之争"的结果是，他们对这种逻辑产生了怀疑，他们苦苦追求的理想世界，在皇权面前显得苍白无力，士人们所拥有的知识资源无法疗治变化万端的国家与社会。耐人寻味的是，嘉靖皇帝即

① [明]陈献章：《陈献章集》附录四《从祀文庙疏议》，中华书局1987年版，第927~928页。

② 葛兆光：《中国思想史》第二卷，复旦大学出版社2001年版，第294页。

位后,随即就宣布:“自今教人取士,一依程朱之言,不许妄为叛道不经之书,私自传刻以误正学。”①学界主导的思想怎样解决社会的危机,士人们内心的紧张要如何调适?诸如此类问题,引发士人们的思考。而日益受到士人们推崇的阳明心学得到多方的关注。

阳明和程朱在学理上是一致的,都是功夫论,都是在追问“道”的时候采取的方法而已,只不过程朱是向外求于物,而阳明是向内求于心。王阳明对程朱的修正,首先从“心”开始,他认为:“心即是理也。天下又有心外之事,心外之理乎?”“此心无私欲之蔽,即是天理,不须外面添一分。”②在王阳明看来,“心”中自发的“道心”与“天理”相符合,同样与人间的“礼”相一致。那么“心”不仅是道德的来源和本身,而且也是道德的监督者,人们不需要假借于外物,通过对“心”的体悟,就可以获得一切。在“心即天理”的基础上,王阳明也反对程朱的知行观。由于程朱高度重视“格物致知”,于是把向物探求“道”的学习,与亲自践行分离了,即“知”是一件事,“行”是一件事。王阳明认为“格物”并不是追求“心”外之物,因为这些“物”是靠“心”控制的感觉器官来完成的,“无心则无身,无身则无心”,身心一体,所谓身与心:“指其充塞处言之谓之身,指其主宰处言之谓之心,指心之发动处谓之

① 《明世宗实录》卷十九,台湾历史语言研究所 1962 年影印本,第 7603 页。

② [明]王阳明著,陈荣捷注评:《王阳明传习录详注集评》(修订版)卷上《传习录》卷上,台北学生书局 1992 年版,第 30 页。

意，指意之灵明处谓之知，指意之涉着处谓之物。”①所有的物，在王阳明看来都是为了确立纯明澄澈的心，即“良知”。所以“博学”是使“心”中无时无刻、无处不在存“天理”，“笃行”就是不断地学习这种“存天理”，一旦良知发动，知就是行。② 这种内求于心的理路使士人们暂时摆脱程朱思想的约束，他们通过向内心拷问自己的良知，就可以得到解决各种问题的方法。

王阳明对程朱的修正也是从古代经典开始的。王阳明认为程朱对《大学》和《中庸》的诠释不符合古义，于是他开始探究古本《大学》和《中庸》的原义。对古义的追求的思潮与文学复古、追求灵性遥相呼应。以李梦阳、何景明为首的前七子，倡言复古，“广教化之源，崇文雅之致，削浮华之风，敦古朴之习”③。在追问良心的学理下，以李攀龙、王世贞为首的后七子再倡复古。他们提出的“作诗本乎情景”、“神与境合”，④以及他们提出的创作过程中的“悟”说，重视作家的创作个性，提倡“自得”之文。以袁氏兄弟为代表的“公安派”提出“世道既变，文亦因之”和“性灵说”，要求文字“独抒性灵，不拘格套”，能直抒胸臆，不事雕琢，使明代文风不断掀起

---

① [明]王阳明著，陈荣捷注评：《王阳明传习录详注集评》（修订版）卷下《陈九川录》，台北学生书局1992年版，第282页。

② [明]王阳明著，陈荣捷注评：《王阳明传习录详注集评》（修订版）卷下《黄直录》，台北学生书局1992年版，第302页。

③ [明]徐祯卿：《谈艺录》，《四库全书》本，第45页。

④ [明]谢榛：《四溟诗话》，丁福保辑《历代诗话续编》，中华书局1983年版，第1198页。

波澜。

在复古和灵性的文风影响之下，一批学者开始反思心学。阳明心学由于他的简捷和高调，给明代学术带来巨大的冲击，但是他的思想也给明代学术带来更大的困扰。王阳明在“天泉证道”提道：“无善无恶是心之体，有善有恶是意之动，知善知恶是良知，为善去恶是格物。”①这就是后来被称为“四句教”的师门之训。由它则引发了人们道德实践的两个不同的取向②：第一个取向是钱德洪的诠释，钱德洪主张心体虽无善恶，但为习染所侵，已有善恶在，故要用为善去恶的工夫复其本体，坚持渐悟渐修的途径，即在“慎独”中追求“中和”，以“戒惧”来追问“良知”。③ 无疑，钱德洪通过这条路径坚守着儒家的道德底线。第二个取向是王畿的诠释，王畿认为：“心是有善无恶之心，则意亦是有善无恶之意，知亦是有善无恶之知，物亦是有善无恶之物。”④在王畿看来，心、意、知、物均是“有善无恶”，也就是说，由心产生的所有感觉全部具有合理性，与佛家“我心即佛”毫无差别了。正如《明史》载：“（王畿）竟

---

① ［明］王阳明著，吴光等编校：《王阳明全集》，上海古籍出版社1992年版，第1306页。

② 关于这种动向，可以参考葛兆光：《中国思想史》第二卷，复旦大学出版社2007年版，第312～314页。

③ ［清］黄宗羲：《明儒学案》卷十一《浙中王门学案一》，中华书局1985年版，第227页。

④ ［明］王畿：《王龙溪先生全集》卷十四《原寿篇赠存斋徐公》，清道光二年刊本，第46页。

入于禅,而德洪犹不失儒者矩矱。”①在现实中,王畿的思想愈发受到人们的青睐,愈演愈烈的心学末流,他们“尊二氏以操戈,背弃孔孟,非毁程朱”②,愈发狂狷。

自明中期以来士人们对“尊德性与道问学”的思考,再次引发明代学术的发展,于是考证之学在经学和文学的发展中得到士人们的重视。陈垣先生曾评述明代学风的演变:“明季心学盛而考证兴,宗门昌而义学起。人皆知空言面壁,不立语文,不足以相摄也。故儒释之学,同时丕变,问学与德性并重,相反而实相成焉。”③于是一些关心国事民生,以经邦济世为己任的士人们,倡导“通经汲古”,“经世致用”,主张由宋返汉,重新恢复汉、唐训诂注疏的儒学传统,逐渐形成了经世实学思潮。

二、笔记体著述琐谈

“笔记”,最早见于南朝刘勰《文心雕龙·才略》:“路粹杨修,颇怀笔记之工;丁仪邯郸,亦含论述之美。”又云:“庾元规之表奏,靡密以闲畅;温太真之笔记,循理而清通,亦笔端之良工也。”④可见“笔记”与“论述”和“表奏”相对。《南齐

① [清]张廷玉等:《明史》卷二八二《儒林传二》,中华书局 1974 年版,第 7272 页。

② [明]冯琦:《冯用韫先生北海集》卷三十八《正学疏》,台北文海出版社 1970 年版,第 468 页。

③ 陈垣:《明季滇黔佛教考》,中华书局 1962 年版,第 86 页。

④ [梁]刘勰著,周振甫注释:《文心雕龙注释》,人民文学出版社 1981 年版,第 78 页。

书·丘巨源传》所载:“议者必云:笔记贱伎,非杀活所待;开劝小说,非否判所寄。”①“笔记”与“小说”相对应。南朝梁王僧孺《太常敬子任府君传》曰:“若夫天才卓尔,动称绝妙,辞赋极其清深,笔记尤尽典实。”②“笔记”与“辞赋”相比尽典实。可见笔记在这个时候受到士人们的青睐,成为他们抒发情感和观点的一种文体。

(一)“笔记”体著述史略

其实“笔记”体,我们从先秦时期典籍中可以看到其萌芽,如《尚书》、《诗经》、《国语》、《左传》、《战国策》、《论语》、《老子》、《楚辞》、《山海经》、《吕氏春秋》等。到了汉代,“笔记”体正式产生。刘向的《说苑》、《新序》,网罗先秦至汉的逸闻轶事,成为中国笔记史上的开山之作。班固的《白虎通》、蔡邕的《独断》、应劭的《风俗通》和《汉官仪》等则是早期的考据辨证类笔记的代表。魏晋南北朝时期,《博物志》、《搜神记》、《异苑》、《续齐谐记》、《拾遗记》、《幽明录》、《神异经》等是这一时期志怪笔记的代表作。轶事笔记《世说新语》为后世言行类笔记提供了卓越的范例。历史琐闻和考据辨证类笔记也有了发展,出现《西京杂记》、《荆楚岁时记》、《古今注》、《荆州记》、《风土记》、《颜氏家训》等代表性著作。

隋唐五代,“笔记”体蔚为大观。一方面,承继魏晋南北朝志怪类笔记的传统,载录范围更大,如《玄怪录》、《宣室

---

① [梁]萧子显:《南齐书》,中华书局 1972 年版,第 894 页。

② [清]严可均:《全梁文》卷五十二《王僧孺二·太常敬子任府君传》,商务印书馆 1999 年版,第 567 页。

志》、《博异志》、《酉阳杂俎》、《甘泽谣》、《传奇》、《桂苑丛谈》等,都对后世短篇小说的发展影响不小,也为许多著名戏剧提供了最初的版本。另一方面,更加贴近世俗生活,《隋唐嘉话》、《大唐新语》、《唐国史补》、《明皇杂录》、《开元天宝遗事》、《朝野佥载》、《唐摭言》等,是了解唐代历史的重要参考资料,也为正史提供了不少有价值的史料。同时,笔记的学术性也逐渐凸显,考据辨证类的笔记都颇有价值,如《封氏闻见记》、《苏氏演义》、《资暇集》、《兼明书》、《中华古今注》等。

到了宋代,"笔记"体的创作更加繁荣,无论是数量上还是质量上,都远远超过前代。出现了大量的极具影响力的笔记名作,代表性的笔记作品有宋祁的《宋景文笔记》、欧阳修的《归田录》、司马光的《涑水纪闻》、苏轼的《东坡志林》、陆游的《老学庵笔记》、叶梦得的《石林燕语》、周密的《齐东野语》、罗大经的《鹤林玉露》、蔡绦的《铁围山丛谈》、叶适的《习学记言序目》、黄震的《黄氏日抄》、沈括的《梦溪笔谈》、王应麟的《困学纪闻》、王楙的《野客丛书》、程大昌的《演繁露》、洪迈的《容斋随笔》、黄朝英的《靖康缃素杂记》、孔平仲的《珩璜新论》、陈善的《扪虱新话》、王观国的《学林》、吴曾的《能改斋漫录》、叶大庆的《考古质疑》等。这些著作或记录史事,或评论诗文,或辨证考据,内容丰富,材料翔实,论述有据,考辨精审,具有很高的史料价值和学术价值。

元代"笔记"体著述,出现综合考评类的《敬斋古今黈》、偏重史论的《北轩笔记》和以考辨为主的《日损斋笔记》、《雪履斋笔记》等。明代"笔记"体著述主要体现在丛谈杂著、考据辨证之作中，如何良俊的《四友斋丛说》、谢肇淛的《五杂俎》、胡应麟的《少室山房笔丛》等既重考辨，亦载琐事。焦竑的《焦氏笔乘》、王鏊的《震泽长语》以及杨慎的《谭苑醍醐》、《艺林伐山》和以“丹铅”命名的各种笔记，论经史诗文，讲名物训诂，亦颇有价值。

清代是“笔记”体空前兴盛、集大成的时期，各种笔记都在前人基础上有了进一步发展。历史琐闻类笔记的内容更加充实；考证类的笔记著述明显超过前代，这与清代的学术有密切相关。张舜徽先生在《清人笔记条辨》中指出清人笔记“有辨章学术者，有考论经籍者，有证说名物制度者，有订正文字音义者，有品定文艺高下者，有阐述养生方术者”。张先生又详细论述清人笔记的门类：“清人笔记中，复多经术湛深、考证邃密者，若李惇《群经识小》、邵晋涵《南江札记》、陈鳣《简庄疏记》、严元照《娱亲雅言》、郑献甫《愚一录》、邹汉勋《读书偶识》之类，其书甚广，余将为《群经汇解》以总会之。亦有博涉子史、校勘精审者，若卢文弨《群书拾补》、王念孙《读书杂志》、姚范《援鹑堂笔记》、何焯《义门读书记》、张文虎《舒艺室随笔》、孙诒让《札迻》之类，述造亦繁，余将为《群书集校》以综录之。斯并学涉专门，宜有专书以集其成，今亦不取与百家笔记并列焉。”其他摈弃不取者：“有专载朝章礼制者，如王夫之《识小录》之类是也；有但记掌故旧闻者，如昭梿《啸亭杂录》之类是也；有讲求身心修养者，如魏禧《日录》之类是也；有阐扬男女德行者，如吴德旋《初月楼闻见录》之类是也；有谈说狐怪者，如纪昀《阅微草堂笔记》之类是也；有称述因果者，如俞樾《右台仙馆笔记》之类是也；有录奇闻异事者，如焦循《忆书》之类是也；有纪诗歌倡和者，如阮元《小沧浪笔谈》、《定乡亭笔记》之类是也；有载国恩家庆者，如潘世恩《退补斋笔记》之类是也；有记读书日程者，如叶昌炽《缘督庐日记》之类是也；有叙友朋酬酢者，如金武祥《粟香随笔》之类是也。”①足见清代笔记的兴盛情况。

（二）“笔记”体著述的分类和价值

关于“笔记”体著述的分类，学界意见不一：周作人先生认为“笔记”体著述主要包括：“其一是卫道，无论谈道学或果报。其二是讲掌故，自朝政科名以至大官逸事。其三是谈艺术，诗话与知异文均属之。其四是说自己的话。”②戴逸先生把“笔记”体著述分为杂史类、地理类、儒家类、小说家类、杂家类等。③ 刘叶秋先生把“笔记”体著述主要分为小说故事类、历史琐闻类和考据辨证类等。④ 郑宪春把“笔记”体著述分为六类：笔记小说、笔记小品、山水笔记、随笔、诗话和日记，以及尺牍、序跋、笺注诸类。⑤ 这种分类主要是由于“笔

---

① 张舜徽：《清人笔记条辨 · 自序》，华中师范大学出版社 2004 年版，第 1 ~ 2 页。

② 周作人：《秉烛谈 · 曝背余谈》，北京十月文艺出版社 2012 年版，第 78 ~ 83 页。

③ 戴逸：《清人笔记随录序言》，参见来新夏：《清人笔记随录》，中华书局 2005 年版，第 1 页。

④ 刘叶秋：《历代笔记概述》，北京出版社 2003 年版，第 4 ~ 5 页。

⑤ 郑宪春：《中国笔记文史》，湖南大学出版社 2004 年版，第 20 ~ 30 页。

记”体著述形式随意、内容广博。在不拘一格的形式中，作者长长短短，记叙随宜，或信笔所记，或聊备遗忘，故难以明确分类。总的来说，传统的“笔记”体著述主要包括小说故事类、历史琐闻类、考据辨证类和抒发情感类等。

“笔记”体著述是著者不拘类别、有闻即录之作品，所以其记录所涉上至朝廷内宫、达官贵人，下及里巷细民、民间社会，几乎反映了社会生活的方方面面，诸如典章制度、政治斗争、天文地理、文物典籍、金石书画、诗词歌赋、人物轶事、社会异闻、风俗民情、异国知识等，成为极有价值的历史资料。概而言之，笔记的价值主要体现在三个方面：第一，史学价值方面。“不读笔记，就不可能真正懂得历史。”①最能体现史学价值的是历史琐闻类笔记。这类“笔记”体著述能为正史编修提供材料，如元人修《宋史》，多采用宋人笔记。第二，文学价值方面。由于笔记随笔而录，随遇而写，所以无论叙事、说理、写景、抒情，全能挥洒自如，在表达方式上为文学创作提供了经验。小说故事类与历史琐闻类的笔记，还直接孕育产生了小品、诗话、游记及近代意义上的小说等，并为说唱艺术和表演艺术提供了无穷尽的素材。第三，学术价值方面。最具学术价值的当属考据辨证类笔记，这类“笔记”体著述考据精确、议论高简，考论结合，能给人以多方面的知识，益人神智，启人深思。②

---

① 徐汉华：《笔记中的史料》，《历史教学》1982 年第 2 期。

② 此部分参阅张自然的《宋明时期笔记中的〈史记〉考评述论》（河南大学 2008 年博士论文）第 37 ~ 38 页。

当然，“笔记”体著述的瑕疵也不能回避：或真伪错杂，编排杂乱；或枝零碎节，缺乏系统；或互相抄袭，陈陈相因；或征引书籍，只凭记忆，任意甚至故意删改。所有这些缺点使利用“笔记”体著述受到学界的非议，所以我们在征引“笔记”体著述作为材料、证据时要格外慎重。

三、《焦氏笔乘》研究概况

焦竑(1540—1620)，祖籍山东日照，生于南京应天府上元县旗手卫，字弱侯，号澹园，又号漪园，死后追谥为文端。焦竑在著作中常题署的名号，有澹园居士、澹园老人、澹园子、漪南生，或称太史氏、秘石渠旧史，有时也用金陵、江宁、上元、琅琊等相关籍贯落款，还曾用过龙洞山农的名号，学者则称他为澹园先生。焦竑 16 岁参加家乡的童生考试，获南都地区第一，声名鹊起；25 岁乡试中举，盛誉已播。继而却命运多舛，在以后 25 年中 7 次参加会试，均名落孙山。直到万历十七年(1589)，年届 50 岁的焦竑会试得中后，殿试中被点中一甲头名，即中状元。焦竑中魁后授翰林修撰，勤于职守、廉洁自律。不久，被任命为东宫讲读官，他深知任重，殚精竭虑，辅导皇太子，并在领修国史时尽职尽责，施展自己的才智。后又出任典试官，如履薄冰，恪尽职守。然而命运又一次捉弄他，因丁丑科场案身受诬陷，被外放福建福宁州同知，又因考核不合格，再一次被谪。焦竑宦海沉浮十年，此时已身心疲惫，无心恋栈，毅然弃官回家，过着会友阐道的闲适安定生活。焦竑仕途虽历经几次大起大落，但学问则是如日中天。《明史·焦竑传》称他“博极群书,自经史至稗官杂说无不淹贯,善为古文,典正驯雅,卓然名家”。在士林中,焦竑有很高的威信,被称为“巨儒宿学”、“士林祭酒”,一时成为江南学苑的领袖。

在明季就个案而言,焦竑可谓明儒群体的代表。首先,焦竑著述之丰,明季硕儒少有出其右者。《四库全书总目提要》卷一四六称:“明代自杨慎以后,博洽者无过于竑。”其次,后人对其评价甚高。如《四库全书总目提要》卷一一九在评价明中叶至清初学术由虚向实发展时提及:“明之中叶,以博洽著称者杨慎,次则焦竑,亦喜考证。”张舜徽先生在《爱晚庐随笔》中认为:“焦弱侯自是明代博学高识之士,故昔人辨章学术,常取弱侯与郑渔仲并论。焦氏著述既富,而议论多通……信乎其为一代儒林冠冕也。”①余英时先生在《从宋明儒学的发展论清代思想史》中谈道:“在心性之学方面,弱侯实可说是一结束人物。此与其在博学考订方面之为一开创人物,适成为有趣之对照。”②与焦竑同时代的意大利人利玛窦在其回忆录中写道:“当时,在南京城里住着一位显贵的公民。他原来得过学位中的最高级别(按:指焦竑曾中状元),中国人认为这本身就是很高的荣誉……这个人素有我们已经提过的中国三教的领袖的声誉,他在

① 张舜徽:《爱晚庐随笔》,华中师范大学出版社 2005 年版,第 395 页。

② 〔美〕余英时:《论戴震与章学诚》,生活·读书·新知三联书店 2000 年版,第 315 页。

教中威信很高"①,所以把焦竑作为明儒群体的典型代表是不为过的。

《焦氏笔乘》正集六卷、《续集》八卷。正集刻于万历八年(1580)。万历三十四年(1606),由谢与栋(吉甫)刻成正、续两集。书前有顾起元作的序和焦竑自序。又有清道光、光绪年间南海伍崇曜刊本。《四库全书总目·子部·杂家类存目五》、《艺风堂藏书》均著录《焦氏笔乘》八卷。《明史·艺文志》载录《焦氏笔乘》二十卷。《粤雅堂丛书初编第一集》、《金陵丛书乙集》、《丛书集成初编·文学类》、《续修四库全书总目·子部·杂家类》著录《焦氏笔乘》六卷、《续集》六卷。明陈第《世善堂藏书目录·诸子百家类》著录《焦氏笔乘》六卷。明过庭训《本朝分省人物考》卷十三《南直隶应天府》、清陈作霖《金陵通传·焦竑传》、清徐开任《明名臣言行录》卷七十四《修撰焦文端公竑》均有载录。日本庆安二年刻《焦氏笔乘》六卷。上海古籍出版社于1986年排印李剑雄点校整理的《焦氏笔乘》,共录正集六卷、续集八卷,并附有《四库全书总目提要评语》、《明史·焦竑传》、《明刻本顾起元序》、《孙祖同读后记》、《郑堂读书记跋语》和《粤雅堂刻本伍崇曜跋》。

《焦氏笔乘》的写作,大约始于焦竑早年读书讲学之时,偶有所见,随即记录,其书最早的刻本,在万历八年(1580)刻

① 〔意〕利玛窦、金尼阁著,何高济等译:《利玛窦中国札记》,中华书局1983年版,第358~359页。

成，但仅有数卷，刻书人据称是焦竑的"友人"。李贽在《续焚书》卷一《与焦弱侯太史书》中，曾提到"日者如真寄给《笔乘》二册"，极可能便是此次刻本（晚年刻本，李贽不会见到，且恐不止二册）；如真姓李名登，是焦、李二人的至友，或是焦竑所称的"友人"，至少与此书的初刻初印有某种关系。但在初刻时，焦竑还有许多笔记的原稿未曾收入。后来，他还陆续增写了许多条目。可惜这些原稿在焦竑从北京被贬官到福宁州同知上任时，竟散失了十之五六，直到二十多年以后，即万历三十四年，全部正、续两集《焦氏笔乘》才由其学生谢与栋补印刊行。全书包括初印本在内，共十四卷，这就是目前所能看到的明万历三十四年刻本，万历八年刻本则未见传世。焦竑在该书的序中写道："万历庚辰岁，友人取数卷刻之"，"余观古今稗说，不啻千数百家。其间订经子之伪，补史传之阙，网罗时事，缀辑艺文，不谓无取；而肤浅杜撰，疑误观听者，往往有之"，"筠州谢君吉甫，见而惜之，手自排赞，并前编合刻之，以付同好"。题末为："万历丙午春日，焦竑书于所居之忻赏斋。"从上文可见，万历三十四年刻本是与前编合刻，包括庚辰年初刻的内容。《四库提要》认为："是书多考证旧闻，亦兼涉名理，然多剿袭说部，没其所出……其讲学解经，尤喜杂引异说，参合附会。"评价有失公允。又《澹园集题记》及黄氏《千顷堂书目》除正、续集外另录《别集》八卷，但未见传本。另《老子翼》和《庄子翼》中有冠以"笔乘曰"的文字记 60 条，或为《别集》之佚文。

对《焦氏笔乘》的研究肇始于吴荣政。他在《刘知几〈史通〉评述书目考——兼为〈焦氏笔乘〉二则纠谬》(载《湘潭大学学报(社会科学版)》1993 年第 3 期)一文中指出《焦氏笔乘》在罗列《史通》所载古今正史及偏部短记 148 种的基础上,进行补充完善;王炜民先生《〈焦氏笔乘〉的文献学价值》(载《阴山学刊(社会科学版)》1994 年第 3 期),一文分文字、音韵、注释、辨伪、考据等五个方面论述《焦氏笔乘》的文献学价值;龚仕明《〈焦氏笔乘〉医方杂识》(载《中医文献杂志》1999 年第 3 期)指出《焦氏笔乘》辑录了历代笔记文集中一百多条医方,有利于传统医学的发展;陈瑞芳《从〈焦氏笔乘〉看焦竑文献考据学研究》(湖南师范大学 2010 年硕士论文)论述《焦氏笔乘》的考据学成就,但仍有五个方面的不足;李剑雄先生在《焦竑评传》(南京大学出版社 1998 年版)中专辟"焦竑考据学的内容与成就"一章,从焦竑的《焦氏笔乘》、《澹园集》、《俗书刊误》等著述评介焦竑的学术建树。李著吸纳前人的研究成果,从"小学"贡献到史实的考证,对焦竑考据学的成就作系统梳理,亢学军的《论〈焦氏笔乘〉的文献考据学成就》(载《苏州大学学报(哲学社会科学版)》2004 年第 4 期)未能冲破李著之藩篱;南柄文等所著《明代文化研究》(人民出版社 2006 年版)从史料编纂成果、语言学的成就、考据学的兴起来探讨明代的学术成就,来肯定了焦竑在文字学、训诂学、音韵学、考据学等方面的贡献。

本文运用文献学的方法进行文本解读,以上海古籍刊印李剑雄先生点校整理的《焦氏笔乘》为主,参阅《丛书集成新编》本,通过对文本的分析,把握著者的基本思路和真实内容。同时运用历史学的研究方法，把《焦氏笔乘》置于焦竑整个著述中去探讨，把焦竑放在明代学术中去考察，从而作出更合乎历史的评论。由于《焦氏笔乘》内容博杂，所以在分析每条内容的同时，笔者将采用归纳法的思绪，按一定的性质和内容对其进行划分，从而完成对《焦氏笔乘》的认识过程。再运用诠释学的方法，去解析《焦氏笔乘》所反映出的焦竑的学术思想，进而较为正确全面地把握焦竑的学术地位。这些方法的运用其目的是希冀在以下几个方面有所认识：

第一，拓展前人研究成果。如第一章在论及《焦氏笔乘》的文献学价值时，打破王炜民先生在《〈焦氏笔乘〉的文献学价值》一文中对文献学划分的局限，根据当前文献学理论中文献整理所采用的方法，如版本、校勘、目录、辨伪、考证、辑佚、文字、音韵、训诂、考证、辑佚、注释等，重新定位《焦氏笔乘》的文献学价值，拓展了研究领域。关于研究焦竑心学成就的著作颇丰，且时有大量引用《焦氏笔乘》之文，笔者试着把《焦氏笔乘》中焦竑心学的资料重新归类，在第二章中从哲学之旨趣——尽心至性之学、哲学之归宿——三教会通和《焦氏笔乘》的易学和道家思想之建树等方面统摄焦竑的哲学思想。

第二，开拓研究领域。如：关于《焦氏笔乘》的史学和诗歌研究，由于笔者寡陋，未见佳作刊布，虽然有学者撰文探讨焦竑的史学成就，如王勇刚《焦竑的史学思想》、杨绪敏《论焦竑及其史学研究的成就与缺失》、向燕南在撰写《中国史学思想通史·明代卷》时著有《焦竑的学术特点与史学思想》等，但是这些研究大都以《国朝献征录》、《国史经籍志》和《澹园集》为重点征引资料,对《焦氏笔乘》涉及较少,所以笔者试着从《焦氏笔乘》的史料考据学成就和《焦氏笔乘》中关于《史记》的讨论,来探究焦竑的史学成就。《焦氏笔乘》中记载大量与唐诗相关的内容,为后人对明代诗歌的研究提供了资料,笔者据此寻绎有关焦竑探讨诗歌的意蕴,期望引起学界的关注。

第一章 《焦氏笔乘》的文献学价值

中国古代没有"文献学","文献学"的概念是 20 世纪初梁启超先生提出来的。学界大都认为"文献学"承继古代的"校雠学"。张舜徽先生在《中国文献学》中提出了文献学的基本要求和任务:"继承过去校雠学家们的方法和经验,对那些保存下来了的和已经发现了的图书、资料(包括甲骨、金石、竹简、帛书),进行整理、编纂、注释工作,使杂乱的资料条理化、系统化;古奥的文字通俗化、明朗化,并且进一步去粗取精,去伪存真,条别源流,甄论得失,替研究工作者们提供方便,节省时间,在研究、整理历史文献方面,作出有益的贡献,这是文献学的基本要求和任务。"①

《焦氏笔乘》是焦竑的一部重要笔记体著作,所载内容广博,包含着丰富的文献学研究成果,如"古诗无叶音"的创见是古代音韵学的一大贡献,文字训诂的成果有嘉惠后学之

① 张舜徽:《中国文献学》,华中师范大学出版社 2004 年版,第 3 页。

功,辨伪的文字论辩有力,关于注疏的条目注重解惑辨谬,对于古籍的考据则广泛而精细。本部分主要从版本、校勘、目录、辨伪、考证、辑佚、文字、训诂、音韵等方面论述《焦氏笔乘》的文献学价值。

第一节 文献学概要

“文献”一词较早出现在《论语·八佾》中:“夏礼,吾能言之,杞不足征也。殷礼,吾能言之,宋不足征也。文献不足故也,足,则吾能征之矣。”①马端临在《文献通考》中说:“凡叙事,则本之经史,而参之以历代《会要》,以及百家传记之书;信而有征者从之,乖异传疑者不录,所谓文也。凡论事,则先取当时臣僚之奏疏,次及近代诸儒之评论,以至名流之燕谈,稗官之记录,凡一话一言,可以订典故之得失,证史传之是非者,则采而录之,所谓献也。”②可见“文献”主要是指典籍。

一、20世纪文献学研究概述

“文献学”一词,始见于1920年梁启超的《清代学术概论》:“全祖望亦私淑宗羲,言文献学者宗焉。”③三年后,梁氏在《中国近三百年学术史》之“清初史学之建设”一章中又说

① 程树德:《论语集释》,中华书局1990年版,160页。
② [宋]马端临:《文献通考·自序》,中华书局2011年版,第2页。
③ 梁启超:《清代学术概论》,商务印书馆1930年版,第20页。

“明清之交各大师，大率都重视史学——或广义的史学，即文献学”。① 而后郑鹤声、郑鹤春《中国文献学概要》（商务印书馆1933年版），率先倡导文献学的理论研究，此后关于文献学的研究出现一片沉寂。到20世纪80年代，一批学者在整理古籍、发扬传统文化中，再次掀起文献学理论的探讨，纷纷著书立说，进一步推进文献学的研究。这些理论成果主要有：谢灼华和朱宁《20年来我国文献学理论研究综述（1978～1998）》（载《晋书图刊》1999年第3期）、王余光等《中国文献学理论研究百年概述》（载《图书与情报》1999年第3期）、李伟超《20世纪中国文献学回顾》（载《情报资料工作》2002年第5期）、明海和罗德勇《20世纪90年代的中国文献学研究》（载《现代情报》2003年第5期）、王余光《文献学研究的新进展》（载《江西图书馆学刊》2005年第2期）、陈光华《关于中国文献学学科体系的研究综述》（载《图书馆学研究》2006年第1期）、郭育艳和孙文杰《2001—2004年中国文献学研究状况简析》（载《新世纪图书馆》2006年第2期）、王余光和范凡《2005年文献学研究述略》（载《图书与情报》2006年第4期）、周国林《二十世纪中国古文献学检论》（载《淮北煤炭师范学院学报（哲学社会科学版）》2006年第4期）、蒋宗福《新时期中国文献学研究综述（1978—2005）》（载《绵阳师范学院学报》2006年第4期）

① 梁启超：《中国近三百年学术史》，中国社会科学出版社2008年版，第341页。

等综述的文章中。近年来文献学的理论探讨又面临着大发展的机遇，于鸣镝在《试论大文献学》(载《图书馆工作与研究》2000 年第 1 期)一文中提出“大文献学”，旨在兼容古典文献学与现代文献学，进而拓展文献学的学术空间，引起学者对“大文献学”的研究，如潘树广《大文献学散论》(载《图书馆工作与研究》2000 年第 3 期)等。

台湾出版的《中文大辞典》表达了他们对“文献学”的理解：“研究一民族之语言文学，以了解其文明程度之学术。”他们认为目录为学、校雠为学，少谈文献学。近年来，台湾也重视文献学理论的探讨，如 1994 年成立古典文献研究所，他们的宗旨是加强对传统文献的整理和研究。

当前学界把“文献学”翻译成 documentationscience、informationscience 或 bibliography。documentationscience 显然是据 documentation 转化而来的。documentation 一词，是 1905 年由比利时的保尔·欧莱特(Paul Otlet)提出来的，他主要是将文献工作作为一种人类实践活动来认识，这是值得商榷的。Informationscience 则是信息学的译文，用来翻译“文献学”是有问题的。bibliography 一词源于公元前 5 世纪的希腊语，在 17 世纪以前是指图书的抄写，17 世纪后期成为一种叙述的科学，是对文本研究的形成进行诠释、考证的一门学科。1914 年，T. H. 霍思把 bibliography 分为图书的材料、图书的内容、图书的版本、图书的分类。这与我们所论述的关于文献学的分类是相一致的。我们翻译文献时用 document，而翻译文献学时则用 bibliography，不能从文献找文献学。近年来,国外出现了多位著名的文献学家,他们对文献学的定义,也持有不同说法:如英国文献学家S. C. 布拉德福认为:“文献学是搜集、分类和迅速提供所有形式的精神活动的技艺”;德国学者R. S. 泰勒认为:“文献学指一系列的技术而言,其目的是为了有条不紊地提供组织传递记录的专业知识,使所包含的情报达到最高的取得率和利用率”;美国文献学家J. H. 希拉认为,文献学研究主要目的“在于发展新的分析、组织和检查的方法,使它能够充分地利用各种记录得来的知识。”在日本,“bibliography”被译成“书志学”,日文中也有“文献学”的概念,但在学理上“书志学”与我们的“文献学”基本是一致的。从川濑一马的《书志学入门》(雄松堂2001年版)一书中可知,书志学是重视版本、校勘和目录的。被学界称为书志学家的长泽规距也,所从事的工作主要是版本和目录。另外,欧美和日本的学者对文献学的研究往往与图书情报学结合在一起,在学科划分上文献学也归入图书馆学的范围。

二、近代以来的文献学大家

根据前人的调查与统计,20世纪重要的文献学家约有40位,可分为两大类:一是传统的藏书家或图书馆专家,二是以教学、研究为主的文献学家。详如下表:

20 世纪重要文献学家(按生年排)①

姓名	生年	卒年	籍贯	文献学代表作
李盛铎	1859	1934	江西德化	《木樨轩藏书题记及书录》
叶德辉	1864	1927	湖南长沙	《书林清话》
张元济	1866	1959	浙江海盐	《校史随笔》
董　康	1867	1947	江苏武进	《书舶庸谭》
傅增湘	1872	1950	四川江安	《藏园群书题记》
孙德谦	1873	1935	江苏苏州	《刘向校雠学纂微》
梁启超	1873	1929	广东新会	《古书真伪及其年代》
伦　明	1875	1944	广东东莞	《辛亥以来藏书纪事诗》
张国淦	1876	1959	湖北蒲圻	《中国古方志考》
王国维	1877	1927	浙江海宁	《观堂集林》
朱希祖	1879	1944	浙江海盐	《明季史料题跋》
胡朴安	1879	1947	安徽泾县	《校雠学》
柳诒徵	1880	1956	江苏镇江	《中国版本概论》
陈　垣	1880	1971	广东新会	《校勘学释例》
余嘉锡	1884	1955	湖南常德	《四库提要辨证》
钱基博	1887	1957	江苏无锡	《版本通义》
汪辟疆	1887	1966	江西彭泽	《目录学研究》

① 王余光:《略论 20 世纪中国文献学家》,载《图书馆情报工作》2006 年第 2 期。

（续表）

姓名	生年	卒年	籍贯	文献学代表作
蒋伯潜	1892	1956	浙江富阳	《校雠目录学纂要》
孙殿起	1894	1958	河北冀县	《贩书偶记》
王献唐	1897	1960	山东日照	《国史金石志稿》
张心澂	1896	1988	广西永福	《伪书通考》
郑振铎	1898	1958	浙江永嘉	《西谛书话》
杜定友	1898	1967	广东南海	《校雠新义》
孙楷第	1898	1986	河北沧县	《中国通俗小说书目》
范希曾	1899	1930	江苏淮阴	《书目问答补证》
向　达	1900	1966	湖南溆浦	《唐代刊书考》
陈登原	1900	1975	浙江余姚	《古今典籍聚散考》
郑鹤声	1901	1989	浙江诸暨	《中国文献学概要》
王欣夫	1901	1966	浙江秀水	《文献学讲义》
谢国桢	1901	1982	河南安阳	《晚明史籍考》
王重民	1903	1975	河北高阳	《中国善本书提要》
姚名达	1904	1998	江西兴国	《中国目录学史》
顾廷龙	1904	1942	江苏苏州	《顾廷龙文集》
郭伯恭	1905	1952	河南镇平	《四库全书纂修考》
赵万里	1905	1980	浙江海宁	《中国版刻图录》
张舜徽	1911	1992	湖南沅江	《中国文献学》
杨家骆	1912	1991	江苏南京	《四库大辞典》

（续表）

姓名	生年	卒年	籍贯	文献学代表作
程千帆	1913	2000	湖南宁乡	《校雠广义》
冀淑英	1920	2001	北京	《冀淑英文集》
吴　枫	1926	2001	辽宁兴城	《中国古典文献学》

三、文献整理的内容

文献学是以文献和文献发展规律为研究对象的一门科学。研究内容主要包括：文献的特点、功能、类型、产生和分布、发展规律、文献整理方法及文献与文献学发展历史等。具体来说，主要体现在以下几个方面：（一）文献的特点与功能研究。包括文献的性质和定义，文献整体概况，以及文献在人类发展史上的作用和地位等。（二）文献类型研究。包括运用多种标准对文献进行的划分及各文献类型间的相互关系等。（三）文献及文献学发展历史研究。包括文献的产生和发展过程；历史上的文献聚散存佚现象及其内在规律；不同国家、地区和时代人们对文献的整理和研究情况、成就及存在问题；文献的发展趋势和展望等。（四）文献的研究。包括文献的发展变化和分布规律研究，如文献数量增长规律以及与人类知识发展之间的关系；文献半衰期（老化规律）与知识更新周期之间的关系；文献的分布规律与当代学科互相交叉、渗透状况的关系；文献的相互引用及其频率与情报知识的继承和利用之间的关系。对这些规律的研究，构成了文献计量学的主要内容。它是文献学中较成熟的分支学科，其研究不仅有利于掌握文献特征，更好地收集、管理和利用文献，而且对于了解学术发展动态和趋势，乃至研究整个学科知识的增长规律，都有积极的意义。（五）对某一学科的文献的专门研究。由此可形成专科文献学。（六）对某一类型文献或某一特定文献群的专门研究。由此可形成一些专门的学科，如图书学、专利文献学、纸草文献学、敦煌文献学等。（七）对文献的某些方面问题（如版本问题、校勘问题等）的研究，并由此形成版本学、校勘学等。

中国古代虽无“文献学”一词，但许多学者在开展学术研究的同时，进行了大量的文献整理和研究工作，如汉代刘向、刘歆父子校理群书，编制《别录》、《七略》是整理文献；郑玄为群经作注，也属于整理文献。最早以专著形式系统讨论文献学的是南宋郑樵《通志·校雠略》，此书从理论上阐述了文献工作中的文献收集、鉴别真伪、分类编目、流通利用等问题。郑樵以后，系统研究文献学理论的是清代学者章学诚，提出“辨章学术、考镜源流”思想，他和郑樵一样，都把这些工作称为“校雠学”。最早以“文献学”作为书名的著作是郑鹤声、郑鹤春合著的《中国文献学概要》，该书认为文献学的基本内容是文献的结集、审订、讲习、翻译、编纂和刻印。张舜徽的《中国文献学》和王欣夫的《文献学讲义》则是研究中国古典文献学的专著，二书认为文献学就是版本学、校勘学和目录学三者的结合。

可见文献学之中最为重要的是文献整理。文献整理主要包括校勘、考证、辨伪、辑佚、版本、标点、注释、翻译、目录、索引、典藏等,校勘、考证、辨伪、辑佚、版本等是说明文章的真实和完整;标点、注释、翻译等是为了解决文献的阅读和利用;目录、索引、典藏是为了方便文献的检索和保管。① 同时在整理文献中不可或缺的还有音韵、训诂等。这些都是相互联系的。

第二节 《焦氏笔乘》在版本、校勘和目录畛域的价值

一、版本

(一)版本概述

自从有了文字,就有记录文字的载体,“从现存实物的时代来看,首先有甲骨,随后有青铜,再后有石头,然后是竹木”②。此外还有缣帛、纸张等。从文献记载来看,典册作为文字的载体出现得较早,如《尚书·多士》中“惟殷先人,有册有典”。典、册是用竹简或木片做的,所以也称“版”或者“牍”。《说文解字·片部》载:“版,片也。牍,书版也。”王充在《论衡·量知篇》中载:“截竹为简,破以为牒,加笔墨之迹,

① 顾志华:《关于文献学研究的几个问题》,见华中师范大学文献所编《历史文献学论集》,崇文书局2003年版,第21页。

② 刘国钧著、郑如斯订补:《中国书史简编》,书目文献出版社1982年版,第15页。

乃成文字。大者为经,小者为传记。断木为椠,析之为板,力加刮削,乃成奏牍。”由于竹简或者木片是直的方形,典籍中也有把“版”或者“牍”代称为“直方”和“方”。如《庄子·天下篇》云:“惠施多方,其书五车。”《仪礼·聘礼》云:“百名以上书于策,不及百名书于方。”郑玄注:“名,书文也,今谓之字。”《礼记·中庸》云:“文武之道,布在方策。”《周礼》注曰:“方,版也。”《内史》注:“杜子春云:方直,谓今直牍。”孔颖达在《春秋左传正义》卷一中指出:“简之所容,一行字耳。牍乃方版,版广于简,可以并容数行。凡为书字,有多有少。一行可尽者,书之于简;数行乃尽者,书之于方;方所不容者,乃书于策。”可见在汉唐学者心中,版,原意是木片,后来引申为书籍的载体。

“本”的原意为树根,《说文解字》云:“木下曰本,从木,一在其下。”古人用缣帛写或抄书的时候,为了收卷方便,会在里面安一个木轴,古人称之为卷轴,这个轴一般有个轴头露出来,即所谓的“本”。叶德辉在《书林清话》卷一指出:“今人称书之下边曰书根。乃知本者,因根而计数之词。”后来人们就把书籍文献的原本也称为“本”。《文选·魏都赋》注引《风俗通》云:“刘向《别录》:雠校:一人读书,校其上下,得谬误,为校;一人持本,一人读书,若怨家相对,故曰雠也。”《太平御览》卷六百六引《风俗通》:“刘向为孝成皇帝典校书籍二十余年,皆先书竹,为易刊定,可缮写者,以上素也。今东观书,竹素也。”余嘉锡先生认为:“寻《风俗通》之意,‘一人持本’者,持竹简所书改易刊定之本,‘一人读书’者,读传写上素之书也。以油素之书写自竹简,则竹简为书之原本,故呼曰'本'。其后简策之制既废。写书者借人之书传录,则呼所借者为'本'。"[①]也就是说,"本"由树根引申而来,古人把竹简之书称为"原本"或"本",再演进为借之书为"本"。

"版本"连在一起最早出现在宋代,清代叶德辉《书林清话》卷一云:"自雕版盛行,于是版本二字合为一名。"至宋代,版刻大行,名义遂定。《宋史》卷431《邢昺传》载:"(景德二年)上幸国子监阅库书,问昺经版几何?昺曰:国初不及四千,今十余万……版本大备。"[②]又《崔颐正传》载:"咸平初,又有学究刘可名言诸经版本多舛误,真宗命择官详正,因访达经义者,至方参知政事,以颐正对。"[③]这些都说明,经书的印本有很多种,也就是说,在宋代有雕版以后,版本才得以形成,正如宋沈括在《梦溪笔谈》中所言:"版印书籍,唐人尚未盛为之,自冯瀛王始印《五经》,自后典籍,皆为版本。"南宋叶梦得在《石林燕语》卷八中谈得比较详细:"唐以前……皆有善本。学者以传录之艰,故其诵读亦精详。五代时,冯道始奏请官镂《六经》版印行。国朝淳化中,复以《史记》、《前后汉》付有司摹印。自是书籍刊镂者益多,士大夫不复以藏书为意,学者易于得书,其诵读亦因灭裂,然板本初不是正,不无讹误。世既一以板本为正,而藏本日亡,其讹谬者遂不可

① 余嘉锡:《书册制度补考》,《余嘉锡文史论集》,岳麓书社1997年版,第507页。

② [元]脱脱等撰:《宋史》,中华书局1977年版,第12798页。

③ [元]脱脱等撰:《宋史》,中华书局1977年版,第12822页。

正,甚可惜也。”清人叶德辉在《书林清话》中论述得更为准确:“雕版谓之版,藏本谓之本。藏本者,官私所藏,未雕之善本也。自雕版盛行,于是板本二字合二为一名。”①后来其涵义逐步扩大,包括写本、印本、拓本等一切书本,并且由原来的书本名称演变成学术界整理文献的术语。

在明代学者的眼中,版本包括各种写本、抄本、稿本以及明代以前的竹木简、卷子和雕刻本、活字本。明代刻印业比较发达,而且门类广、数量多,如明南北二京,苏州、扬州、杭州、徽州、建阳等都是著名的刻书中心,书坊林立。但刻印业的发达也有不好的影响,尤其是坊刻,其版本问题较多。

(二)《焦氏笔乘》的版本价值

作为明代著名学者,焦竑主要从三个方面论述版本:

第一,探究版本的源自,指出五代的石经是版本之始。

在明代版本学的研究中,学者比较重视探讨版本的源流,明益藩庄王朱厚烨在《勿斋集》卷一中说:“灵帝时,诏刊章捕张俭等,是刻印之法,汉已有之。”②在他看来,东汉的刻印之法为版本之源。此外还有学者认为隋朝就有版本了,陆琛在《河汾燕闲录》中说:“隋文帝开皇十三年十二月八日,敕废像遗经,悉令雕撰。此印书之始,又在冯瀛王之先矣。”明代学者大多认同版本源自五代。明初曹安认为:“锓板肇于

① [清]叶德辉:《书林清话》卷一,岳麓书社1999年版,第21页。

② 莫伯骥:《五十万卷楼藏书目录初编》卷二,上海商务印书馆1936年版,第236页。

五季，宋益盛。”[①]后来陈继儒又说：“自冯道、毋昭裔为宰相，一变而为雕板。”[②]张萱也有相似看法，他指出：“印行书籍，始之者后唐，继之者孟蜀也。”[③]郎瑛认为：“印板，《笔谈》以为始于冯道奏镂《五经》，柳玭《训序》又云：尝在蜀时书肆中，阅印板小学书。则印板非始于五代矣，意其唐十不过少有一二，至五代刻五经后始盛，宋则群集皆有也。”[④]徐官：“至于木刻，非特三代以上无之，虽秦汉亦未闻，唐末仅有之而未盛。故宋时校正《说文》诸书，但言唐本而不言唐刻唐版可知。故叶梦得曰：唐以前书籍皆写本是也。五代冯道，以艰于求假，求刻浸兴。然苏东坡尚云：近借得《汉书》抄成，便是贪儿暴富，信斯言也。木刻之盛，其在宋之中叶乎？”[⑤]在明儒看来，雕版印书起于唐，始盛于五代，大盛于宋代。焦竑在此基础上，又进一步指：

汉以来六经多刻之石，如蔡邕《石经》、嵇康《石经》、邯郸淳《三字石经》、裴颜刻石写经是也。其人间流传，惟有写本。唐末益州始有墨板，多术数、字学小书而已。蜀毋昭裔请刻板印《九经》、蜀主从之，自是始用木板摹

① [明]曹安：《谰言长语》卷上，中华书局1991年版，第204页。

② [明]陈继儒：《史记钞·序》，见陈氏于明泰昌元年为闵齐汲所刻朱墨套印本，第1页。

③ [明]张萱：《疑耀》卷一，商务印书馆2005年版，第50页。

④ [明]郎瑛：《七修类稿》，上海书店2001年版，第48页。

⑤ [明]徐官：《古今印史·古今书刻》，清乾隆五十九年抄本，第10页。

> 刻《六经》。景德中，又摹印司马、班、范诸史，与《六经》皆传。世之写本渐少，然墨本讹驳，初不是正，而学者无他本刊验。司马、班、范三史，尤多脱乱，其后不复有古本可证，真一恨事也。①

从中我们可知焦竑认为汉以后石经和民间写本是版本之始，唐有墨板，到五代才用木板刻《六经》，也就是说到五代自蜀相毋公后，板刻经史才蔚然成风。焦氏所提出的石经为版本之始，板刻经史自五代始，对版本史的研究有重大意义，至今仍为学者所赞同。张舜徽先生曾指出雕版印刷应溯源到石经。②

第二，焦竑重视善本的价值，以善本分析今本的作用。

焦竑作为著名的学者，参与编修国史，对书籍的版本尤为重视：

> 五代诸君，惟南唐与蜀最娴文学。宋初取天下典籍藏之内府，独二国多善本以此。③

---

① ［明］焦竑著，李剑雄点校：《焦氏笔乘》续集卷三《板本之始》，上海古籍出版社 1986 年版，第 279 页。

② 张舜徽：《中国文献学》，华中师范大学出版社 2004 年版，第 44 页。

③ ［明］焦竑著，李剑雄点校：《焦氏笔乘》续集卷四《藏书》，上海古籍出版社 1986 年版，第 299 页。

在焦竑看来，南唐和蜀的版本最为精要，其原因与蜀相毋公有关：

蜀相毋公，蒲津人，先为布衣，尝从人借《文选》、《初学记》，多有难色。公叹曰："恨余贫，不能力致。他日稍达，愿刻板印之，庶及天下学者。"后公果显于蜀，乃曰："今可以酬宿愿矣。"因命工日夜雕版，印成二书。复雕《九经》，诸史，两蜀文字由此大兴。①

所谓善本，历代学者定义不一，从本质上来讲是指经过专家学者校勘的错误较少的本子。叶梦得在《石林清话》中谈到："藏者精于雠对，故往往皆有善本。"欧阳修在《集古录跋尾》中载："自天圣以来，古学渐盛，学者多读韩文，而患集本讹舛，惟余家本屡更校正，时人共传，号为善本。"②明代学者也提出了自己对善本的看法，高濂《燕闲清赏笺》云："宋人之书，纸坚刻软，字画如写，格用单边……开卷一种书香，自生异味。"可见其善本观是从形式方面讲的。明末毛晋《东野》跋云："既从吴兴得一宋本，厘别乐府，感兴十四类，共五百一十有奇，系以赞书为十卷，尾有常山宋敏求跋，真善本也。"其《后村题跋》云："秦氏秘藏宋刻，其字法之妙，直追率

① [明]焦竑著，李剑雄点校：《焦氏笔乘》续集卷四《雕版印书》，上海古籍出版社 1986 年版，第 302 页。

② [宋]欧阳修：《集古录跋居》卷八《唐田弘正家庙碑》，行素草堂藏版，光绪丁亥校刻，第 17904 页。

更，纸如蝉翼。”这说明毛晋善本观既包括内容又包括形式。明人胡应麟善本观有七条：“视其本，视其刻，视其纸，视其装，视其刷，视其缓急，视其有无。”①清代张之洞在《輶轩语·语学》云：“善本非纸白、板新之谓，谓其为前辈用古刻数本，精校细勘付刊，不讹不阙之本也。”又云：“善本之义有三：一足本，二精本，三旧本。”②可见，善本对学者来讲弥足珍贵：

> 甲辰初夏，对芍药花，细雨阑珊，宾客稀至。读此编，点定数十百字，惜无善本一正之。③

从时间上讲，时间早的本子更能接近著者的思想，对焦竑来讲宋本很难得：

> 旧藏《伽蓝记》写本五卷……新安吴氏以刻之《逸史》中，初本遂不见还。刻本通未校雠，讹舛至不可读。顷得宋本，躬为刊定如此。④

---

① ［明］胡应麟：《少室山房笔丛·经籍会通》，中华书局 1958 年版，第 8 页。

② ［清］张之洞：《张之洞全集》卷二百七十二，河北人民出版社 1998 年版，第 9790 页。

③ ［明］焦竑著，李剑雄点校：《澹园集》续集卷九《书〈画墁录〉》，中华书局 1999 年版，第 898 页。

④ ［明］焦竑著，李剑雄点校：《澹园集》续集卷九《书〈洛阳伽蓝记〉后》，中华书局 1999 年版，第 903 页。

第三,对本朝刻本的评骘。

明人对本朝刻本多有批评,主要认为明刻有随意篡改、妄加删削、刊刻不精、选择不当等弊端。王鏊认为:"一是阅汉《艺文志》,载《家语》二十七卷,颜师古注云:非今所有《家语》也。乃知《家语》本有不同。遍索旧本不可得。一日至书市,有《家语》曰王肃注者,阅之,则今本所无多具焉,乃知今本为近世妄庸所删削也。"①

明人刻书之陋,焦竑也常有提及:

杜"秃节汉臣归",今本作"握节"。右丞"节旄秃尽海西头",今本作"空尽"。俗士无知,妄肆改窜。②

今本之误,是由于俗士之无知。同样他们对诸子之书也有改窜:

《老子》:"服文采,带利剑,厌余食,而资货有余,此之谓盗竽。"《韩非·解》云:"竽也者,五声之长也,竽唱则众乐皆和;大盗唱则小盗和,故曰盗竽。"今本误作"盗夸",字相近而误也。③

---

① [明]王鏊:《震泽长语》卷上,商务印书馆 1937 年版,第 7 页。

② [明]焦竑著,李剑雄点校:《焦氏笔乘》卷一《秃节》,上海古籍出版社 1986 年版,第 17 页。

③ [明]焦竑著,李剑雄点校:《焦氏笔乘》卷一《盗竽》,上海古籍出版社 1986 年版,第 18 页。

从中可见明刻本中的妄改之习气。焦竑重视从各版本之间的文字出入的差异分析版本之优劣：

宋龚鼎臣尝得唐本《中说》于齐州李冠家，盖《中说》之行久矣。陈同父类次《文中子》，云十篇，举其端二字以冠篇，篇各有序，惟阮逸本有之。又阮、龚二本，时有异同，如阮本曰："严子陵钓于湍石，尔朱荣控于勒天下，故君子不贵得位。"龚本则曰："严子陵钓于湍石，民到于今称之，尔朱荣控勒天下，民无得而称焉。"龚本曰："出而不声，隐而不没，用之则成，舍之则全。"阮本则因董常而言，终之曰："吾与尔有矣。"岂逸不无增损于其间，遂启后世之疑耶？①

焦竑在比对阮逸、龚鼎臣的《文中子》的版本，指出二者的异同后，强调阮逸增损文字，这种做法对后代学者起到不好的作用。还有：

上林赋"葴橙若荪"，李善本作"葴持"。葴音针，乃马蓝。又作"寒将"，即蘘蒋。善本盖误以将作持也。张

① [明]焦竑著，李剑雄点校：《焦氏笔乘》卷二《文中子》，上海古籍出版社1986年版，第42页。

揖曰:“葴,持缺。”故详具之。①

焦竑比较这两个本子,对李善的本子提出质疑,但是由于自己无法确定,所以焦氏以“盖误”作为结论。

二、校勘

(一)校勘与校雠

“校”,《说文解字》解释为:“校,木囚也。”是为古代刑具之类的称谓,如《易·噬嗑》云:“初九,屦校灭趾。”而在《荀子·君道篇》中则为考核:“知虑取舍,稽之以成;日月积久,校之以功。”再引申为对文字的校对,如《国语·鲁语》载鲁大夫闵马父对景伯说:“昔正考父校商之名《颂》十二篇于周太师,以《那》为首。”孔颖达在《毛诗正义》解释道:“言校者,宋之礼乐虽则亡散,犹有此诗之本。考父恐其舛缪,故就太师校之也。”正考父是孔子的七世祖,也就是说在周朝就开始对《商颂》校对的工作了。《论语·卫灵公篇》:“吾犹及史之阙文也,今亡矣夫。”从孔子的感叹中,可知孔子也是精于校书的。正如章太炎在《国故论衡》中所云:“孔子录《诗》有四始,《雅》、《颂》各得其所,删《尚书》为百篇而首《尧典》,亦善校者已。”②“雠”,《说文解字》解释为:“犹譍也。”“譍,以言

---

① [明]焦竑著,李剑雄点校:《焦氏笔乘》卷四《葴橙》,上海古籍出版社 1986 年版,第 111 页。

② 章太炎:《国故论衡》中卷《明解诂上》,上海古籍出版社 2003 年版,第 68 页。

对也。”《玉篇》曰：“对也。”《正字通》：“言相雠对也。”《韵会》：“犹校也。谓两本相覆校，如仇雠也。”

“勘”，《说文新附》云：“勘，校也。”《玉篇》：“勘，苦绀切，覆定也。”“校勘”一词始于南朝，《沈林文集》载：“宜选史传学士谙究流品者为左民郎、左民尚书，专共校勘。”宋王溥《五代史会要》卷八载：“国子监祭酒尹拙状称：准敕校勘《经典释文》三十卷，雕造印版。欲请兵部尚书张昭、太常卿田敏同校。敕其《经典释文》已经本监官员校勘外，宜差张昭、田敏详校。”《欧阳修集》卷七十三《书〈春秋繁露〉后》：“予在馆中校勘群书，见有八十余篇，然多错乱重复。”可见，到宋代校勘专指校正文字了。

校勘与校雠既相互联系，又有区别。

校雠，或者雠校，出现在刘向《管子序》中：“所校雠中《管子》书三百八十九篇。”《文选·魏都赋》：“雠校篆籀。”《文选·魏都赋》注引《风俗通》云：“刘向《别录》，雠校：一人读书，校其上下，得谬误，为校；一人持本，一人读书，若怨家相对，故曰雠也。”从中可见向歆父子领校秘书，不仅校正文字，而且还审定篇第、抉择存本、编撰目录等工作。郑樵在《通志略·通志总序》中明确指出：“册府之藏，不患无书；校雠之司，未闻其法。欲三馆无素餐之人，四库无蠹鱼之简，千章万卷，日见流通，故作《校雠略》。”[①]后来章学诚加以发挥，在

---

① ［宋］郑樵著，王树民点校：《通志略·通志总序》，中华书局1995年版，第2页。

《校雠通义》中说:“郑樵生千载而后,慨然有会于向、歆讨论之旨,因取历朝著录,略其鱼鲁豕亥之细,而特以部次条别、疏通伦类,考其得失之故,而为之校雠。”“校雠之义,盖自刘向父子,部次条别,将以辨章学术、考镜源流,非深明于道术精微、群言得失之故者,不足与此。后世部次甲乙、纪录经史者,代有其人,而求能推阐大义,条别学术异同,使人由委溯源,以想见于坟籍之初者,千百之中,不十一焉。”①清代学者范希曾在《校雠杂述》中认为:“细辨乎一字之微,广极夫古今内外,载籍之浩瀚。其事以校勘始,以分类终。明其体用,得其鰓理,斯称‘校雠学’。”张舜徽先生在《广校雠略》中指出:

> 向每校一书,辄为一录,论其指归,辨其讹谬,随竟奏上,后又集众录,谓之《别录》,盖即后世目录解题之始。向校书时,广储副本,有所谓中书,有所谓外书,有所谓太常书,有所谓太史书,有所谓臣向书,有所谓臣某书,博求诸本,用以雠正一书,盖即后世致详板本之意。观向所为《战国策叙录》云:“本字多误脱为半字,以赵为肖,以齐为立。”然则向校雠时,留心文字讹误之是正,盖即后世校勘之权舆。由此论之,目录、板本、校勘,皆校雠家事也。但举校雠,自足该之。语其大用,固在辨章

① [清]章学诚著,刘公纯标点:《校雠通义》,上海古籍出版社 1956 年版,第 1 页。

学术，考镜源流。①

虽说有的学者认为校雠即校勘，但从由校雠发展而来的文献学的角度来看，校勘是指勘对文字，校雠包含版本、目录和校勘。

关于校勘的方法，陈垣先生在《校勘学释例》中总结为四种：第一，对校法。“以同书之祖本或别本对校，遇不同之处，则注于其旁。刘向《别录》所谓‘一人持本，一人读书，若怨家相对’者，即此法也。”“其主旨在校异同，不校是非。故其短在不负责任，虽祖本或别本有讹，亦照式录之；而其长处则在不参己见，得此校本，可知祖本或别本之本来面目”。第二，本校法。“以本书前后互证，而决摘其异同，则知其中之缪误”。“予于《元典章》曾以纲目校目录，以目录校书，以书校表，以正集校新集，得其节目讹误者若干条。至于字句之间，则循览上下文义，近而数叶，远而数卷，属词比事，牴牾自见，不必尽据异本也。”第三，他校法。“以他书校本书。凡其书有采自前人者，可以前人之书校之；有为后人所引用者，可以后人之书校之；其史料有为同时之书所并载者，可以同时之书校之”。第四，理校法。即“遇无古本可据，或数本互异，而无所适从之时，则须用此法。此法须通识为之，否则卤莽灭裂，以不误为误，而纠纷愈甚矣”。②

---

① 张舜徽：《广校雠略》，华中师范大学出版社 2004 年版，第 7 ~ 8 页。

② 陈垣：《校勘学释例》，中华书局 1959 年版，第 144 ~ 148 页。

(二)《焦氏笔乘》校勘价值

焦竑藏书之富,校书之勤,明清人多有记述,《澹生堂藏书训》载:"金陵焦太史弱侯,藏书两楼,五楹俱满,余所目睹,而一一皆经校雠探讨,尤人所难。"所藏之书皆经其校勘,核其异同,正其错讹,时人称其藏书是"丹铅满纸",到处留下他辛勤的校勘的痕迹。焦竑对俗本未校者,"舛讹至不可读"的现象深为扼腕,时加挞伐:"考校弗精,以致斯谬,后人因而承袭之欤?"

第一,焦竑重视版本在校勘中的作用。

校勘是重视版本的,除应用同书的不同版本对校以外,还引用其他文献典籍中所引用到的有关此书的文字进行参校,以纠正版刻文字的舛讹。焦竑亦能很熟练地运用此类校勘的方法。焦竑在《书〈蜀梼杌〉》载:

> 《蜀梼杌》十卷,宋张唐英著。虽偏部短记,事迹微浅,而亦有可以广见闻、备鉴戒者。但录自吏人,讹舛十有四五。归田多暇,辄为审定。盖以三本互证,乃稍谛当如此。①

焦竑用三个不同版本的《蜀梼杌》互相校对,得出善本。他又在《书〈品茶要录〉》云:

---

① [明]焦竑著,李剑雄点校:《澹园集》续集卷九《书〈蜀梼杌〉》,中华书局1999年版,第899页。

尝于残楮中得《品茶要录》，爱其议论。后借阁本《东坡外集》读之，有此书题跋，乃知尝为高流所赏识，幸余见之偶同也。独传写失真，讹舛过半。合五本校之，乃稍审谛如此。①

焦竑又用五个不同的《品茶要录》的本子校对，得到好的定本。对于古本，焦竑同样高度重视：

《语》云："其未得之，患得之；既得之，患失之。"子瞻解云："患得之"当作"患不得之"。及观退之《王承福传》云："其贤于世之患不得之而患失之，以济其生之欲者。"乃知古本如此，今本偶脱一字耳。②

焦竑得到唐写本，而唐写本有很多有意义的校勘成果，焦竑甚为关注。焦竑得到唐司户参军郭京作《周易举正》三卷，对郭京所说表示赞同："曾得王辅嗣、韩康伯手写真本，比较今世流行本及国学、乡贡举人等本，或将经作注、用注作经。《小象》中间，以下句反居其上；《爻辞》注内移，后义却处于前，兼有脱遗、两字颠倒谬误者，并依定本举正其讹，凡一百三节。"于是焦竑略取明白者二十处，以明其义：

---

① [明]焦竑著，李剑雄点校：《澹园集》续集卷九《书〈品茶要录〉》，中华书局1999年版，第898页。

② [明]焦竑著，李剑雄点校：《焦氏笔乘》续集卷三《患不得之》，上海古籍出版社1986年版，第283页。

《坤》初六："履霜坚冰至。"《象》曰："履霜，阴始凝也。驯致其道，至坚冰也。"今本于《象》文"霜"字下误增"坚冰"二字。《屯》六三《象》曰："即鹿无虞，何以从禽也。"今本脱"何"字。《师》六五："田有禽，利执之，无咎。""之"字误作"言"。《比》九五《象》曰："失前禽，舍逆取顺也。"今误倒其句。①

古本之中的宋本，在当时也是难得的本子，焦竑以宋本为底本校勘书籍：

旧藏《伽蓝记》写本五卷……新安吴氏以刻之《逸史》中，初本遂不见还。刻本通未校雠，讹舛至不可读。顷得宋本，躬为刊定如此。古书为后人所乱，类此者不少。仆近刻《九经刊误》、《陶靖节集》，一据宋本正之，实艺林之一快。②

第二，焦竑很关注他校法。在焦竑看来，校勘就要找到讹、误、衍、脱字之字，并且要定夺是非。焦竑在校勘史书的时候，经常参阅其他文献资料和其他知识来明晰古文之讹

① [明]焦竑著，李剑雄点校：《焦氏笔乘》卷一《周易举正》，上海古籍出版社1986年版，第7页。

② [明]焦竑著，李剑雄点校：《澹园集》续集卷九《书〈洛阳伽蓝记〉后》，中华书局1999年版，第903页。

误：

《史记》："汉文帝二年十一月晦，日有食之。十二月望，日又食。"下"日"当作"月"，刊本误耳。徐广以为："'望，日又食'，《汉书》及《五行传》皆无此文，一本作'月食'，然月食，《史》所不纪。"此不通天文故也。盖日食必于朔，月食必于望。时以晦既日食，望又月食，不半月而天变两见，故于望日下诏书修省。而诏止云：乃"十一月晦，日有食之。"则因感月食之变，而益谨日食之戒故也。景帝后三年十月，日月皆食，云十月而不系以日，则此月朔望分食，非一日事也。①

焦竑参照《汉书》等其他文献资料，以及利用天文的常识，纠正徐广注释的错误。又：

《禹贡》："导菏泽，被孟豬"、"入于菏，益为荥"、"浮于淮、泗，达于菏"，本同一菏字。案《说文》菏字音柯，注引《禹贡》"浮于淮泗，达于菏"，与"导菏泽"同，则是达于菏，非达于河也。许慎所见，犹是《古文尚书》，后人传写之误，遂改菏为河，陆德明又音如字。不知淮、泗入河，必导于汴，是隋炀帝始通，禹时未有也。说者牵合传

① ［明］焦竑著，李剑雄点校：《焦氏笔乘》卷二《徐广注误》，上海古籍出版社 1986 年版，第 44 页。

会,或指鸿沟引河北入泗,安知非禹之绩;或谓当必有可达之理,传注亦莫知折衷。然陆氏于"菏泽"下音柯,又工可切;于"浮于淮泗达于河"下亦王氏曰:"济入河,溢为荥,会于菏,注于泗。"则河为菏益明矣。①

焦竑在校对《禹贡》中的"菏"字时,既能参考引用《禹贡》、《说文》和陆德明《经典释文》中的文字,又能用史事来证明"荷"字为正,而"河"乃"后人传写之误"。这对《禹贡》地名的研究起到重要作用。又如:

《三辅黄图》:"长安故城,城南为南斗形,城北为北斗形,故号斗城。"何逊《咸阳诗》云:"城斗疑连汉",老杜:"秦城还斗杓"、"秦城北斗边"、"北斗故临秦"皆用此。而秦中诗:"春城依北斗,郢树发南枝。"春无义,且不可对郢,当是秦城耳。②

对秦中诗"春城依北斗,郢树发南枝"中的"春城"与《三辅黄图》和《咸阳诗》相比对,焦竑认为"春城"应为"秦城"。又如:

---

① [明]焦竑著,李剑雄点校:《焦氏笔乘》续集卷三《禹贡菏误作河》,上海古籍出版社1986年版,第265页。

② [明]焦竑著,李剑雄点校:《焦氏笔乘》卷四《秦城》,上海古籍出版社1986年版,第118页。

《史记》:“龟千岁,乃游莲叶之上。”又《抱朴子》言:“龟或浮莲叶之上,或在丛蓍之下。”许景先诗:“兰叶负龟初荐社,桐花集凤更来仪。”误以莲为兰。①

焦竑根据许景先的诗文,认为《史记》和《抱朴子》中的“莲叶”应该是“兰叶”。

同时,焦竑精于佛学,熟悉佛典,校勘之中,常引佛经证之:

(佛典)又论《洛书》:“戴九履一,左三右七,二四为肩,六八为膝 ,纵横皆十五,而五居其室。”今所传“膝”误作足,亦无“五居其室”一句,独见于佛书耳。②

这样焦竑把诗歌、佛经等作为校勘所参考的文献资料,这样大大提高了勘定的可靠性。

第三,焦竑还以不确定之句述校勘之成果,表明其实事求是的学术态度:

上林赋“葴橙若荪”,李善本作“葴持”。葴音针,乃马蓝。又作“寒将”,即蘪蒋。善本盖误以将作持也。张

---

① [明]焦竑著,李剑雄点校:《焦氏笔乘》卷四《许景先诗误》,上海古籍出版社 1986 年版,第 126 页。

② [明]焦竑著,李剑雄点校:《焦氏笔乘》卷一《佛典解易》,上海古籍出版社 1986 年版,第 11 页。

揖曰:"葴,持缺。"故详具之。①

《上林赋》中的文字,焦竑不能确定是否把"将"改为"持",所以以"盖"字作为定语,表达自己的态度。又:

> 汉王嘉奏对曰:"臣闻咎繇戒帝舜曰:'无敖佚欲,有国,兢兢业业,一日二日万机。'"师古曰:"《虞书·咎繇谟》之辞也,言有国之人不可敖慢逸欲,但当戒慎危惧,以理万事之机也。敖音傲。"今《尚书》乃作"无教逸欲,有邦。"恐敖字误作教耳。②

焦竑同样以"盖误"之语表述自己的实事求是的学术态度,对那些武断者给以警醒。

三、目录

(一)目录概说

何谓"目",《论语·颜渊》载:"颜渊问仁,子曰:克己复礼为仁……请问其目,子曰:非礼勿视,非礼勿听,非礼勿言,非礼勿动。"何晏在《论语集解》中引郑玄语:"此四者,克己复

① [明]焦竑著,李剑雄点校:《焦氏笔乘》卷四《葴橙》,上海古籍出版社1986年版,第111页。

② [明]焦竑著,李剑雄点校:《焦氏笔乘》卷一《敖误为教》,上海古籍出版社1986年版,第12页。

礼之目。"①可见,"目"是条目、项目的意思。"录",许慎在《说文解字·录部》载:"录,刻木录录也。象形,凡录之属皆从录。"《周礼·天官·职币》:"皆辨其物而奠其禄。"《春秋公羊传·隐公十年》:"《春秋》录内而略外",又《定公四年》:"此何以书? 录我主也。"录,由刻录之意引申为记录之意。《汉书·艺文志》叙述刘向等校书编目的情况:"每一书已,向辄条其篇目,撮其指意,录而奏之。"《隋书·经籍志》亦云:"每一书就,向辄撰为一录,论其指归,辨其讹谬,叙而奏之。"从中可以看到刘向"录"的内容包括"篇目"和"指意"。后来录的字义发生变化,录等同于"篇目",王充《论衡·案书》中:"六略之录,万三千篇。"《文选》任彦升《王文宪集序》载:"集录如左。" 唐代毋煚《古今书录序》:"览录而知旨,观目而悉词。"其中,"录"与"目"相对,有篇目之意。

"目录"一词,源于西汉,与刘向、歆父子校书有密切关联。公元前 26 年,汉成帝命陈农搜求遗书,诏光禄大夫刘向等领校秘书。刘向校书未竟而卒,其子刘歆继承父业,将刘向校书时撰写的每篇叙录全文汇编而成《别录》20 卷,刘歆取《别录》所载的内容成《七略》7 卷。萧统《文选》卷二十二王康琚《反招隐诗》李善注引:"刘向《列子》目录。"又卷三十八任昉《为范始兴作求立太宰碑表》李善注引刘歆《七略》:"《尚书》有青丝编目录。"这里的目录指的是一书的目录,所谓一书的目录,是指按照一定的次序编排的一书的篇名和该

① [清]阮元校刻:《十三经注疏》,中华书局 1980 年版,第 2502 页。

书各篇叙录。此外还有群书目录，是指按照一定次序编排的一批图书的书名和叙录。①《汉书·艺文志》记载："武帝时，军政杨仆捃摭遗逸，纪奏《兵录》，犹未能备。"就是指群书目录，《汉书·艺文志》则是现存最早的一部综合性群书目录。《汉书·叙传》："爰著目录，略序洪烈，述《艺文志》第十。"从《汉书·艺文志》开始，目录之名在史书中便常见了。

从书目部类上看，代表的有六略法和四部分类法。六略法是我国最早的图书分类法，由刘向首创。《七略》包括："辑略、六艺略、诸子略、诗赋略、兵书略、术数略、方技略。"其中"辑略"是综述学术源流，不是图书分类，所以汉人就直接称"六略"。王充在《论衡·对作篇》中称："六略之书，万三千篇。"《七略》虽散佚，但班固的《汉书·艺文志》是以此为基础改编而成，我们从《汉书·艺文志》可以了解"六略法"的面貌。

四部分类法来自《中经新簿》。西晋秘书监荀勖撰《中经新簿》，创立了甲、乙、丙、丁四部书目分类体系，其中甲部包括六艺、小学，乙部包括诸子、兵书、兵家、数术，丙部包括史记、旧事、皇览簿、杂事，丁部包括诗赋、图赞、汲冢书等。东晋李充编撰《晋元帝四部书目》将乙、丙两部位置互换，史部书部次在诸子书之前，李充定的四部书目分类体系成为宋、齐、梁、陈、隋等各代秘阁藏书编撰目录的定制。将四部分类

① 张三夕主编：《中国古典文献学》，华中师范大学出版社 2003 年版，第 58 ~ 59 页。

逐步完善的是《四库全书总目》，其书按经、史、子、集四部书目分类体系编排，四部之前有总序，大小类目之前有小序，每书有提要。《四库全书总目》是清乾隆以前中国古代著作之总结，可以算是中国古代书目分类体系最完善的代表，也是中国书目方法集大成之作。

目录的类别主要有国家目录、史志目录、私家目录等。① 国家书目就是官修目录，如宋王尧臣、欧阳修等编《崇文总目》、元代杨士奇编撰《文渊阁书目》、清代《四库全书总目》等。史志目录是指史书中目录，以《汉书·艺文志》和《隋书·经籍志》为代表，而后《旧唐书》、《新唐书》、《宋史》、《明史》乃至《清史稿》中均有艺文志或经籍志，在正史中留下了对一代藏书或一朝人著述的记录。私家藏书目录是官修目录的重要补充，如南朝宋王俭《七志》、梁阮孝绪《七录》、隋许善心《七林》、唐代吴兢编《西斋书目》、宋代晁公武《郡斋读书志》、宋代尤袤《遂初堂书目》、宋代陈振孙《直斋书录解题》、明代高儒《百川书志》、明代祁承㸁《澹生堂书目》、明代黄虞稷《千顷堂书目》、清代钱曾《读书敏求记》、清代于敏中等《天禄琳琅书目》、清代黄丕烈《百宋一廛书录》、清代徐乾学编《传是楼书目》等。

目录之学源自宋代，苏象先在《苏魏公谭训》卷四载："祖父谒王原叔，因论政事。仲至侍侧，原叔令检书史。指之曰：此儿有目录之学。"这说明在当时已经有学者把懂目录的人

① 来新夏：《依然集》，山西古籍出版社 1998 年版，第 44 页。

作为一个专业。清代以来学者更为重视目录，如王鸣盛在《十七史商榷》卷一曰："目录之学，学中第一紧要事，必从此问途，方能得其门而入。"又卷七载："凡读书最切要者，目录之学。目录明，方可读书；不明，终是乱读。"章学诚在《校雠通义》指出："校雠之义，盖自刘向父子部次条别，将以辨章学术，考镜源流。"①"盖部次流别，申明大道，叙列九流百氏之学，使之绳贯珠联，无少缺逸，欲人即类求书，因书究学。"②余嘉锡认为："盖吾国从来之目录学，其意义皆在'辨章学术，考镜源流'，所由与藏书之簿籍、自名鉴赏、图书馆之编目仅便检查者异也。"③姚名达也指出："目录学者，将群书部次甲乙，条别异同，推阐大义，疏通伦类，将以'辨章学术，考镜源流'，欲人即类求书、因书究学之专门学术也。"④张舜徽先生从校雠学的角度，强调目录"辨章学术，考镜源流"的功用。⑤

(二)《焦氏笔乘》的目录价值

作为明代著名的学者，参与修撰国史，所以焦竑很重视目录的功用。第一，焦竑重视目录的作用，对目录的分类有

---

① [清]章学诚著，叶瑛校注：《文史通义校注》(下)，中华书局 1985 年版，第 945 页。

② [清]章学诚著，叶瑛校注：《文史通义校注》(下)，中华书局 1985 年版，第 966 页。

③ 余嘉锡：《目录学发微》，中国人民大学出版社 2004 年版，第 14 页。

④ 姚名达：《中国目录学史》，上海书店 1984 年版，第 9 页。

⑤ 张舜徽：《中国文献学》，华中师范大学出版社 2004 年版，第100 ~ 103 页。

自己的见解。

焦竑在《国史经籍志序》中谈道：

> 刘歆《七略》类例精已，荀勖乃更著《新录》，析为"四部"，合兵书、术数、方技于诸子；《春秋》之内，别出《史记》，经、子、文赋一仍其旧。繇近世史籍猥众，若循《七略》，多寡不均，故谢灵运、任昉悉以勖例诠书，良谓此也。今之所录，亦准勖例，以当代见存之书统于"四部"，而"御制"诸书，则冠其首焉。①

目录门类到荀勖已基本确定，每个时代书籍的门类均有其时代的特征，所以门类的分化也要反映其时代的变迁。在焦竑看来，在原有的书目分类中应该加上"制书类"，主要包括：御制、中宫御制、敕修、纪注时政等，这是因为这些文辞如"家人父子提耳以命，唯恐其不尽也；如导师之于弟子，唯恐其不达也"。② 焦竑在每部录其目录后，有其后记，发挥"辨章学术、考镜源流"的思想：

> 蜀张生有言："《连山》，天《易》也；《归藏》，地《易》也，有法术而未有书；《周易》，人《易》也，始有书矣。而

---

① ［明］焦竑：《国史经籍志》，《丛书集成新编》本，台湾新文丰出版公司1986年版，第1页。

② ［明］焦竑：《国史经籍志》卷一《制书类》，《丛书集成新编》本，台湾新文丰出版公司1986年版，第5页。

未详于义也。”商瞿受《易》于孔子，五传而至田何，虽有异家，一以象数为宗。自王弼之说出，阴阳、占筮皆视为术数之流。而《易》晦矣。子曰:《易》有圣人之道四焉，非直以其辞而已。盖尝譬之:象数者，水之源、木之本也。卦有定名，则水出木生，而某水、某木可知已;六爻则其派与枝叶也。派之通塞、枝叶之华悴，则爻之吉凶也。辞则水之经、木之谱也，学者执经与谱而不复寻其源本，谓学《易》可乎?世儒王主理、郑主象，二家局见，今古所同。顾承学左袒王氏者为多，繇象无筌蹄可寻。而理则管蠡可测，折杨黄华，溘然而笑，无足怪也。①

从中我们可知，焦竑在叙述《易》的流变后，指出研究《易》的弊端，最后心平气和地载录文献资料。而且对每一部类，焦竑均有自己的看法，如“书类”:

古者言为《尚书》，事为《春秋》，盖左右二史分职之。秦置尚书禁中，通章奏，汉诏命在尚书，主王言，故秦汉因以名官，《七略》曰:“尚书，直言也。”而以为上古之书者，失之矣。始伏生授晁错《尚书》二十八篇，汉魏数百年间，诸儒所治仅此耳。至东汉梅赜增多二十五篇，即所称壁藏书也。考《汉志》有《古经》十六卷，以其后出，

① [明]焦竑:《国史经籍志》卷二《经部·易》,《丛书集成新编》本，台湾新文丰出版公司1986年版，第12～13页。

别于经,不以相溷,其慎如此。唐人不能深考,猥以晚晋杂乱之书定为义疏,而汉魏专门之学遂以芾废。近吴幼清《叙录》一出,乃悉还伏生之旧,而赵子昂、归熙甫之流各著为书,靡不悬合,盖涣然有当于心。夫古书淆于后人,至不可胜数,其文辞格制之异,固可望而知之也。朱元晦尝深疑之,而未有及是正。今学官既有著令,学士大夫往往循习不辨,遂使唐虞三代之遗,掇拾于故老者,尽乱于伪人之手而不觉,可胜惜哉。故于胪列诸家,而特著其事,俟广石渠、白虎之义者,有所考镜焉。①

在焦竑看来,《尚书》本来就有今文和古文之别,《汉书·艺文志》记载清楚,后人加入的伪书从文辞格制中也能看出:

《诗》三百一十篇,亡其辞者六,考之《仪礼》,皆《笙诗》也。《笙诗》有谱以记音节,而无其辞,非轶之也。春秋诸侯卿大夫赋诗道志,率无所择。至考其入乐,自《邶》迄《豳》,无一在数享之用。《鹿鸣》乡饮酒之笙,由庚鹊巢射之奏。《驺虞》采蘋靡匪《雅》与《南》也。然后如《南》、《雅》、《颂》之为乐无疑矣。故曰:"以《雅》以

① [明]焦竑:《国史经籍志》卷二《经部·书》,《丛书集成新编》本,台湾新文丰出版公司1986年版,第16~17页。

《南》，以钥不僭。”季札观舞《象》、《箾》、《南籥》者。《南籥》，二《南》之籥也。《箾》，《雅》也。《象》舞《颂》之维清也。《文王世子》又曰：“胥鼓《南》。”则《南》之为乐益明已。窃尝论他经可以诂解，而《诗》当以声论，后世不得其声，而独辞之。知韩、毛诸家于鸟兽虫鱼之细，竭力之争，而问其音节，不能解也。古者审声以知治，作乐以成教者，其亦几于绝矣。夫以声感者于性近，而以义求者离性远。学《诗》而不知此者，与耳食何异？今录其见存诸编，令学者与乐部类而观焉。①

学《诗》不是从诗文辞来探究其大意，而是从乐的角度去分析。对于《春秋》，焦竑认为舍弃三传，研读《春秋》：

孔子西观周室，令子夏等十四人求《周史记》，得诸国宝书，而《春秋》作焉。秦虑曰：“书非《史记》、《周图》，仲尼不采。”其自谓“述而不作”也以此。汉初，博士唯《公羊》一家，宣帝益以《穀梁》，至平帝时《左氏》始立。大氐《左氏》传事不传义，是以详于史而事未必核；《公》、《穀》传义不传事，是以详于经而义未必当。籍乎后儒，保残守陋，往往主传而宾经，失乃弥甚。夫圣人之作经，岂冀有三子者为之传耶？无三传，经遂不可名耶？

① [明]焦竑:《国史经籍志》卷二《经部·诗》,《丛书集成新编》本，台湾新文丰出版公司1986年版，第20页。

善乎赵鹏飞之言:“学者当以无传求《春秋》,不可以有传求《春秋》。”得之矣。说经者总若千家,而余得并列于篇。①

在焦竑看来,目录不仅仅是篇目的胪列,最为主要的是“论其指归,辨其讹谬”,所以他在后序中特别强调这一点,这与明朝轻视目录的风气是不一样的。

焦竑在《焦氏笔乘》中也收集许多书目著述,如他罗列《史通》所载“古今正史及偏部短记”共148种:

古今正史及偏部短记甚多,然半就湮没。如《晋书》不行沈约,而行唐太宗;《唐书》不行刘昫,而行宋祁。世俗识真者少,古书散佚,正坐是耳。《史通》所载,多有其名,今备疏之。谯周《古史考》、荀悦《汉纪》、《汉尚书》、谢沈《汉书》、《后汉尚书》、袁宏《后汉纪》、华峤《汉典》、《东观汉记》……祖台《志怪》、干宝《搜神记》、刘义庆《幽明录》、刘敬叔《异苑》。②

《史通》与《世说新语》所载史目有一定的差距,所以焦竑又把《世说新语》所载而《史通》未有者胪列出来计

---

① [明]焦竑:《国史经籍志》卷二《经部·春秋》,《丛书集成新编》本,台湾新文丰出版公司1986年版,第25~26页。

② [明]焦竑著,李剑雄点校:《焦氏笔乘》卷三《史通所载史目》,上海古籍出版社1986年版,第97~99页。

67 部,①这样做目的是通过书目来发挥目录的功用,以利于学习。

同样焦竑对现实社会的需求和士人乐谈的事物,也重视收集其目录。《焦氏笔乘》辑录许多与酒有关的文献:

> 万历己卯秋,同昆陵徐士彰寻买旧书,得十数种,中有《酒经》一册,不著撰人姓名。读之,知其风流酝藉人也。癸未,读田子艺《日札》,载宋大隐朱翼中《北山酒经》三卷,乃知即翼中作。然又有李保《续北山酒经》一卷,前此更有汝阳王琎《甘露经》,王续追焦革酿法为《酒经》,又采仪狄、杜康以来善酿者为《酒谱》,窦子野亦有《酒谱酒录》一卷,胡节还《醉乡小略》五卷、《白酒方》一卷、《食图四时酒要》一卷,《藏酿方》一卷,刘炫《酒孝经》一卷、《贞元饮略》三卷,胡氏《醉乡小略》五卷,皇甫松《醉乡日月》三卷,阳曾龟令圃《芝兰集》一卷、《小酒令》一卷,同尘先生《庭萱谱》一卷,近又有《酒史》三卷,田汝成《醉乡律令》一卷。②

酒在民众和士人之间都受到青睐,焦竑也花费心思去整理饮酒、造酒等相关的文献。同样,《焦氏笔乘》也收集许多

---

① 该部分参见吴荣政:《刘知几〈史通〉评述书目考——兼为〈焦氏笔乘〉二则纠谬》,载《湘潭大学学报(哲学社会科学版)》1993 年第 3 期。

② [明]焦竑著,李剑雄点校:《焦氏笔乘》卷三《酒经》,上海古籍出版社 1986 年版,第 109 页。

与茶有关的典籍：

陆羽《茶经》三卷、《茶记》三卷，皎然《茶诀》三卷，陆鲁望《茶品》一篇，温庭筠《采茶录》三卷，张又新《煎茶水记》一卷，蜀毛锡《茶谱》一卷，丁谓《北苑茶录》三卷、又《北苑拾遗》一卷，蔡宗颜《茶山接对》一卷、又《茶谱遐事》一卷、《北苑煎茶法》一卷，曾伉《茶园总录》十四卷、《茶法易览》十卷。蔡襄有《进茶录》，黄儒有《茶品要录》，熊蕃有《宣化北苑贡茶录》，熊客有《北苑别录》，田艺蘅有《煮茶小品》。①

在焦竑看来，酒和茶都是民众所关注的，《酒经》和《茶经》关乎人之大事，所以应该认真对待。同时，焦竑在选目时，特别关注近世学人的著录。在"小学"的目录上焦竑更为重视：

小学，谓文字之学也。《周礼》："八岁入小学，保氏教国子以六书。"故名。郱子林好古有雅才，建武中，历位列卿，至大司空。其正文字过于郱，故言小学者，宗于杜林。《三苍》：《苍颉篇》，秦相李斯作；《训纂篇》，扬雄作；《滂喜篇》，后汉郎中贾鲂作，总曰《三苍》。梁有《苍

① ［明］焦竑著，李剑雄点校：《焦氏笔乘》卷三《茶经》，上海古籍出版社 1986 年版，第 110 页。

颉》二卷，杜林注，见《隋经籍志》。又《小学篇》一卷，晋下邳内史王义撰。又《小学》九篇，杨方撰。《始字》一卷，《劝学》一卷，蔡邕撰。司马相如作《凡将篇》，班固《太甲篇》、《在昔篇》，崔瑗《飞龙篇》，蔡邕《圣皇篇》、《黄初篇》、《吴章篇》，蔡邕《女史篇》，合八卷。又《初学》二卷，朱育撰。《始学》十二卷，吴郎中项峻撰。又《月仪》十二卷，亡。《发蒙记》一卷，晋著作佐郎束哲撰。张揖《字诂》。《汉·张衡传》注有《苍颉篇》。《汉安纪》注云：《苍颉篇》："邸，舍也。"又曰："帝年十岁，好学史书。"注云："《史书》，周宣王太史籀所作之书也。凡五十五篇，以教童蒙。"《魏·王粲传》云："邯郸淳博学有才章，善《苍》、《雅》虫篆。"《通典》云："《汉官仪》云：'能通《苍颉》、《史籀篇》，补兰台令史，满岁为尚书郎。'"《法言》"学《苍颉》、《史篇》"，注谓多知奇难字。《三苍训诂》三卷，《埤苍》二卷，并张揖撰；《广苍》一卷，樊恭撰，见《唐经籍志》。又有氏《字指》、何承天《篆文》、郭璞《三苍解诂》。①

焦竑认为小学是文字之学，因《周礼》："八岁入小学，保氏教国子以六书"而得名，又载录有大量的字书目录，不但发挥目录的学术旨趣，而且凸显了焦竑广阔的视野、博识的才

① ［明］焦竑著，李剑雄点校：《焦氏笔乘》续集卷五《小学》，上海古籍出版社 1986 年版，第 334 ~ 335 页。

学和独特的视角。

第三节 《焦氏笔乘》在辨伪、考证和辑佚畛域的价值

一、辨伪

（一）辨伪概述

作伪是我国文献典籍中一种普遍的现象，作伪何时出现，现在已难以解释。文献资料记载，孟子已经对书产生过怀疑。《孟子·尽心篇》载："尽信书，则不如无书，吾于《武成》，取二三策而已矣！仁者无敌于天下，以至仁伐至不仁，而何其血之流杵也？"如明人胡应麟在《四部正讹》中载："余读秦汉诸古书，核其伪几十七焉。"①清人龚自珍在《家塾策问二》中言："伪书不独后世有之也，战国时人，依托三皇五帝矣，或依托周初矣，汉之俗儒，已依托孔门问答矣。"②到汉代，随着大量古籍的出现，伪书也不断增加，辨伪工作日益受到重视。这是因为辨伪对读书至关重要。清代学者姚际恒在《古今伪书考》中指出："造伪书者，古今代出其人，故伪书滋多于世。学者于此，真伪莫辨，而尚可谓之读书乎！是必取

---

① ［明］胡应麟：《四部正讹》，中华书局 1958 年版，第 23 页。

② ［清］龚自珍：《龚自珍全集》，上海人民出版社 1975 年版，第 120 页。

而明辨之,此读书第一义也。”①

辨伪与校勘是连在一起的,张舜徽先生在《中国文献学》中指出:辨伪工作一开始便和校书工作结合在一起。汉代学者们,原来也是通过校书来考订古书的真伪和时代的。《汉书·艺文志·诸子略》农家,有《神农》二十篇。颜师古注引刘向《别录》云:“疑李悝、商君所说。”可知刘向在西汉末年校定图书时,便疑这书是伪托的,并且此书为谁所作也假定下来了。我们根据这一线索,去探寻由刘向的儿子刘歆删《别录》而写成的《七略》,也还可考见不少有关辨伪的言论。②《七略》虽然亡佚,但是绝大部分保存在《汉书·艺文志》中,所以从中可以探寻刘向和班固的辨伪方法。张舜徽先生总结为六个方面:第一,明定某书为依托,但未能确指其人。第二,从文辞方面,审定系后人依托。第三,从事实方面,审定系后人依托。第四,明确指出依托之时代。第五,明确指出系后世增加。第六,不能肯定的,暂时存疑。③

对辨伪进行系统总结的是明代学者胡应麟,他在《四部正讹》中提出了八种方法:“第一,核之《七略》,以观其源;第二,核之群志,以观其绪;第三,核之并世之言,以观其称;第四,核之异世之言,以观其述;第五,核之文,以观其体;第六,

① [清]姚际恒:《古今伪书考》,中华书局 1995 年版,第 273 页。

② 张舜徽:《中国文献学》,华中师范大学出版社 2004 年版,第 143 页。

③ 张舜徽:《中国文献学》,华中师范大学出版社 2004 年版,第143~145 页。

核之事，以观其时；第七，核之撰者，以观其托；第八，核之传者，以观其人。”①后来硕儒贤人不断总结，主要体现在梁启超《中国历史研究法》和《古书真伪及其年代》、张心澂《伪书通考》等著作中。杜泽逊先生把辨伪方法总结为二十条：第一，从授受源流上辨伪；第二，从被依托的人辨伪；第三，从首先传出该书的人辨伪；第四，从该书与作者行事的矛盾辨伪；第五，据当事人的揭发辨伪；第六，从文体上辨伪；第七，从文章风格辨伪；第八，从特殊语词的起源辨伪；第九，从声韵系统和时代的矛盾辨伪；第十，从因袭上辨伪；第十一，从称引上辨伪；第十二，从佚文上辨伪；第十三，从史实的先后辨伪；第十四，从称谓上辨伪；第十五，从制度上辨伪；第十六，从地理沿革上辨伪；第十七，从本书与作者的思想观点矛盾辨伪；第十八，从被依托者的学术水平与本书矛盾辨伪；第十九，从被依托者的学术专长与本书矛盾辨伪；第二十，从学术思想发展史的倒置辨伪。②总的来讲，辨伪方法主要体现在：第一，从目录文献入手，检讨古籍文献是否载录，以辨其真伪。第二，从历史事件入手，检讨古籍文献发生的时间与作者生卒是否矛盾，以辨其真伪。第三，从作者生平和著述入手，检讨古籍文献与此是否矛盾，以辨其真伪。第四，从文辞语体入手，检讨古籍文献与时代的特有文体风格是否矛盾，以辨其真伪。第五，从征引文献入手，检讨古籍文献与传本是否矛盾，以辨

① ［明］胡应麟：《四部正讹》，中华书局 1958 年版，第 423 页。

② 杜泽逊：《文献学概要》，中华书局 2001 年版，第 252～267 页。

其真伪。第六,从思想入手,检讨古籍文献与其时代思想是否相悖,以辨其真伪。①

古人作伪,一般分有意识和无意识两种。杨昶师总结为十个方面:第一,"尊古贱今"产生伪书;第二,因典籍兴废致使伪书应时而生;第三,统治阶级内讧,为造舆论编书;第四,古代典籍失传,后世编造补缺;第五,由于学派斗争,制造伪书作论据;第六,挟私嫌相毁谤,因而编造伪书;第七,好事者猎奇,有意编造伪书;第八,本非有意伪作的古籍,因误题著者而归于伪书;第九,假设虚构,托之前代;第十,古书传世损益,真伪错杂成书。② 我们鉴别伪书,是明晰其真伪,并不是完全否定它,伪书本身也有其价值:第一,保存古代的科技成就;第二,保存古代的制度;第三,保存古代的思想;第四,保存古书;第五,保存古代语言文字资料;第六,保存古代神话等③。

(二)《焦氏笔乘》的辨伪价值

辨伪,是辨别典籍本身的真伪,指出古书的真实性,主要从成书年代、作者及"附益"三个方面进行考证,来鉴定古籍的真伪。焦竑在《伪书》中指出:

---

① 张三夕:《中国古典文献学》,华中师范大学出版社 2003 年版,第 199~203 页。

② 杨昶:《辨伪学讲义》,载李国祥、杨昶主编:《国学知识指要》,广西人民出版社 1993 年版,第 36~42 页。

③ 杨昶:《辨伪学讲义》,载李国祥、杨昶主编:《国学知识指要》,广西人民出版社 1993 年版,第 57~58 页。

《本草》，神农书也，中言豫章、朱崖、赵国、常山、奉高、真定、临淄、冯翊出诸药物，如此郡县，岂神农时所有邪？《山海经》，禹、益书也，中有长沙、零陵、桂阳、诸暨，如此郡县，岂禹时所有邪？《三坟》，伏羲、神农、黄帝书也，然谓封拜之辞曰“策”。策始于汉，而谓伏羲氏有策辞，可乎？祭天地于圜丘，大夫之妻曰命妇，《周礼》始有之，而谓天地圜丘，恩及命妇，为黄帝之事，可乎？相人之术起于衰世，而谓圣人以形辩贵贱，正贤否，为神农之书，可乎？《三略》、《六韬》，太公书也，然其中杂援军谶以足成之；夫谶书起于战国之后，太公之时曾有之乎？《中略》之末，谓《三略》为衰世而作；太公之佐文武，果衰世乎？《六韬》中其言多诬圣贤之甚，窃孙、吴之陈，而谓太公为之乎？《尔雅》，周公书也，然其中有云“张仲孝友”。张仲，宣王之臣也，周公安得载之《尔雅》？《左传》，丘明书也，然其中有云“虞不腊矣”。夫腊之为节，秦始有之，丘明安得纪之《左传》？《汲冢》，周书也，其《周月解》，则以日月俱起于牵牛之初。夫自尧时日躔虚一度，至汉《太初历》始云“日起牵牛一度”，何周月而乃尔？《时训解》则以雨水为正月中气，夫自汉初以前，历皆以惊蛰为正月中气，至《太初历》始易之以雨水，何《时训》而云然？《子华子》，程本书也，其语道德则颇袭《老》、《列》之旨，语专对则皆仿《左氏》之文，是何彼此之偶合？作声调似指汉武朱雁芝房之事，喻子车复窃韩愈《宗元墓铭》之意，是何先后之相侔？《苍颉篇》，李斯作也，其曰“汉兼天下，海内并厕”、“豨黥韩覆，畔讨威残”，然则汉事何以载于秦书？《列仙传》，刘向作也，赞云：“七十四人出佛经”，然则释教何尝兴于汉前？此类甚多。或摹古书而伪作，或以己意而妄增，至使好事之流，曲为辩释，以炫其博，是皆未之深考耳。①

焦竑以自己丰富的学识，主要从古书本身的内容，包括书中所载之地理、典章、人物、历法、言辞等多方面去辨伪古书，指出《本草》非神农之书，《山海经》非禹、益作，《三坟》非伏羲、神农、黄帝作，《三略》、《六韬》非太公书，《尔雅》非周公所著，《左传》亦非丘明作，《汲冢》应在周后，《子华子》非程本之书，《苍颉篇》也非李斯作，《列仙传》非刘向书，这些书已被历代学者考证，均为伪书，可见焦竑辨伪眼力。同时他又指出造伪及伪书流传的原由：“或摹古书而伪作，或以已意而妄增，至使好事之流，曲为辩释，以炫其博，是皆未之深考耳。”

《古文尚书》自唐代柳宗元疑其为伪作，宋、元、明时期意见尚不统一。焦竑认为：

国子学正梅鷟曰：《尚书》惟今文四十二篇传自伏生口诵为真古文，十六篇出孔壁中者，尽汉儒伪作。大抵

① ［明］焦竑著，李剑雄点校：《焦氏笔乘》卷六《伪书》，上海古籍出版社 1986 年版，第 192～193 页。

依约诸经、《论》、《孟》中语，并窃其字句而缘饰之。其补《舜典》二十八字，则窃《易》中"文"、"明"，《诗》中"温"、"恭"、"允"、"塞"等字成文。其作《大禹谟》："后克艰厥后，臣克艰厥臣"等句，则窃《论语》"为君难，为臣不易"成文；"惟精惟一，允执厥中"等句，则窃《论语》"允执厥中"等语成文；"征苗"、"誓师"、"赞禹"、"还师"等，原无此事，舜分北三苗，与窜三苗于三危，已无烦师旅，伪作者徒见《舜典》有此文，遂模仿为"誓召还兵"、"有苗格"诸语；《益稷》赓歌亦窃《孟子》"手足"、"腹心"等句成文。其外《五子之歌》，窃《孟子》"忸怩"之语，《泰誓》三篇取《语》、《孟》"百姓有过在予一人"、"若崩厥角稽首"之文。其外《胤征》、《仲虺之诰》、《汤诰》、《伊训》、《太甲》《咸有一德》、《说命》、《武成》诸篇，文多浅陋，必非商、周之作。相传共王坏孔子宅，欲以为宫，而得之。不知竹简漆书，岂能支数百年之久？壁间丝竹八音，是何人作？乃献书者之饰辞也。梅作有成书，今藏余家，异日当板行之。①

另在《尚书古文》又录赵子昂之论证已之见：

余尝疑《尚书》古文之伪，《笔乘》已载梅学正、归太

① [明]焦竑著，李剑雄点校：《焦氏笔乘》卷一《尚书古文》，上海古籍出版社 1986 年版，第 5～6 页。

仆二人之言为据。昨偶见赵子昂真迹一卷,中一篇亦具论此,乃知人心之同然也。第恨其书不可见,今录其序于此。①

焦竑分条转录元代赵子昂,明代梅鷟、归有光等学者辨析《古文尚书》之伪的资料,更加坚信《古文尚书》为伪作。这种举先贤之论、证己之旨的方法,通过对其伪书的学术前史的概论,一方面彰显自己学识倾向,另一方面也给后人治学保存了宝贵资料。

又如焦竑在《外篇杂篇多假托》专辨《庄子》的伪篇:

《内篇》断非庄生不能作,《外篇》、《杂篇》则后人窜入者多。之、哙让国在孟子时,而《庄》文曰:"庄子身当其时。"昔时陈恒弑其君,孔子请讨。而《胠箧》曰:"陈成子弑其君,子孙享国十二世。"即此推之,则秦末汉初之言也。岂其年逾四百岁乎? 曾、史、盗跖与孔子同时,杨、墨在孔后孟前,《庄子·内篇》三卷,未尝一及五人,则《外篇》、《杂篇》多出后人可知。又"封侯""宰相"等语,秦以前无之,且避汉文帝讳,故田恒为田常,其为假托尤明。②

---

① [明]焦竑著,李剑雄点校:《焦氏笔乘》续集卷三《尚书古文》,上海古籍出版社 1986 年版,第 282 页。

② [明]焦竑著,李剑雄点校:《焦氏笔乘》卷二《外篇杂篇多假托》,上海古籍出版社 1986 年版,第 41 页。

辨伪的目的是还给原书一个真实的面目，对一些误认为伪书的书进行纠正。王逸注《楚辞》时以为《九歌》为屈原所作，而把《九辩》定为宋玉的作品，否定了屈原的创作。《焦氏笔乘》卷三《九辩九歌皆屈原所作》载：

《离骚经》："启《九辩》与《九歌》兮"，即后之《九歌》、《九辩》，皆原自作无疑。王逸因"夏康娱以自纵"之句，遂解《九歌》为禹，不知时事难于显言，乃托之古人，此诗人依仿形似之语耳。不然，则上所谓"就重华而陈词"，岂真有重华可就邪？舍原所自言不之信，而别解之，不知何谓？《九辩》谓宋玉哀其师而作，熟读之，皆原自为，悲愤之言，绝不类哀悼他人之意。盖自作与为他人作，旨趣故当霄壤。乃千百年读者无一人觉其误，何邪？①

又：

《九辩》，余定以为屈原所自作无疑。只据《骚经》"启《九辩》与《九歌》兮"一语，并玩其词意而得之。近览《直斋书录解题》，载《离骚释文》一卷，其篇次与今本

① [明]焦竑著，李剑雄点校：《焦氏笔乘》卷三《九辩九歌皆屈原所作》，上海古籍出版社1986年版，第101页。

不同。首《骚经》，次《九辩》，而后《九歌》、《天问》、《九章》、《远游》、《卜居》、《渔父》、《招隐士》、《招魂》、《九怀》、《七谏》、《九叹》、《哀时令》、《惜誓》、《大招》、《九思》。按：王逸《九章注》云："皆解于《九辩》中"，则释文篇第，盖旧本也。以此观之，决无宋玉所作搀入原文之理。天圣十年陈说之序，反以旧本篇第混并，乃考其人之先后重定之，不知于人之先后，正自舛谬，而后人反沿袭之，可怪也！①

同时焦竑很注意伪书制造者的动机，把托古人之名著书立说以表达自己思想与完全是欺惑世人的著作区别开来，尽可能地考证出所谓伪书的真实作者及年代，以体现其固有价值，如：

宋咸作《驳中说》，谓文中子乃后人所假托，实无其人，则几于瞽说矣。王绩有《负苓者传》，陈叔达有《答王绩书》，曰："贤兄文中子恐后之笔削陷于繁碎，宏纲正典暗而不宣，乃兴玄经，以定真统。"陆龟蒙《送豆庐处士序》亦曰："昔文中子生于隋代，知圣人之道不行，归河汾间，修先君之业。"后司空图、皮日休俱有《文中子碑》。五子皆唐人，言之凿凿如此，咸独臆断其无，可乎？宋龚

① ［明］焦竑著，李剑雄点校：《焦氏笔乘》续集卷四《九辩》，上海古籍出版社1986年版，第303页。

鼎臣尝得唐本《中说》于齐州李冠家，盖《中说》之行久矣。陈同父类次《文中子》，云十篇，举其端二字以冠篇，篇各有序，惟阮逸本有之。①

又，杨炯写有《王子安集序》，焦竑录之，曰：

文中子之居龙门也，睹隋室之将散，知吾道之未行。循叹凤之远图，宗获麟之遗制，裁成大典，以赞孔门。讨论汉魏，迄于晋代……此亦可为《文中子》非伪书一证。②

从中我们可以看到焦竑利用王绩等五人著述和杨氏论证说明《文中子》不是伪书。同时焦竑通过比较龚本与阮本，进而探寻《文中子》被后人怀疑为伪书的原委。

对《亢庄子》的辨别也是如此：

亢仓子，即《庄子》庚桑楚也。其书本唐王士源作。士源作《孟浩然集序》，自言入终南山，修《亢仓子》九篇。《乘梼杌》，元吾丘衍作，王祎《吾子行传》备言之。此书有衍《小序》，云："与《晏子春秋》相似，疑出于一时。"盖

① ［明］焦竑著，李剑雄点校：《焦氏笔乘》卷二《文中子》，上海古籍出版社 1986 年版，第 42 页。

② ［明］焦竑著，李剑雄点校：《焦氏笔乘》续集卷三《王勃集序》，上海古籍出版社 1986 年版，第 267 ~ 268 页。

托言之耳。古人有所著作，而托于人以传者，不可胜数。然其意与刘炫伪造《鲁史记》、《连山易》诸书攫赏者自不同也。王元美《卮言》谓《亢仓子》为伪书，盖未见源《序》耳。①

另外，对《绝越书》作者的辨伪同样精彩：

《绝越书》，郑夹漈《经籍略》等皆以为子贡所作，殊无据。此书终篇业具姓名，读者未审耳。云“以去为姓，得衣而成。厥名有米，覆之以庚。禹来东征，死葬其疆”，又云“文属辞定，自于邦贤。以口为姓，承之以天。楚相屈原，与之同名”，去得衣乃袁字，米覆庚乃康字，禹葬会稽，是会稽袁康著耳。“文属辞定，自于邦贤”，言此书非康自作，口承天，吴字；与原同名，平字，是邑人吴平所共定。②

二、考证

（一）考证概说

考，即攷，考核的意思，《说文解字·攴部》：“攷，敂也。”

① ［明］焦竑著，李剑雄点校：《焦氏笔乘》续集卷三《亢仓子梼杌》，上海古籍出版社 1986 年版，第 266 页。

② ［明］焦竑著，李剑雄点校：《焦氏笔乘》续集卷四《绝越书》，上海古籍出版社 1986 年版，第 294 页。

“敂,击也。”《诗经·唐风》云:“子有钟鼓,弗击弗攷。”后来引申为考课,《周礼·夏官司马》载:“以待考而赏诛。”《广雅》载:“考,问也。”《易·复卦》载:“敦复无悔,中以自考也。”《诗·大雅》载:“考卜维王。”《传》曰:“考,犹稽也。”《尚书》载:“考制度于四岳。”《注》曰:“考,考正制度。”再如《史记·宋微子世家》载:“稽疑:择建立卜筮人。”《史记集解》孔安国曰:“龟曰卜,蓍曰筮。考正疑事,当选择知卜筮人而建立之。”考正即考证。证,《说文解字·言部》载:“证,谏也。”《战国策·齐策》云:“士尉以证靖郭君,靖郭君不听。”也有解释为证据,如《大戴礼记·文王官人》云:“慎用六证。”“《后汉书》载:罪无申证,狱不讯鞫。”考证是通过搜集资料,罗列确实证据,解决历史和文学研究中涉及的各种问题,如名物、典制、人物生平、地理、史实等。如《旧五代史·晋书·后妃列传》载:“今采《五代会要》、《通鉴》、《契丹国志》、《文献通考》所载晋后妃事,分注互缀,以补《薛史》之阙,且以备《欧阳史》之考证焉。”①

从孔子开始,考证已经得到广泛的运用,到汉代已成为学者所共识。司马迁撰写《史记》的时候,曾对大量的史料进行过考证别择,“厥协六经异传,整齐百家杂语”。班固所撰写《白虎通义》实质上是一部史料考证的史学笔记。② 三国时期谯周《古史考》二十五篇,考辨《史记》所记史实,“皆凭

---

① [宋]薛居正:《旧五代史》,中华书局1976年版,第1131页。

② 孙建民、薛亚康:《笔记史学刍议》,《河南大学学报》1991年第4期。

旧典，而纠迁之谬误”，是我国古代第一部考证史料的专著。宋代学者较为普遍地运用考证的方法了，如《宋史·礼志·吉礼·讳条》载：绍兴二年十一月，礼部、太常寺言：“渊圣皇帝御名，见于经传义训者，或以威武为义，或以回旋为义，又为植立之象，又为亭邮表名，又为圭名，又为姓氏，又为木名，当各以其义类求之。以威武为义者，今欲读曰‘威’。以回旋为义者，今欲读曰‘旋’。以植立为义者，今欲读曰‘植’。若姓氏之类，欲去‘木’为‘亘’。又缘汉法，‘邦’之字曰‘国’，‘盈’之字曰‘满’，止是读曰‘国’、曰‘满’，其本字见于经传者未尝改易。司马迁汉人也，作《史记》，曰：‘先王之制，邦内畿服，邦外侯服。’又曰：‘盈而不持则倾。’于‘帮’字、‘盈’字亦不改易。今来渊圣皇帝御名，欲定读如前外，其经传本字，即不当改易，庶几万世之下，有所考证，推求义类，别无未尽。”①《宋史·儒林传·郑樵传》载：“（郑）樵好为考证伦类之学，成书虽多，大抵博学而寡要。”②

考证在经学上也得到广泛运用。晋杜预晚年究心经典，考证《左氏春秋》，撰成《经传集解》三十卷，称为经学考证的典范。北齐颜之推著《颜氏家训》二十篇，“述立身治家之法，辨正时俗之谬”，其中有《书证》和《音辞》二篇，考证经典、训释经文，同时《书证》对《尔雅》、《苍颉篇》等字书进行考辨，

① ［元］脱脱等：《宋史》，中华书局 1977 年版，第 2609 页。
② ［元］脱脱等：《宋史》，中华书局 1977 年版，第 12944 页。

为后代学者提供范例。如:“太公《六韬》,有天陈、地陈、人陈、云鸟之陈。《论语》曰:‘卫灵公问陈于孔子。’《左传》:‘为鱼丽之陈。’俗本多作‘阜’傍车乘之‘车’。案诸陈队,并作陈、郑之‘陈’。夫行陈之义,取于陈列耳,此‘六书’为假借也。《苍》、《雅》及近世字书,皆无别字,唯王羲之《小学章》独‘阜’傍作‘车’。纵复俗行,不宜追改《六韬》、《论语》、《左传》也。”①其孙颜师古与孔颖达等整理五经,对五经文字多有订正,撰成《五经定本》。

此外,考证也广泛应用在文学上。宋严羽在《沧浪诗话》中有一篇《考证》的文章。其文全面分析文学考证的重要性和考证方法:“少陵与太白,独厚于诸公,诗中凡言太白十四处,至谓‘世人皆欲杀,吾意独怜才;‘醉眠秋共被,携手日同行。’‘三夜频梦君,情亲见君意。’其情好可想。《遁斋闲览》谓二人名既相逼,不能无相忌,是以庸俗之见而度贤哲之心也。予故不得不辨。”②明胡应麟《少室山房笔丛·经籍会通二》:“(黄长睿)考证碑帖甚夥,虽辨论多美,未必一一中程也。”③清姚鼐在《复秦小岘书》中云:“天下学问之事,有义理、文章、考证三者,之分异趋而同为不可废。”④清阮元在

① [北齐]颜之推著,王利器集解:《颜氏家训集解》,中华书局 1993 年版,第 432 页。

② [宋]严羽著,郭绍虞校释:《沧浪诗话校释》,人民文学出版社 1983 年版,第 207 页。

③ [明]胡应麟:《少室山房笔丛》,中华书局 1958 年版,第 32 页。

④ [清]姚鼐:《惜抱轩全集》卷一,中国书店 1991 年版,第 80 页。

《小沧浪笔谈》中说道："亲拓款识，敬录御制诗篇，考证以归。"①梁启超在《清代学术概论》中说："凡欲一种学术之发达，其第一要件，在先有精良之研究法。清代考证学，顾（炎武）、阎（若璩）、胡（渭）、惠（栋）、戴（震）诸师，实辟出一新途径，俾人人共循。贤者识大，不贤识小，皆可勉焉……夫无考证学则是无清学也。"②

随着铜器和石刻传世，学者便运用这些出土的文献来考证传世文献。张舜徽先生对古代学者的贡献总结为四个方面："第一，根据金文以证明经义。……第二，根据金文以解释文字。……第三，根据实物形制，以纠正古代传说之谬。……第四，根据铜器刻辞，以校订古书记载之误。"③自从殷墟甲骨文发现以后，王国维便利用这些地下出土的资料提出"二重证据法"等考证文献资料。

（二）《焦氏笔乘》的考证价值

焦竑博极群书，自经史至稗官杂说无不淹贯，善为古文，典正驯雅，卓然名家，其对图籍的考证尤为重视：

> 余观古今稗说，不啻千数百家，其间订经子之讹，补史传之阙，网罗时事，缀辑艺文，不谓无取；而肤浅杜撰，疑误视听者，往往有之。余尚欲投一枝于邓林

---

① ［清］阮元：《小沧浪笔谈》卷三，文选楼丛书，第 20 页。

② 梁启超：《清代学术概论》，东方出版社 1996 年版，第 27～28 页。

③ 张舜徽：《中国文献学》，华中师范大学出版社 2004 年版，第139～140 页。

间哉！①

直接对古代文献研究考证成为《焦氏笔乘》的重要内容，焦竑的考证主要体现在：

第一，对诗、赋等文学作品的考证。如对古诗的考证：

> 太白诗："我来圯桥上，怀古钦英风。"按《史记》："子房授书圯上。"注："圯音怡，楚人谓桥为圯。"二字不应复用。②

焦竑还常常娴熟地运用金石碑刻等实物资料，来辅助其考证工作。杨慎认为《华清宫》是唐朝诗人杜常的作品，焦竑从《宋史·杜常传》中证实其为宋人，另外焦竑从石碑中也得到证实：

> 予尝见杜常一碑，凡数诗，《华清宫绝句》居首，前书殿中丞杜常，后题元丰年月。③

---

① [明]焦竑著，李剑雄点校：《焦氏笔乘·序》，上海古籍出版社1986年版，第1页。

② [明]焦竑著，李剑雄点校：《焦氏笔乘》卷一《太白诗误》，上海古籍出版社1986年版，第16页。

③ [明]焦竑著，李剑雄点校：《焦氏笔乘》卷三《杜常》，上海古籍出版社1986年版，第108页。

引证诗中之碑刻所署的月日，考证杜氏乃是宋代人而非唐代人，以纠正《三体唐诗》收录杜诗之失误。他还曾引证北魏的石刻与崔浩之说，来证明五代吴越王国曾经建号改元①。

东坡《二疏赞》云："孝宣中兴，以法驭人，杀盖、韩、杨，盖三良臣。先生怜之，振袂脱屦，使知区区，不足骄士。"其立义亦超卓矣。然考之二疏去位，在元康三年；后二年，盖宽饶诛；又三年，韩延寿诛；又二年，杨恽诛。方二疏去时，三人尚无恙也。凡作议论文字，须令核实无差忒乃可。②

苏东坡写《二疏赞》，其目的是表彰他们的言行，但是三人没有事迹可以表扬。所以在焦竑看来，即使是议论文字也要与史实相符。

《史记·司马相如传》载："邪与肃慎为林。"关于"邪"的读音，师古注曰：读为"左"。焦竑认为：

"邪"当如字读。师古读为"左"者，非是。盖肃慎在东北隅，故曰邪以为邻。若欲言左，则下文有左苍梧，右西极矣。《韵会》曰："邪，外国名。"亦引此传为据，又非

① [明]焦竑著，李剑雄点校：《焦氏笔乘》卷三《淮西碑》，上海古籍出版社1986年版，第100页。

② [明]焦竑著，李剑雄点校：《焦氏笔乘》卷一《二疏赞误》，上海古籍出版社1986年版，第14页。

也。盖邪徐本徐嗟切，若国名则如琅邪、浑邪，乃余遮切，与此不同。①

在焦竑看来，诗、词、歌、赋均有源自：

《三都赋》："林薮石留而芜秽。"石留，言土地多石如人之有留结也。《国策》："段规谓韩王曰：'分地必取成皋。'韩王曰：'成皋石留之地，无所用之。'"赋本此。②

赋的序文也有来历，有人在解释时常有误解：

左思《三都赋序》讥扬雄赋甘泉不当言"玉树青葱"。或言玉树者，武帝所作，集众宝为之，以娱神，非谓自然生之，犹下句言"马犀""金人"也。此说亦非。按王褒《云阳宫记》、《三辅黄图》并言："甘泉宫北有槐树，今为玉槐树。根干盘峙，三二百年木也。耆旧相传，即子云所谓'玉树青葱'者"，据此，则何必巧为解邪？③

---

① ［明］焦竑著，李剑雄点校：《焦氏笔乘》卷一《师古注误》，上海古籍出版社 1986 年版，第 25 页。

② ［明］焦竑著，李剑雄点校：《焦氏笔乘》卷三《石留》，上海古籍出版社 1986 年版，第 85 页。

③ ［明］焦竑著，李剑雄点校：《焦氏笔乘》卷三《玉树青葱》，上海古籍出版社 1986 年版，第 102 页。

唐代诗人在作诗的时候，也有用史有误的地方："'绕曹赠士会以策'，指方策之策也。太白诗'临行将赠绕朝鞭'，则误以鞭为策。阮籍登广武，叹曰：'时无英雄，使竖子成名。'旧时无刘、项，使名归司马氏也。太白诗'沉醉呼竖子，往言至非公'，则谓竖子为沛公。"①而后，焦竑举出杜牧等诗歌中用史的错误。对杜子美之诗中的读音，焦竑提出自己的看法：

> 子美"几回青锁点朝班"，用修谓："点读如玷，《汉书》：'祇足以发笑而自点耳'。与此点字同。"余谓不然，若作玷字，不得用"几回"字。王建诗："殿前传点各依班，召对西来八诏蛮。"盖唐人屡用之，亦可证杜诗之不音玷也。②

对诗歌的来源，焦竑也是重视的。如杜甫之诗，在焦竑看来都无来处："山谷谓杜诗无一字无来处，今试拈一二。'骏尾萧萧朔风起'，用汉《天马曲》。"③又如：

① ［明］焦竑著，李剑雄点校：《焦氏笔乘》卷三《唐人用事之误》，上海古籍出版社 1986 年版，第 108 页。

② ［明］焦竑著，李剑雄点校：《焦氏笔乘》卷四《点朝班》，上海古籍出版社 1986 年版，第 116 页。

③ ［明］焦竑著，李剑雄点校：《焦氏笔乘》卷四《杜诗无一字无来处》，上海古籍出版社 1986 年版，第 117 页。

《刘贡父诗话》云："曹参曾为汉功曹，而杜诗云：'功曹非复汉萧何'，误矣。"按曹参亦未为功曹，子美自用孙策语耳。吴虞翻为孙策功曹，策曰："孤有征讨事，未得还府，卿复以功曹为吾萧何守会稽耳。"广德元年，子美在梓州补京兆府功曹，故以自况。《三国志》既非僻书，贡父乃未之见，而轻诋子美，何邪？①

第二，焦竑对论史书记载之失误的考证：

《通鉴》载："唐太宗臂佳鹞，望见魏征，纳之怀。征奏事久不已，鹞竟死怀中。"按白乐天《献续虞人箴》云："降及宋璟，亦谏玄宗。温颜听纳，献替从容。及璟趋出，鹞毙握中。故开元事，播于无穷。"则是宋璟谏明皇，非征与太宗也。乐天去当时未远，必有据依。今《唐书·征列传》亦不载此事。②

此外，焦竑还考证印章之真假：

马援拜伏波将军，上书言："臣所假伏波将军印文，伏字大外向。又成皋令印，皋字从白下羊；丞印四下羊；

① ［明］焦竑著，李剑雄点校：《焦氏笔乘》卷四《杜诗用孙策语》，上海古籍出版社1986年版，第120页。

② ［明］焦竑著，李剑雄点校：《焦氏笔乘》续集卷五《通鉴之误》，上海古籍出版社1986年版，第338～339页。

尉印白下入,入下羊。即一县长吏,印文不同,非所以为信。"事下大司空,正郡国印章。今按:伏旁从犬,能无外向之笔?皋非从羊,乃是谐声之字。记东观者,未有一言以辨之。印文职在司空,掌以少府,犹或讹异,况于香奁家记,铜龟私印?高平刻鹊瑞之章,玄晖奉虎儿之字,私志姓字者,不可胜纪,其来久矣。①

对于"皋字从白下羊;丞印四下羊;尉印白下入,入下羊"的说法,在焦竑看来,印章中的字体和字形可能发生变化,不能因为字体和字形来断定此枚印章为假。

三、辑佚

(一)辑佚概说

辑与集,音义同。唐颜师古在《汉书·高帝纪》注云:"辑与集同,谓和合也。"宋吴仁杰《两汉刊误补遗》卷五载:"《艺文志》故有辑略,师古曰辑与集同,谓诸书之总要。仁杰按:当是时犹未以集名书,故此志所载歌诗一百家皆不曰集。"②张舜徽先生在《广文字蒙求》中解释:"辑,车舆也;戢,藏兵也,都有收聚的意思。这一群的声义,是从集字来的。集即雧之省体,群鸟在木上也。从隹从木,引申为凡聚集之称。"③

① [明]焦竑著,李剑雄点校:《焦氏笔乘》卷一《印文之误》,上海古籍出版社 1986 年版,第 14 页。

② [宋]吴仁杰:《两汉刊误补遗》,《四库全书》本,第 132 页。

③ 张舜徽:《广文字蒙求》,华中师范大学古籍所编,第 3 页。

辑佚就是“对已失掉的古书，而被其他古书所引证的零篇断语，把它集合在一起，加以辨证考核，编排组织起来，使之恢复成书”①，以供自己或别人研究之用。

辑佚与书籍的亡佚有密切相关。关于古书的散亡，《隋书·牛弘传》指出书籍到隋代经历五次大的灾厄：第一，秦始皇焚书；第二，西汉末年农民起义；第三，东汉末年，董卓作乱；第四，西晋末年，“刘石乱华”；第五，南朝侯景之乱。明代胡应麟在《少室山房笔丛》又作补充：第一，隋末起义；第二，安史之乱；第三，唐末黄巢起义；第四，靖康之难；第五，元军占领临安。王玉德在《辑佚学稿》中又作补充：第一，清修《四库全书》曾多次下令销毁书籍；第二，英法联军火烧圆明园；第三，日军侵华；第四，文化大革命。② 当然，还有一个更值得重视的原因——学术本身的原因。

辑佚起源于何时，学术界有不同的说法。有些学者认为可以追溯到魏晋甚至更远的年代，但是学术界一般认为有明确目的和理论指导的辑佚活动起于宋代。宋代黄伯思曾从马总《意林》及李善注鲍照《舞鹤赋》中辑出已佚的《相鹤经》。还有宋代王应麟有感于《易》学独传王弼，《尚书》只存《伪孔传》，便从群书中辑出有关郑玄《易注》、《书注》的资料编成《郑氏周易》、《郑氏尚书注》，他又感到四家之《诗》只有

① 李宗邺：《中国历史要籍介绍》，上海古籍出版社 1982 年版，第 467 页。

② 王玉德：《辑佚学稿》，见李国祥主编：《古籍整理研究》，武汉工业大学出版社 1989 年版，第 5～6 页。

《毛传》流传，便从群书中采集有关其他三家诗说的资料，编成《三家诗考》。正如章学诚所论："嗣后好古之士，踵其成法，往往缀辑逸文，搜罗略遍。"南宋郑樵在《通志·校雠略》中写有一篇《书有名亡实不亡说》，是最早提倡和研究辑佚理论与方法的文献，标志着辑佚学的发端。明代祁承爜在《澹生堂藏书约》中补充了郑樵的观点。辑佚在清代最为兴盛，成为专门的学术事业。

刘咸炘在《辑佚书纠缪》中提出辑佚中"漏、滥、误、陋"四大弊端："第一曰漏。此弊人皆知之，而能免者实少。如马辑颜延之《庭诰》，泛采逸文而不录本传。所载长篇辑《古今乐录》于乐府诗集，所引半取不取，则不可解也。第二曰滥。凡有二端：一曰臆断附会……二曰本非书文。第三曰误。此弊生于不考，凡有二端：一曰不审时代……二曰据误本俗本。……第四曰陋。此弊生于无知。凡有三端：一曰不审体例……二曰不考源流……二曰臆定次序。"①在此基础上，王玉德又进一步指出辑佚的问题：第一，屈从于封建政治；第二，辑佚范围太窄；第三，辑佚者成了抄书匠；第四，有的辑佚者有欺世盗名之嫌；第五，辑稿付梓时被任意改动；第六，辑文泛滥；第七，引书失误；第八，体例混乱②等。

用以辑佚的资源很多，主要有类书、史书、总集、方志、子书、古注、金石、杂抄以及新出土的古代文献等。《四库全书

① 刘咸炘：《目录学》，成都大学 1934 年印本，第 49 页。

② 王玉德：《辑佚学稿》，见李国祥主编：《古籍整理研究》，武汉工业大学出版社 1989 年版，第 62～76 页。

总目》类书类小叙云："古籍散亡，十不存一，遗文旧事，往往托以得存。《艺文类聚》、《初学记》、《太平御览》诸编，残玑断璧，至捃拾不穷。"我们在辑录大量轶文后必须作考订和排列轶文。孙瑴在《古微书》中云："集文多赘轧，理或奥实，故每卷之首辄有小引为之论次。其卷中篇目间有难晥者，窃以数语疏释之。至本文有古注者，录其原注，无原注者，复泛拾异说，与之旁通，使读之者开卷而豁然。"①排列轶文应力求完整，吴树平《风俗通义校释》载："同一条轶文往往见于几种书籍，遇到这种情况，则著录较为完善的，文末注明出处。它书所引，如有可取的地方，则在按语中加以说明。"②

(二)《焦氏笔乘》的辑佚价值

作为尊经崇古的学者，焦竑很重视辑佚。古书由于种种原因，残佚现象较为严重：

> 初，秦之灭学也，书藏于屋壁，后人收拾散滞，遂已不全。其后字则变古为篆，改篆为隶，书则缣以代简，纸以代缣，愈远而愈失真矣。如《采齐》、《狸首》见《周礼》……凡此岂孔壁既出之后，残篇断简，汉初诸儒考校弗精，以致斯谬，后人因而承袭之舆？③

---

① ［明］孙瑴：《古微书·略例》，《四库全书》本，第456页。

② 吴树平：《风俗通义校释》，天津人民出版社1980年版，第9页。

③ ［明］焦竑著，李剑雄点校：《焦氏笔乘》卷六《古逸经》，上海古籍出版社1986年版，第189～191页。

《焦氏笔乘》续集卷四《逸诗》中辑有散佚的逸句和篇名。如从《家语》、《尸子》、《尚书大传》、《春秋传》、《汲书》、《战国策》、《戴记》、《史记》、《汉书》、《管子》、《庄子》等中辑《诗》数十条;从《国语》、《孔丛子》、《左氏传》、《墨子》、《白虎通》等辑《书》十七条;从《左传疏》、《风俗通》、《汉书·刘向传》、《说文解字》、《东方朔传》等辑《易》七条;从《古今注》辑《周礼》一条;从《说文解字》、《文选注》、《风俗通》、《事类赋》等辑《论语》四条。从《法言》、《荀子》、《文选注》、《说苑》、《史记》等辑《孟子》十条。①另外,焦氏还辑有《楚辞》两条:

> 刘渊林注《魏都赋》,引《九章》之词云:"蔀也必独立。"引《卜居》之词云:"横江潭而渔。"今二篇无此句。又"横江潭而渔",见子云《答客难》。②

《尚书》散佚较为严重,先秦诸子中《墨子》引书较多,焦竑从中有找到许多:

> 《墨子》引《太誓》之言曰:"小人见奸巧乃闻不言也,发罪钧。"此言见淫僻不以告者,其罪犹淫僻者也。

① [明]焦竑著,李剑雄点校:《焦氏笔乘》续集卷四《逸诗》,上海古籍出版社1986年版,第295~297页。

② [明]焦竑著,李剑雄点校:《焦氏笔乘》卷三《楚词逸句》,上海古籍出版社1986年版,第101页。

又引禹之《总德》有之曰："允不著，惟天民不而葆，既防凶心，天加之咎。不慎厥德，天命焉葆？"此语《书》皆无之。《书序》中亦无《总德》篇名。[①]

焦竑同样关注对诗歌的辑佚，如有种明逸诗一首[②]。这些散佚的资料不仅具有极高的史料价值，而且给后人研究前人的思想提供了极其宝贵的资料。

焦竑还有对岳飞诗歌的辑佚：

鄱阳巍石山有龙居寺，岳武穆尝过之，留题云："巍石山前寺，林泉胜境幽。紫金诸佛相，白雪老僧头。潭水寒生月，松风夜带秋。我来属龙语，为雨济民忧。"近有集武穆诗文者，不载此，因笔记之。[③]

（三）《焦氏笔乘》辑佚医方的特点[④]

焦竑对医方辑佚更多。焦竑认为医方对民众有很大帮助：《梁溪漫志》云："陆宣公在忠州，裒方书度日，非特假此避

---

① ［明］焦竑著，李剑雄点校：《焦氏笔乘》卷一《太誓总德》，上海古籍出版社 1986 年版，第 15 页。

② ［明］焦竑著，李剑雄点校：《焦氏笔乘》续集卷五《种明逸诗》，上海古籍出版社 1986 年版，第 322 ~ 323 页。

③ ［明］焦竑著，李剑雄点校：《焦氏笔乘》卷一《岳武穆诗》，上海古籍出版社 1986 年版，第 27 页。

④ 参考龚仕明：《〈焦氏笔乘〉医方杂识》，《中医文献杂志》1999 年第 3 期。

祸，盖仁人之用心也。前辈名士往往能医，非特卫生，亦可及物。《本草单方》，近已刻于四明，然唐宋人文集及杂说中名方尚多，未见有类而传之者，予屡欲为之，恨藏书不广，倘有能用予言集以传诸人，亦济物之一端也。”此言甚合余意。读书之余，随疏记数则，尚俟同志者广之。[①] 也就是说，医方不一定都是从医人员，一般人也要关注，因为这关乎生命的存亡，并且前代学者在各自的笔记中也略有载录，若把这些散佚的医方集在一起，对后人是有很大帮助的。

第一，从辑医方的来源可见焦竑洽闻博采。

这些医方大都不是来自专业的医学著述，而是来自唐宋以来文人的文集和笔记。如焦竑辑《齐东野语》中关于医方的记载：

> 治目障翳，以熊胆少许，净水略调开，尽去筋膜尘土，入冰脑一二片；或泪痒，加生姜粉，以铜箸点之。赤眼亦可用。[②]

以上为焦竑辑佚的两个治疗眼疾的药方。又焦竑辑《江表志》中的医方：

① ［明］焦竑著，李剑雄点校：《焦氏笔乘》卷五《医方》，上海古籍出版社 1986 年版，第 146 页。

② ［明］焦竑著，李剑雄点校：《焦氏笔乘》卷五《医方》，上海古籍出版社 1986 年版，第 147 页。

吴廷绍为太医令。先主因食饴，喉中噎，医莫能为。廷绍独谓当用楮实汤。一服，疾良已。冯延巳苦脑中痛，廷绍密诘厨人曰："相公平日嗜何等？"曰："多食山鸡、鹧鸪。"廷绍曰："吾得之矣。"治以甘豆汤，亦愈。或叩之，答曰："噎因甘起，故以楮实汤治之。山鸡、鹧鸪皆食乌头，半夏，故以甘豆汤除其毒耳。"闻者大服。①

《西溪丛语》有两则：其一，关于治疗中毒的医方：

马监场云："泉州一僧，能治金蚕蛊毒。如中毒者，先以白矾末令尝，不涩，觉味甘；次食黑豆不腥，乃中毒也。即浓煎石榴皮汁饮之，即吐出。有蛊皆活，无不愈者。"②

蛊惑之难，在古代时常出现，严重危害民众的生命安全，所以焦竑较为关注，特辑佚一篇。其二，关于治疗肺中虫的医方：

许叔微精于医，云："五脏虫皆上行，唯有肺虫下行，最难治。当用獭爪为末，调药于初四初六日治之。此二

① ［明］焦竑著，李剑雄点校：《焦氏笔乘》卷五《医方》，上海古籍出版社1986年版，第148页。

② ［明］焦竑著，李剑雄点校：《焦氏笔乘》卷五《医方》，上海古籍出版社1986年版，第150页。

日肺虫上行也。”①

焦竑也辑佚《朝野佥载》中治中风的医方：

泉州卢元钦患大风，唯鼻未倒。五月五日，取蚺蛇胆欲进。或云肉可治风，遂一截蛇肉食之。三五日，头觉渐可，百日遂平复。②

同时焦竑从《荆楚岁时记》辑佚用虫子治牙痛的医方：

野人以五月五日得啄木鸟，货之，主齿痛。《淮南子》亦云斫木愈龋。③

焦竑还辑佚史书所载医方，如《南史》一则：

褚澄善医。李道念有冷疾五年，澄曰：“汝病是食白沦鸡子过多。”取苏一升，令煮服之。吐一物如升，涎裹

① [明]焦竑著，李剑雄点校：《焦氏笔乘》卷五《医方》，上海古籍出版社1986年版，第150页。

② [明]焦竑著，李剑雄点校：《焦氏笔乘》卷五《医方》，上海古籍出版社1986年版，第157页。

③ [明]焦竑著，李剑雄点校：《焦氏笔乘》卷五《医方》，上海古籍出版社1986年版，第157页。

之,乃是鸡雏,羽翅爪距皆见,凡十三头,而病愈。①

而《梁书》之方则是梁武帝用过的:

梁武发热服大黄,姚僧垣曰:"大黄快药,至尊年高,不宜轻用。"帝弗从,遂至危笃。及梁元有心腹病,诸医请用平药,僧垣曰:"脉洪实,宜用大黄。"帝从之,果下宿食,而疾愈。②

在《唐书·李百药传》中有以石灰酒治病的医方:

百药劝杜伏威朝京师。既至历阳,中悔,欲杀之。饮以石灰酒,因大利顿,欲死。既而宿疾都除。《抱朴子·内篇》:古大墓中多石灰汁,夏月行人有疮者,见墓中清水,用以洗浴,疮自愈。于是诸病者闻之,悉往洗。传有饮之以治腹内疾者。③

第二,从焦竑辑的医方内容看,此方方便使用。

---

① [明]焦竑著,李剑雄点校:《焦氏笔乘》卷五《医方》,上海古籍出版社 1986 年版,第 148 页。

② [明]焦竑著,李剑雄点校:《焦氏笔乘》卷五《医方》,上海古籍出版社 1986 年版,第 149 页。

③ [明]焦竑著,李剑雄点校:《焦氏笔乘》卷五《医方》,上海古籍出版社 1986 年版,第 162 页。

焦竑从宋张世南《游宦纪闻》中辑佚出治疗疝气的医方，很实用：

> 治疝，以薏苡仁用东方壁土炒黄色，然后水煮烂，入锅盆内研成膏。每用无灰酒调下，二钱即消。①

只用墙土就可以治好疝气，此方实用。同样焦竑又辑佚《山谷刀笔》中医方：

> 体中多不快，亦是血气未定时失调护耳。某二十四五时，正如此病，因服兔丝，遂健啖耐劳。今寄方去：兔丝子淘拧净，焙干，秤九两准一胜，用好法酒，不用煮；酒一升，浸三日许。日中晒，时时翻，令沥尽酒，薄摊晒干，瓷器贮之。每日空心抄一匙，温酒吞下。久服，不令人上壅，服三两月，其啖物则如汤沃雪，半岁则大肥息矣。觉气壅，则少少服麻仁丸可也。往岁尝传此法与京西李大夫，其人服不辍。昨任祕书少监，与同省，啖物作劳，如少年人也，已七十四五矣。②

气血失调导致很多疾病，中医大多从此着手，焦竑辑佚

① [明]焦竑著，李剑雄点校：《焦氏笔乘》卷五《医方》，上海古籍出版社1986年版，第147页。

② [明]焦竑著，李剑雄点校：《焦氏笔乘》卷五《医方》，上海古籍出版社1986年版，第150页。

治疗百合病简易之方：

妇人多儿女之态，外间事不须每令知也。古方有治百合病者云，意欲食复不能食，欲卧复不能卧，欲出行复不能出行；饮食或有美时，或有不闻食气时；如寒无寒，如热无热，身形如和，其脉数：四物汤加百合等分，同煎，煎成，调成铼钟乳一大钱，计三两日中可知。①

对一些病毒，其实也有实用的医方，焦竑辑佚用大蒜治疗病情的药方：

病疽者，但有痛处，或有头或无头，但用大瓣蒜切令厚二分许，贴疮上，用麦粒大艾柱灸。每灸至十五六壮，可换一饼子。极甚者，可灸至二百壮许，但灸胜不灸也。灸了，服托里散。散用绿豆粉四两，乳香一两，极细，每服二钱，新汲水调下。觉热躁，日三服不妨。疮可用追风散洗。龙骨、五倍子二两，飞矾一两为末，每二钱，沸汤泡，取清者乘热淋洗。洗了，用官药局云母膏贴。毒势盛者日再洗，换膏药。如壮热头疼，疮根极痛，可用木薜荔二百叶烂研，用酒一升，杆搅拌裂取汁，煎一沸，随

① ［明］焦竑著，李剑雄点校：《焦氏笔乘》卷五《医方》，上海古籍出版社1986年版，第151页。

宜取尽。未解再服，三服不妨。虽气弱人，且去疮毒为上。①

第三，从辑医方的学理看，重视阴阳五行之说。

阴阳五行之说，在中医学界是很重要的，焦竑从《卮言》中辑佚何时用鹿角、何时用麋角，就是依据五行：

《月令》："仲夏日，鹿角解。仲冬日，麋角解。"鹿以夏至陨角而应阴，麋以冬至陨角而应阳。鹿肉暖，以阳为体，麋肉寒，以阴为体。以阳为体者，以阴为末；以阴为体者，以阳为末。末者角也。故麋茸补阳，利于男子；鹿茸补阴，利于妇人。见王桥所著甚明。今人不惟一概作男子补精益血之剂，于麋鹿亦不能辨矣。②

同样，焦竑辑佚《宋朝类苑》中疡医的方子：

杨嵎疡生于颊，连齿辅车，外肿若覆瓯，脓血内溃，痛楚甚。疗之百方不差，或语之曰："《天官·疡医》中有名方，何不试用？"嵎按《疡医》注疏中法制之，用药注疮中，少损朽骨，连牙溃出，遂愈。按《周礼》："疡医掌肿

① ［明］焦竑著，李剑雄点校：《焦氏笔乘》卷五《医方》，上海古籍出版社1986年版，第154页。

② ［明］焦竑著，李剑雄点校：《焦氏笔乘》卷五《医方》，上海古籍出版社1986年版，第156页。

疡、溃疡、金疡、折疡之祝药，劀杀之齐。凡疗疡，以五毒攻之。”所谓肿者，壅肿也；溃者，脓血溢也；金者，刃伤也；折者，伤损也。祝读如注，以药传著之也。劀，刮去脓血也；杀，去其恶肉也。齐与剂同。五毒，五药之有毒者：石胆一，丹砂二，雄黄三，矾石四，磁石五。……黄堥，黄瓦器也。此当为后世医方之祖。前公孙知叔即此方，非其创造也。①

焦竑辑《梦醒录》中治疗长期卧床不起的药方，也能体现阴阳五行的思想：

成化二十一年，新野疫疠大作，死者无虚日。邻人樊滋夫妇卧床数日矣，余自学来，闻其家人如杀羊声，不暇去衣巾，急往视之。见数人用丝被覆其妇，床下致火一盆，令出汗。其妇面赤声哑，几绝。余叱曰：“急放手，不然死矣。”众犹不从。乃强拽去被。其妇跃起，倚壁坐，口不能言。问曰：“饮凉水否？”颔之。与水一盌，一饮而尽，始能言。又索水，仍与之。饮毕，汗出如洗。明日愈。或问其故，曰：“彼发热数日，且不饮食，肠中枯涸矣。以火蒸之，速死而已，何得有汗？今因其热极，投之以水，所谓水火既济也，得无汗乎？观以火然枯鼎，虽赤

① ［明］焦竑著，李剑雄点校：《焦氏笔乘》卷五《医方》，上海古籍出版社1986年版，第158页。

而气不升，注之以水，则气自来矣。遇此等证者，不可不知。”①

这些运用阴阳五行的观点来解读医学的原理，是中医理论的精髓，焦竑对此问题的重视与明代出现的医易学有密切联系。医易学，就是运用《周易》的基本原理来指导医学研究，徐仪明在论述医易同源的基础上，提出自己的见解。② 焦竑熟悉医易学的精髓，所以很重视这方面资料的辑佚。

第四，从辑医方的知识看，怪异之方不少。

我们觉得怪异的现象，其实对古人来讲这些都是正常的，如焦竑辑佚李畋《该闻集》中的爆竹辟邪之事：

爆竹辟妖气。邻人有仲叟，家为山鬼所祟，掷瓦石，开户牖，不自安。叟求祷之，而妖祟弥盛。畋谓之曰："翁旦夜于庭落中，若除夕爆竹数十竿。"叟然其言爆竹，至晓寂然安贴，遂止。③

同样，焦竑辑佚《广五行记》的一个奇异现象：

---

① ［明］焦竑著，李剑雄点校：《焦氏笔乘》卷五《医方》，上海古籍出版社 1986 年版，第 156 ~ 157 页。

② 徐仪明：《试析明代医易学极盛的过程与原因》，《东方论坛（青岛大学学报）》2003 年第 3 期。

③ ［明］焦竑著，李剑雄点校：《焦氏笔乘》卷五《医方》，上海古籍出版社 1986 年版，第 161 页。

永徽中，绛州僧病噎不下食，告弟子："吾死之后，便开吾胸，视有何物。"言终而卒。弟子依言开视胸中，得一物，形似鱼而有两头，遍体肉鳞。弟子致器中，跳跃不止。戏以诸味，皆随化尽。时夏中，蓝盛作淀，一僧以淀致器中，此虫遂绕器中走，须臾化为水矣。①

第五，从辑医方的治疗来看，敬老至孝。

《养生主论》曰：许道幼以母疾览医方，遂号名医。戒诸子曰："为人子者尝膳侍药，不知方术，可谓孝乎？"②于是焦竑在辑医方的时候，重视敬老至孝，《丰宁传》载：

益眼者无如磁石，以为盆枕，可老而不昏。宁王宫中多用之。③

冬瓜仁七升，以绢袋盛之，投之沸汤中，暴干。如此三度，苦酒浸一宿，为末。日服方寸匕，令人不老。④

---

① [明]焦竑著，李剑雄点校：《焦氏笔乘》卷五《医方》，上海古籍出版社1986年版，第163页。

② [明]焦竑著，李剑雄点校：《焦氏笔乘》卷五《医方》，上海古籍出版社1986年版，第146页。

③ [明]焦竑著，李剑雄点校：《焦氏笔乘》卷五《医方》，上海古籍出版社1986年版，第154页。

④ [明]焦竑著，李剑雄点校：《焦氏笔乘》卷五《医方》，上海古籍出版社1986年版，第154～155页。

解叔谦母疾,夜于庭稽颡。闻空语曰:“得丁公藤为酒,便差。”访医及《本草注》,无识者。乃至宜都郡,见山中老公伐木,问所用,答曰:“此丁公藤,疗风尤验。”叔谦拜伏流涕,具言来意。此公怆然,以四段与之,并示渍酒法。叔谦受之,顾视此人,不复知处。依法为酒,母病即差。①

又辑佚《抱朴子》之中可以使人长寿的医方:

赵瞿病癞历年,医不差,家乃卖粮送弃山穴中。瞿自怨不幸,悲叹涕泣。经月,有仙人经穴,见而哀之,具问其详。瞿知其异人也,叩头自陈乞命。于是仙人取囊中药赐之,教其服。百余日,疮愈,颜色悦,肌肤润。仙人再过视之,瞿谢活命之恩,乞遗其方。仙人曰:“此是松脂,彼中极多,汝可炼服之。”长服身转轻,力百倍,登危涉险,终日不困。年百岁齿不堕,发不白,夜卧常见有光大如镜。②

茯苓久服之,颜色悦泽,能灭瘢痕。《抱朴子》云:任子季服茯苓十八年,玉女从之,能隐能彰,不食谷,灸瘢

① [明]焦竑著,李剑雄点校:《焦氏笔乘》卷五《医方》,上海古籍出版社1986年版,第157页。

② [明]焦竑著,李剑雄点校:《焦氏笔乘》卷五《医方》,上海古籍出版社1986年版,第161页。

灭，面生光玉泽。①

其实很多药方很实用，但是由于医生们不愿外传，故而散佚颇多，焦竑对此深表遗憾："士大夫多秘所患，以验医能否，使索病于冥漠之中。吾平生求医，必尽告以所患，然后诊之。故虽中医，治吾疾常愈。吾求疾愈而已，岂以困医为事哉？"②这也是焦竑辑佚医方的原因之一。

焦竑用大量篇幅辑佚医方，表达出焦竑的贵生观。虽说焦竑认同佛教的教义，但是他对佛教把一切幸福归于来世的因果轮回观不太赞同。在焦竑看来，人应该好好地生活在现实的世界中。既然生对人来说至关重要，那么于生有关的医方也是弥足珍贵了。

第四节　《焦氏笔乘》在"小学"畛域的价值

"小学"之词，初见于《大戴礼记・保傅篇》："及太子少长，知妃色，则入于小学，小者，所学之宫也。……古者年八岁而出就外舍，学小艺焉，履小节焉。"学之小艺和小节，即《周礼・保氏》上所说："保氏掌谏王恶，而养国子之道，乃教

---

① ［明］焦竑著，李剑雄点校：《焦氏笔乘》卷五《医方》，上海古籍出版社1986年版，第162页。

② ［明］焦竑著，李剑雄点校：《焦氏笔乘》卷五《医方》，上海古籍出版社1986年版，第155页。

之六艺:一曰五礼,二曰六乐,三曰五射,四曰五驭,五曰六书,六曰九数;乃教之六仪:一曰祭祀之容,二曰宾客之容,三曰朝廷之容,四曰丧纪之容,五曰军旅之容,六曰车马之容。"汉代"小学"只限制在文字学之内。到唐宋时代,"小学"就分为文字之学、训诂之学、音韵之学了。汉代出现四部重要的小学著作:《尔雅》、《方言》、《说文解字》、《释名》。而后出现过《玉篇》、《切韵》、《唐韵》、《广韵》、《集韵》、《中原音韵》和《洪武正韵》等,以及对这些著述进行研究的专著等。这些构成我们了解和探究"小学"的关键。章太炎在《国故论衡》云:"盖小学者,国故之本,王教之端,上以推校先典,下以宜民便俗,岂专引笔画篆、缴绕文字而已。苟失其原,巧伪斯甚。"①宋末王应麟在《玉海》中把"小学"分成三种:体制、训诂、音韵。《四库全书》则把"小学"分为:训诂、字书、韵书三类。总的来说,学界一般认为"小学"的内容包括文字、音韵、训诂三个方面。焦竑认为:"窃谓士于小学,固九流之津涉,六艺之钤键也。秦置吏人能诵《爰历》、《滂喜》,汉世童子无不通《急就》、《凡将》,至于今而灭裂甚矣。昔人谓世无一物不识于书,而实无一人能谙其义,良可叹也。"②可见焦竑对"小学"尤为重视。

---

① 章太炎:《国故论衡》上卷《小学略说》,上海古籍出版社 2003 年版,第 10 页。

② [明]焦竑著,李剑雄点校:《澹园集》续集卷二《六书本义序》,中华书局 1999 年版,第 784 页。

一、文字

(一)文字概说

《说文解字·叙》载:“仓颉之初作书也,盖依类象形,故谓之文;其后形声相益,即谓之字。文者,物象之本;字者,言孳乳而寖多也。著于竹帛谓之书。书者,如也。以迄五帝三王之世,改易殊体,封于泰山者七十有二代,靡有同焉。”也就是说依类象形,独体为文;形声相益,合体为字。《史记·秦始皇本纪》载:“一法度衡石丈尺,车同轨,书同文字。”北齐颜之推《颜氏家训·勉学》云:“夫文字者,坟籍根本。世之学徒,多不晓字。”①文字学是许慎《说文解字》和吕忱《字林》的合称。很可惜《字林》已经亡佚,虽有学者从其他文献中辑佚出一部分,但已不是当时的原貌了。

东汉崔寔《四民月令》载:“正月:农事未起,命成童以上入太学,学五经,不见冰释,命幼童入小学学篇章。”“小学”指文字之义始于此。《汉书·艺文志》中小学类只收字书。代表性的有《史籀篇》、李斯《仓颉篇》、胡毋敬《博学篇》、司马相如《凡将篇》、史游《急就篇》、李长《元尚篇》、扬雄《训纂篇》等。

文字的构成主要是“六书说”。《汉书·艺文志》载:“古者八岁入小学,故《周官·保氏》掌养国子,教之六书,谓:象

---

① [北齐]颜之推著,五利器集解:《颜氏家训集解》,中华书局 1993 年版,第 220 页。

形、象事、象意、象声、转注、假借，造字之本也。”郑众在《周礼·保氏》注云：“六书：象形、会意、转注、处事、假借、谐声也。”许慎在《说文解字序》中又作阐述：“《周礼》八岁入小学，《保氏》教国子先以六书：一曰指事。指事者，视而可识，察而见意，‘上、下’是也。二曰象形。象形者，画成其物，随体诘诎，‘日、月’是也。三曰形声。形声者，以事为名，取譬相成，‘江、河’是也。四曰会意。会意者，比类合谊，以见指㧑，‘武、信’是也。五曰转注。转注者，建类一首，同意相受，‘考、老’是也。六曰假借。假借者，本无其事，依声托事，‘令、长’是也。”此后的先贤硕儒虽有议论，但没能有质的突破。唐兰先生在《中国文字学》中建立三书说，即象形文字、象意文字和形声文字，并指出：“象形、象意、形声，叫做三书，足以范围一切中国文字，不归于形，必归于意，不归于意，必归于声。形意声是文字的三个方面，我们用三书来分类，就不容许再有混淆不清的地方。”①

（二）《焦氏笔乘》对文字研究的价值

焦竑在《国史经籍志·小学类·序》中指出：“文字之兴，随世传易，论舛日繁，《三苍》之说，始创字法，而《说文》兴焉，于是有偏旁之学。”他认为语言文字之学在整个学问中的地位非常重要，是学习的基础：“小学，谓文字之学也。”②他把小学理解为文字之学，可见突出文字学的地位。焦竑在批评

① 唐兰：《中国文字学》，上海古籍出版社 2001 年版，第 68 页。

② ［明］焦竑著，李剑雄点校：《焦氏笔乘》续集卷五《小学》，上海古籍出版社 1986 年版，第 334 页。

许广因不识“雷”的异体而误解后指出，学者如果搞不懂文字之学则读古书尤为困难。[①]《焦氏笔乘》载有焦竑许多关于文字之学的独到见解，归纳其要，有以下几个方面：

第一，焦竑认为应从“六书”来分析汉字的形音义，进而探寻文字之源流。关于“六书”《周官》曰：“象形、指事、会意、谐声、假借、转注”，班固在《汉书·艺文志》中指出：“象形、象事、象意、象声、假借、转注”。焦氏认为：

《周官》六书之名，曰：“象形、指事、会意、谐声、假借、转注”，旧矣，然不若班固“象形、象事、象意、象声”之说，因名可以得其义也。[②]

焦竑用熊朋来之语，表达对六书的理解：

熊朋来曰：“古初制字多象形，故象形为六书之首。形不可象而指事，事不可指而会意，意不可会而谐声，声无可谐，五不足而后假借。世间文字虽多，《玉篇》诸部不过二万七千七百二十六字，夹漈《六书略》凡二万四千二百三十五字，于内谐声二万一千三百四十一字，是谐声居六书十分之九矣。汉字犹有有声无字者，番字则皆

① [明]焦竑著，李剑雄点校：《焦氏笔乘》卷二《徐广注误》，上海古籍出版社1986年版，第44页。

② [明]焦竑著，李剑雄点校：《焦氏笔乘》卷六《用修论转注》，上海古籍出版社1986年版，第168页。

谐声也。荆公《字说》则字皆会意，无复六书矣。故王氏《周礼新经》，至六书无可说。”①

许慎说：“转注者，建类一首，同意相受，考老是也。”后代的说文家对于转注的解释，争论颇多。郑樵认为：“谐声、转注一也。役他为谐声，役己为转注。转注也者，正其大而转其小，正其正而转其偏也。”张有曰：“转注者，展转其声，注释他字之用也。”宋戴侗认为：“何谓转注，因文而转注之。”总的来讲主要有三家：第一家是江声，他认为所谓“建类一首”是指《说文》部首，而《说文》在每一部首下都说凡某之属皆从某（如“凡木之属皆从木”），那就是“同意相受”。第二家是戴震，他认为转注就是互训（转相为注，互相为训），《说文》“考”字下说“老也”，“老”字下说“考也”，就是互训的例子。第三家是朱骏声，他在《说文通训定声》里说：“转注者，体不改造，引意相受，令长是也。”他不但修改了转注的定义，而且更换可转注的例字。②

对于转注，学者们意见不同，焦竑通过实例来证明转注的意义：

元周伯琦云：“象形、指事，文也；会意、谐声，字也；

---

① ［明］焦竑著，李剑雄点校：《焦氏笔乘》卷六《熊朋来论六书》，上海古籍出版社1986年版，第167页。

② 此部分参阅濮之珍：《中国语言学史》，上海古籍出版社2002年版。

转注、假借，文字之变也。”夫既知转注为文字之变，是矣。而云转注者，侧山为阜，倒之为帀，何哉？若如其言，犹是常也，岂得为变？侧山为阜，亦是象形，倒之为帀，亦是会意，岂所以解转注哉？①

另外，他在《用修论转注》中再次指出：

极则穷，穷则变，变则通。盖转注为六书之变，而双音并义，傍音叶音，又转注之变也。若曰不为转注，则当为何事？不在转注例，则何以例之？是六书之法有不尽，而圣人之作遗余力矣。②

第二，著录一批字书和记载许多从事文字学研究的学者。焦氏收集的字书主要体现在《焦氏笔乘》卷六《夏英公字书》载录夏英公《集古篆韵》所引书目：《汉简》、《说文》、《石经》、《字略》、《夏书》、《籀韵》、《云台碑》、《豫让文》、《古孝经》、《古周易》、《古尚书》等，多达89部书。③

第三，焦竑对古今文字的形音义的演变情况作过深入的

---

① ［明］焦竑著，李剑雄点校：《焦氏笔乘》卷六《伯琦论转注之误》，上海古籍出版社1986年版，第170～171页。

② ［明］焦竑著，李剑雄点校：《焦氏笔乘》卷六《用修论转注》，上海古籍出版社1986年版，第169页。

③ ［明］焦竑著，李剑雄点校：《焦氏笔乘》卷六《夏英公字书》，上海古籍出版社1986年版，第171页。

分析研究。在《国史经籍志·小学类·序》中,焦竑指出:"本字假借为他字,另加偏旁以表达字义,而增加新字";"字义引申,增加(或者改变)偏旁而成为新字";"音义相同而偏旁笔划差异,因而产生异体字";"因篆、隶、楷书之演变,而产生不少音义虽然不同而形体相似、难于辨别、易于讹误之文字"。《汉儒失制字之意》则承其意:

> 汉儒郑玄、贾逵、杜预、刘向、班固、刘熙诸人,皆号称博洽,其所训注经史,往往多不得古人制字之意。姑以释亲言之,如……妻,齐也,与夫齐体也。妾,接也,以时接见也。凡此率以己意牵合,岂知古人命名立义,固简而易尽乎?今以六书及许慎《说文》考之……妻字从女从尚,言女而上配君子也。妾字从女从立,女而侍立,卑以承尊也。细玩篆文,其义立见。乃漫不之省,辄为之附会,其说亦凿矣哉。①

同时,焦竑又在《制字顺物性》中明确提出"制字顺物性":

> 鹳爱阴恶阳,故《易》曰:'鸣鹳在阴。'从雨。鸖好霜,故从霜。鹭恶露,故去雨。皆制字顺物性之义,又谐声。②

① [明]焦竑著,李剑雄点校:《焦氏笔乘》卷六《汉儒失制字之意》,上海古籍出版社1986年版,第178～179页。

② [明]焦竑著,李剑雄点校:《焦氏笔乘》卷四《制字顺物性》,上海古籍出版社1986年版,第131页。

“制字顺物性”的提出，揭示古人造字的又一种方法，有力地推动了文字学理论研究的发展。

二、音韵

(一)音韵概说

音韵从“小学”独立出来的时间比较晚，《颜氏家训·音辞》云：“九州之人，言语不同，生民已来，固常然矣。自《春秋》标齐言之传，《离骚》目楚词之经，此盖其较明之初也。后有扬雄著《方言》，其言大备。然皆考名物之同异，不显声读之是非也。逮郑玄注《六经》，高诱解《吕览》、《淮南》，许慎造《说文》，刘熙制《释名》，始有譬况假借以证音字耳。而古语与今殊别，其间轻重清浊，犹未可晓；加以内言外言，急言徐言、读若之类，益使人疑。”据《隋书·经籍志》载，第一部韵书是三国魏时李登《声类》，其次是晋吕静《韵集》，但是这两本书都亡佚了，现存最早的应该是隋陆法言《切韵》了。此书是把同音字编在一起，按照四声八韵排列，主要是供作诗的时候押韵用。

从音韵学的角度看，音韵有今音、古音和等韵之分。今音之学是以《切韵》系韵书作为对象，主要研究南北朝到隋唐时代的语音系统；古音之学是以《诗经》用韵为主，研究上古时期的语音系统；等韵之学是以《切韵》系韵书为主，主要研究宋元以来的语音系统。

古代注音受到佛典的影响很大，如《隋书·经籍志》云：

"自后汉佛法盛行于中国,又得西域胡书,能以十四字贯一切音,文省而义广,谓之婆罗门书,与八体、六文之义殊别。"因为梵文是拼音字母,汉字是表意文字,于是学者就按照拼音字母的格式给汉字注音,反切就出现了。反切就是利用双声、叠韵的方法,用两个字拼出另外一个的读音,具体来说,反切上字与所切之字声母相同,反切下字与所切之字韵母和声调相同。即上字取声,下字取韵和调。

(二)《焦氏笔乘》音韵价值

焦竑关注音韵之学,在《国史经籍志·小学类·序》中指出:"五声异律,清浊相生,而孙炎、沈约始作字音,于是有音韵之学。"作为焦竑重要的学术著作——《焦氏笔乘》,也有许多关于音韵知识的记载,主要体现在:

第一,辨音识字。要了解中国文字的意义,应从读音和字形两方面分析。由于时隔久远,人们有许多古字已经读不出或读不准,出现了许多讹音。焦竑认为识音和辨音很重要,如:

> 《古尚书》"皋陶"作"咎繇"。《周礼·追师》注:"步摇"作"步繇"。魏钟繇字元常,取"咎繇陈谟,彰厥有常"之义。《世说》庾翼谓钟会曰:"何以望君,遥遥不至。"正举其父讳戏之也。今多读为由,误。①

① [明]焦竑著,李剑雄点校:《焦氏笔乘》卷一《咎繇钟繇二繇同音》,上海古籍出版社1986年版,第12页。

又如：

> 汉王嘉奏对曰："臣闻咎繇戒帝舜曰：'无敖佚欲，有国，兢兢业业，一日二日万机。"师古曰："《虞书·咎繇谟》之辞也，言有国之人不可敖慢逸欲，但当戒慎危惧，以理万事之机也。敖音傲。"今《尚书》乃作"无教逸欲，有邦。"恐敖字误作教耳。若谓天子无教，诸侯佚欲，于理难叶。①

《尚书·虞书·皋繇谟》中有一句话："无教逸欲，有邦。"依字面解释，"无教"可以直接释为不施行教化。但焦竑认为："若谓天子无教，诸侯佚欲，于理难叶。"因怀疑"教"字有问题，当是"敖"字之误，敖即傲，傲慢无礼之意。"无傲逸欲"，则可释为不要傲慢，不要放纵，不要贪图舒适与享受。《汉书·王嘉传》里王嘉的奏对中曾经提到《尚书》的这句话，说："臣闻皋繇戒帝舜曰：'无敖佚欲，有国，兢兢业业，一日二日万机。'"正写作"敖"字，而颜师古注《汉书》，对这句话也按照骄傲的"傲"字的意思进行解释："《虞书·皋繇谟》之辞也，言有国之人不可敖慢逸欲，但当戒慎危惧，以理万事之机也。敖音傲。"说明颜师古当时所见的本子，"无教"作"无敖"。焦竑遂引《汉书》与颜注来校正《尚书》之文本，谓当作

---

① ［明］焦竑著，李剑雄点校：《焦氏笔乘》卷一《敖误为教》，上海古籍出版社1986年版，第12页。

“无赦佚欲，有邦”。他的分析是有道理的。

第二，多音源韵。一字多音是中国语音的一大特点。文字之始是一字一音，由于区域的差异和当时需要，一字有时会有许多读音。随着诗词文赋的发展，文人作诗、写赋、填词时，出于出韵的需要，会对某个字进行变音，于是就出现大批一字多音的现象。今就据《焦氏笔乘》所著录，析之如下：

其一，同一字而意义不同，因而读音差异，如：

> 率有五音：将军之率音帅；《孟子》“彀率”、《左氏》“藻率”、唐“率更令”，皆音律；量名音刷；督率之率音朔；算法约数之率，音类。①

其二，同一字而意义不同，且明确分属几个韵部。如：

> 甄有三音，一在真韵，之人切，《汉书》“甄表门间”、“灵贶自甄”之甄；一在先韵，稽延切，《左传》“左甄”、“右甄”，军之两翼也；一在震韵，之刃切，《周礼》“典同薄声甄”，注：“掉也，钟病也。”殷寅《玄元皇帝应见贺圣寿无疆》诗：“应历生周日，修祠表汉年。无由同拜庆，窃抃贺陶甄。”自先韵旁入真韵。②

---

① ［明］焦竑著，李剑雄点校：《焦氏笔乘》卷六《率有五音》，上海古籍出版社 1986 年版，第 180 页。

② ［明］焦竑著，李剑雄点校：《焦氏笔乘》卷六《甄有三音》，上海古籍出版社 1986 年版，第 177 页。

其三,还有同一字读音差异而意义同,如:

> 霓,《说文》:"屈虹,青赤或白,阴气也。"雄曰虹,雌曰霓。研奚切;又五结切。《南史》:沈约作《郊居赋》,以帅示王筠,读至"雌霓连蜷",沈抚掌曰:"仆尝恐人呼为平声。"范蜀公召试学士院,用彩霓作平声。考试者判《郊居赋》霓,五结切,范为失韵。当时学者为之愤郁。司马文正公曰:"约赋但取声律便美,非霓不可读为平声也。"按韵书此类甚多,有两音、三音而义同者,皆可通用。①

第三,古诗无叶音。叶韵,又称协韵、协句,即以今韵协古韵的辨韵方式。随着人类社会的发展,语音也发生了重大变化,用今人之音去读古人之韵文,每每有不和谐之处。为了解读古韵,士人们找到了一条途径:即将不和谐的字临时改动以协声韵称为叶韵。这种现象在南北朝时期开始出现,以后历代士人都极力摹画,到宋代发展到极致。在此基础上,又有人提出古韵通转,不烦改字之说,吴棫作《毛诗朴音》,又作《韵补》,就二百六部注古通某,古转声通某,古通某或转入某等,朱熹也广泛运用叶音法推断古字读音。叶音法在探究古韵方面有一定的贡献,但随意改字无疑破坏了古韵

① [明]焦竑著,李剑雄点校:《焦氏笔乘》卷六《霓可两音》,上海古籍出版社 1986 年版,第 176 页。

的识别规律,到明代已引起士人们的质疑,焦竑明确提出“古诗无叶音”说。

古今字音不同,学者不研求古音,无益求学。古韵虽湮,而梁陈季代尚存遗响,自《经典释文》行世,《韵略》试士,诸儒遂执《部韵》为圭臬,视古音为刍狗,说《毛诗》不如唐制,沈约高于孔子。学古音必然接触叶音,叶音在音韵发展史上有其重要的地位,但是决不可以今音勉强去“叶”古音,焦竑指出:

> 诗有古韵今韵。古韵久不传,学者于《毛诗》、《离骚》,皆以今韵读之。其有不合,则强为之音,曰:“此叶也。”予意不然。如“驺虞”,一虞也,既音牙而叶葭与豝,又音五红反而叶蓬与豵;“好仇”,一仇也,既音求而叶鸠与洲,又音渠之反而叶逵。如此则东亦可音西,南亦可音北,上亦可音下,前亦可音后,凡字皆无正呼,凡诗皆无正字矣,岂理也哉?①

接着引用文献,举例证之:

> 如下,今在祃押,而古皆作虎音:《击鼓》云“于林之下”,上韵为“爰居爰处”;《凯风》云“在浚之下”,下韵为“母氏劳苦”;《大雅·绵》“至于岐下”,上韵为“率西水

① [明]焦竑著,李剑雄点校:《焦氏笔乘》卷三《古诗无叶音》,上海古籍出版社1986年版,第83页。

> 浒”之类也。服,今在屋押,而古皆作迫音:《关雎》云“寤寐思服”,下韵“辗转反侧”;《有狐》云“之子无服”,上韵为“在彼淇侧”;《骚经》“非时俗之所服”,下韵为“依彭咸之遗则”;《大戴记》、《孝昭冠词》“始加昭明之元服”,下韵“崇积文武之宠德”之类也。降,今在绛押,而古皆作攻音:《草虫》云“我心则降”,下韵为“忧心忡忡”;《骚经》“惟庚寅吾以降”,上韵为“朕皇考曰伯庸”之类也。泽,今在陌押,而古皆作铎音:《无衣》云“与子同泽”,下韵为“与子偕作”;《郊特牲》“草木归其泽”,上韵为“水归其壑,昆虫无作”之类也。此等不可殚举。使非古韵而自以意叶之,则下何皆音虎,服何皆音迫,降何皆音攻,泽何皆音铎,而无一字作他音者耶?《离骚》、汉、魏去诗人不远,故其用韵皆同。世儒徒以耳目所不逮,而凿空附会,良可叹矣。①

焦竑在这里一扫前人读古音之谬误,建立自己的古音理论:首先,在理论上焦竑明确提出“诗有古韵今韵”,以历史的眼光来研究语音发展变化的规律。其次,焦竑将古音韵的时代划至汉魏以前,而以先秦的著作为主,以为“《离骚》、汉、魏去诗人不远,故其用韵皆同。世儒徒以耳目所不逮,而凿空附会,良可叹矣”。大体符合音韵发展的实际。再次,焦竑运用归纳分析的方法,通过对《诗经》古韵的分析以破叶音说,

---

① [明]焦竑著,李剑雄点校:《焦氏笔乘》卷三《古诗无叶音》,上海古籍出版社 1986 年版,第 83 ~ 84 页。

同时对《诗经》句式及押韵的特点也作了说明，为考察音韵的流传提供了依据。

"古诗无叶音"的理论后经陈第的进一步考证，成为不刊之论，然而焦氏之功不可湮没。陈第在《毛诗古音考跋》中说："往年读焦太史《笔录》曰'古诗无叶音'，此前人未道语也。"清初江永在《古韵标准·例言》亦说：陈第"最有功于《诗》者，谓古无叶音，《诗》之韵即是当时本音。此说始于焦竑弱侯，陈氏阐明之"。陈第读到焦竑"古诗无叶音"之说，才激起他进行考证的念头，而后经焦竑指点，才着手编撰《毛诗古音考》，由此可见"古诗无叶音"之说，确是焦竑的创见，陈第的研究是受他的影响。①

三、训诂

（一）训诂概说

"训"，许慎《说文解字》："训，说教也。"段注："'说教'者，说释而教之。"明梅膺祚《字汇》："训，释也。如某字释作某义，顺其义以训之。"用现代汉语说，训，就是用通俗的话去解释某个字的字义。"诂"，《说文》："诂，训故言也。从言，古声。"段注："训故言者，说释故言以人，是之谓诂。"训诂也称诂训，始见于毛亨的《毛诗诂训传》。孔颖达在《毛诗正义》载："训诂者，通古今之异辞也，辨物之形貌，则解释之义尽归于此。"清段玉

① 按：关于《焦氏笔乘》的音韵学的价值，可参见王炜民先生《〈焦氏笔乘〉的文献学价值》，载《阴山学刊（社会科学版）》1994 年第 3 期。

裁《说文解字注》云:"训故者,顺释其故言也。"黄侃先生认为:"训诂者,用语言解释语言之谓。若以此地之语释彼地之语,或以今时之语释昔时之语,虽属训诂之所有事,而非构成之原理。真正之训诂学,即以语言解释语言,初无时地之限域,且论其法式,明其义例。以求语言文字之系统与根源是也。"①训诂的方式一般分为三类:一为形训,即通过文字形体结构的分析来解释字(词)义。二为音训,即用音同或音近的词来解释词义。三为义训,直接说明词的含义。训诂的体式章太炎先生总结为:通论、驸经、序录和略例四种②;周大璞先生总结为随文释义的注疏和通释语义的专著二种。③

(二)《焦氏笔乘》的训诂价值

焦竑非常强调训诂的功用,他在《国史经籍志·小学类·序》中指出:"《尔雅》津涉九流,标正名物,讲艺者莫不先之,于是有训放之学。"《焦氏笔乘》对训诂学的贡献主要表现在以下几个方面:

第一,对《尔雅》作者的考证,如《焦氏笔乘》卷一《尔雅》谓:"《尔雅》,《诗》训诂也。子夏,传《诗》者也。"对子夏与《尔雅》、《诗》的关系,众说纷呈,焦竑认为:"《尔雅》即子夏

---

① 黄侃述,黄焯编:《文字声韵训诂笔记》,上海古籍出版社 1983 年版,第 181 页。

② 章太炎:《国故论衡》上卷《明解故上》,上海古籍出版社 2003 年版,第 68 ~74 页。

③ 周大璞主编:《训诂学初稿》,武汉大学出版社 1987 年版,第 15 ~144 页。

之《诗》传也。"《尔雅》中的《释诂》也非周公所作，而是子夏传《诗》之文。"《尔雅》兼《风》、《颂》矣。尔之言近也，易也；言其近且易，可以明《雅》也。古之解经者，训其字不解其意，使人深思而自得之。"①

第二，通假借，寻字源。古人在用字时常有不写本字而假借另一个声音相同或相近的字来代替的现象，于是字形与词义之间的联系被掩盖了，以形索义的原则无法贯彻，给后人释词造成很多困难。焦竑在阅读古文献中，发现古籍中常有通假借的现象："经籍中多有古字通用及假借而用，读者每不之察。②"接着焦竑用《易》、《礼记》、《归藏》、《书》、《禹贡》、《水经》、《汉书》、《三国志》、《五代史》、《五子之歌》、《说文》、《西高赋》、《左传》、《春秋》、《诗》、《国语》、《乐记》、《山海经》、《庄子》、《论衡》、《说苑》、《管子》等几十个典籍中通假字之实例，来证明古字有通假借的现象，其目的是防止"苟读如其字，误亦甚矣"。

通假借是在排除因假借而造成形、义、音分离的现象，旨在解决同音替代问题。这是一种以声求训的训诂方法。为了更全面地探究焦竑以声求训的思想，现把《古字有通用假借用》所举通假借之例，试分析如下：

其一，省文通假：

---

① ［明］焦竑著，李剑雄点校：《焦氏笔乘》卷一《尔雅》，上海古籍出版社1986年版，第38页。

② ［明］焦竑著，李剑雄点校：《焦氏笔乘》卷六《古字有通用假借用》，上海古籍出版社1986年版，第182页。

《五子之歌》“甘酒嗜音”，又“仪狄作酒，禹饮而甘”之二甘字，当读为酣，古字省文……《论衡》云“伍员，帛喜”，帛喜读为伯嚭，帛，伯通，喜古嚭字省文。①

其二，迭韵通假：

《易·丰卦》“虽旬无咎”，《礼记·内则》“旬而见”，注皆释均，不知旬即古均字。②

其三，同音通假：

《遁卦》：“肥遁无不利”，肥古作𦚧，与蜚字同。③

其四，双声通假：

《禹贡》“西倾因桓是来”，又“和夷底绩”，《水经注》：“和夷底绩即西倾因桓之桓。”《汉书》“桓东少年

① ［明］焦竑著，李剑雄点校：《焦氏笔乘》卷六《古字有通用假借用》，上海古籍出版社1986年版，第183～187页。

② ［明］焦竑著，李剑雄点校：《焦氏笔乘》卷六《古字有通用假借用》，上海古籍出版社1986年版，第182页。

③ ［明］焦竑著，李剑雄点校：《焦氏笔乘》卷六《古字有通用假借用》，上海古籍出版社1986年版，第182页。

场”，注：“桓楹即和表”，和表又转为华表。桓谭《新论》、《隋志》作华谭。桓、和、华三字古通用。①

第三，古文多倒语。《焦氏笔乘》续集卷五《假借相反字》云：洪迈的《容斋随笔》载有假借相反字，如臭本腐气，反借为香；扰本烦杂，反借为驯；乱本繁紊，反借为治。焦竑认为“六字皆有分别”，如“臭音休，与嗅同，以鼻楹气也。《荀子》‘嗅之而无慊于鼻’，从自犬，会意，借凡气之总名，香、朽、膻、腥、焦谓之五嗅，又香也”。同样，扰、乱，均不是假借相反字，而是倒语。在《古文多倒语》中，焦竑再举例证之：

古文多倒语，如息之为长，乱之为治，扰之为顺，荒之为定，臭之为香，溃之为遂，衅之为祥，结之为解，坐之为跪，浮之为沉，面之为背，粪之为除，皆美恶相对之字，而反其义以用之。如“天地盈虚，与时消息”，以息训长也。“乱臣十人”、“乱越我家”、“惟以乱民”、“乱为四方新辟”、“丕乃俾乱”之类，以乱训治也。②

第四，重视对民族异音的载录：

---

① ［明］焦竑著，李剑雄点校：《焦氏笔乘》卷六《古字有通用假借用》，上海古籍出版社1986年版，第182页。

② ［明］焦竑著，李剑雄点校：《焦氏笔乘》卷六《古文多倒语》，上海古籍出版社1986年版，第188～189页。

冒顿音墨特，龟兹音丘慈，可汗音榼寒，阏支音烟支，谷蠡音绿黎，浩亹音诰门，番汗音盘寒，允吾音铅牙，先零音铣燐，乐浪音洛郎，契丹之契音乞，敦煌之敦音屯，康居之居音渠，月氏之氏音支。①

（三）《焦氏笔乘》的注释价值

古代文献流传久远，随着时间的推移，前人著作的意义不经解释就难以明了，因而为古籍作注疏是文献学的一项基本内容。《焦氏笔乘》中有许多弥补前人疏漏，进一步训释字词、掌故、典章制度的条目：

汉诸侯王以酎金失侯者甚多。按《汉仪》："诸侯王岁以户口酎黄金于汉庙，皇帝临受献金。金不如斤两，色恶，王削县，侯免国。"注云："因八月尝酎会诸侯庙中，出金助祭，谓之酎金。"酎，正月旦作酒，八月成，三重酿醇酒也。味厚，故以荐宗庙。金，黄金也。不如法者夺爵。以《史》、《汉》注皆未明，特详疏之。②

又见：

① ［明］焦竑著，李剑雄点校：《焦氏笔乘》续集卷五《夷狄名姓异音》，上海古籍出版社 1986 年版，第 318～319 页。

② ［明］焦竑著，李剑雄点校：《焦氏笔乘》卷二《酎金》，上海古籍出版社 1986 年版，第 58 页。

王建诗："寒食内人尝白打，库中先散与金钱。"韦庄诗："内官初赐清明火，上相间分白打钱。"用修云："白打钱，戏名，未明指为何事。"按《齐云论》："白打，蹴踘戏也。两人对踢为白打，三人角踢为官场。"又丁晋公有"白打大蹴斯"。①

焦竑解释字义：

《史记》："沐猴而冠。"沐猴，猴名，出罽宝国，见《汉书》。郭义恭《广志》曰："沐猴，即猕猴也。不知者多以沐浴之沐解之。"②

以上诸条均说明焦竑读书广博而精微，且学以致用，注重解惑。这样的注释对阅读古籍当然大有帮助。

由于时代相隔，文化嬗变，古今差异甚大，各代学者的注释难免出现种种失误。若任谬误流传，则贻害无穷，因此焦竑在讲学论道时十分重视纠正前人之误。《焦氏笔乘》中也存有大量纠谬的内容：

赤族，言尽杀无遗类也。《汉书注》以为"流血丹其

① ［明］焦竑著，李剑雄点校：《焦氏笔乘》卷三《白打钱》，上海古籍出版社1986年版，第105页。

② ［明］焦竑著，李剑雄点校：《焦氏笔乘》卷二《沐猴》，上海古籍出版社1986年版，第57页。

族者”，大谬。古人谓空尽无物曰赤，如“赤地千里”、《南史》称“其家赤贫”是也。①

这是纠正前人注疏中对词义的误解。又如：

《史记》：汉文帝二年“十一月晦，日有食之。十二月望，日又食。”下“日”当作“月”，刊本误耳。徐广以为：“‘望，日又食’，《汉书》及《五行传》皆无此文，一本作‘月食’，然月食《史》所不纪。”此不通天文故也。盖日食必于朔，月食必于望。时以晦既日食，望又月食，不半月而天变两见，故于望日下诏书修省。而诏止云：乃“十一月晦，日有食之”，则因感月食之变，而益谨日食之戒故也。景帝“后三年十月，日月皆食”，云十月而不系以日，则此月朔望分食，非一日事也。②

这是运用天文学知识判定徐广注解的谬误。再如：

《樊哙传》：“从攻项籍，屠煮枣。”晋灼曰：“《地里志》无。今清河有煮枣城，《功臣表》有煮枣侯。”颜师古曰：“既云攻项籍，屠煮枣，则其地当在大河之南，非清河之城

① ［明］焦竑著，李剑雄点校：《焦氏笔乘》卷一《赤族》，上海古籍出版社 1986 年版，第 17 页。

② ［明］焦竑著，李剑雄点校：《焦氏笔乘》卷二《徐广注误》，上海古籍出版社 1986 年版，第 44 页。

明矣,但未详其处耳。”考《后汉·地里志》:“济阴郡冤句有煮枣城。”此正在大河之南,可以补《汉》注之阙。①

此条涉及“煮枣”的地理位置,晋灼与颜师古意见有异,焦竑通过考查《后汉书·地理志》来辨明是非,既补充了颜师古注释之不足,又纠正了晋灼之误。

焦竑还重视对天文现象进行解读,以明其意义:

日食,一定之数也,秦汉以前皆莫能先知。《礼》:“曾子问孔子曰:‘诸侯旅见天子,入门不得终礼,废者几?’孔子曰:‘四。’请问之,曰:‘太庙火,日食,后之丧,雨沾服失容,则废。’”夫火也,丧也,雨也,皆不可先定也。当时视日食亦犹此耳。使先知之,则当预有戒令,朝不必入矣。《春秋》书日食三十有六,不徒曰日食,而曰“日有食之”,则若真有物食之者。君象而日有食之,记异也,警人君也。后世阴阳家推测殆尽,上下千百年,皆可坐致,于是人君视为常数,而莫之畏矣。②

焦竑通过对日食的梳理,表明日食在《春秋》中有载录的真实意义。又如《深衣》:

① [明]焦竑著,李剑雄点校:《焦氏笔乘》卷二《煮枣》,上海古籍出版社1986年版,第52页。

② [明]焦竑著,李剑雄点校:《焦氏笔乘》卷一《日食》,上海古籍出版社1986年版,第20~21页。

深衣方领，正经曰："曲袷如矩。"后世不识矩，乃匠氏取方曲尺，强以斜领为方，而疑其多添襟，制度遂失。若裁作方盘领，即应"如矩"之义。续衽，所添两襟也，更加钩，起于肩上，即是钩边。若以斜为方，岂圣人正心之意？朱子只作直领，而下裳背后六福，正面六幅，分两旁。若交其领，无乃背阔而后狭。又肋下两缝向前。或剪圆裳旁曰钩边，尤可笑。只按《深衣》、《玉藻》二篇，正经制度自见。①

《焦氏笔乘》作为焦竑的读书札记，载录颇多焦竑在文献学方面的很有价值的条目，这也奠定了焦竑在明朝中后期在考据学上的地位。在某种程度上，焦竑、杨慎等的学术贡献改变了明末空疏的学风。正如李焯然所说："（焦竑）根本反对游谈无根之学。焦竑是晚明学术思想界中一个不易归纳入一个特定范畴的思想家。他一方面是讲阳明心性之学的出色分子，另一方面他又是明代以赅博见称的考证家……其实焦竑的思想，代表了学术思想由晚明心性之学转向清初考据学的过渡，所以在他的思想中便同时出现了心学和实学的倾向。……他开始察觉到王学发展的日趋偏歪，所以他提出'博学'、'实践'，希望对王学末流之弊加以救正。"②

---

① ［明］焦竑著，李剑雄点校：《焦氏笔乘》卷一《深衣》，上海古籍出版社 1986 年版，第 22 页。

② 〔新〕李焯然：《明史散论》，台北允晨文化事业股份有限公司 1991 年版，第 121 ~ 122 页。

第二章 《焦氏笔乘》的哲学建树

焦竑早年从耿定向求学，后又成为罗汝芳的弟子，且与李贽交情甚好，所以焦竑的思想更趋解放，态度更趋坚定。从此以后，他不遗余力地宣扬、传播阳明的良知、泰州的旨趣，成为阳明心学在明季的传播者和践行者。黄宗羲在《明儒学案》中把焦竑归为“泰州学派”，说“（焦竑）先生积书数万卷，览之略遍。金陵，人士辐辏之地，先生主持坛坫，如水赴壑。其以理学倡率，王弇州所不如也。”①其学生徐光启评价道：“吾师澹园先生粤自早岁，则以道德经术标表海内，巨儒宿学，北面人宗；余言绪论，流传人间，亡不视为冠冕舟航矣。”②顾文庄公表先生墓曰：“先生之宦绩在金马玉堂，先生之道价在儒林文苑，先生之大业在名山大都，先生之风教在

① ［清］黄宗羲：《明儒学案·泰州学案》之《文端焦澹园先生竑》，浙江古籍出版社 1992 年版，第 118 页。

② ［明］徐光启：《澹园集》附录《尊师澹园焦先生续集序》，上海古籍出版社 1999 年版，第 1219 页。

九州四海，先生之遗思在稷丘槐市。"①焦竑作为明代学术健将，其学术思想突出体现在他的融会贯通上。

第一节　哲学之旨趣：尽心至性之学

一、尽心至性

心性之论，源自孔孟。《论语·阳货》载："性相近也，习相远也。"《孟子·公孙丑上》云："恻隐之心，仁之端也；羞恶之心，义之端也；辞让之心，礼之端也；是非之心，智之端也。"孟子在"四心"说的基础上提出"性善论"。在焦竑看来，孔孟之间对心性的解读是有联系的："《孟子》：'性无善无不善'，性相近也。'性可以为善，可以为不善'，习相远也。有性善与性不善，上智下愚不移也。要之皆出于孔子之言。盖性无不人，此性之所以为妙。知性之无不入，此圣言之所以为全。"②何谓性，焦竑认为性是永恒的，每个人都具有，而且性也是亡的、虚的、约的：

> 圣人、君子、善人，有恒者，人之品也。性之在人不以品而异者，其恒也。性有恒，而人之造性有至与不至。

---

① ［明］焦竑著，李剑雄点校：《澹园集》续集卷三十，中华书局1999年版，第1228页。

② ［明］焦竑著，李剑雄点校：《焦氏笔乘》卷一《论性》，上海古籍出版社1987年版，第21页。

所谓性者，亡也，虚也，约也。性非亡、虚、约所可名，而舍之无以名性，则曰亡、虚、约云尔。世不知妙其亡，而实之以为有；不知妙其虚，而增之以为盈；不知妙其约，而炫之以为泰，此其所以离于性也。离于性而欲以之圣，难已。虽然，彼虽离于性，而性之亡、虚、约，自若也，彼自不知耳。①

与亡、虚、约相对的是有、盈、泰，其实这些都会增加世人的负担。心性之学发轫于孔子，继传至颜子、子思、孟子。而后汉、唐学者疲命于繁琐的章句之学，宋代程颐、朱熹又误解格物致知，致使学者尽其精力，旁搜物理，心性之学由明而晦："伊川、晦庵之学，不从性宗悟入，而以依效形似为工，则未得孔孟为之依旧故耳。"②"汉、唐、宋以来，学术有明若晦，而莫盛于国朝。河东薛先生寔始倡之……至白沙、阳明两先生，横发直指，孔孟之宗豁然若揭日月而行诸天，弗可尚已。"③人的本性就是无物：

吾之本性，未始有物。不知性者，弊弊焉取而为之，

① ［明］焦竑著，李剑雄点校：《焦氏笔乘》续集卷一《读论语》，上海古籍出版社 1986 年版，第 194 ~ 195 页。

② ［明］焦竑著，李剑雄点校：《澹园集》卷十二《答钱侍御》，中华书局 1999 年版，第 84 页。

③ ［明］焦竑著，李剑雄点校：《澹园集》卷十四《国朝从祀四先生要语序》，中华书局 1999 年版，第 131 页。

愈为愈敝。舜禹知之,立于物先,而不以物易已。终日为未尝为,终日言未尝言,乃其有为,非我之为,故为而不恃。及其有功,非我之功,故功成而不居,此其有天下而不与也。①

何谓心,焦竑指出,首先心是人的自然之物。学生问焦竑"心只在方寸之间"的时候,焦竑回答:"此血肉心,非真心。"②也就是说,在焦竑看来,血肉之心只是我们认识的一个自然之心,实际上,心的重要意义是保存着性的真心。所以说"心性原无分别,然既有此二字要说,分别亦得"。③ 如何分别,"静谓之性,心在其中矣;动谓之心,性在其中矣"④。他又说:

《关尹子》曰:"万物之来,对之以性,而不对之以心。性者,心未萌也。"向读之有省,然儒典中绝未有此论。后检《宗镜录》中引二语,司马彪云:"性者,人之本也。"蔡邕云:"性者,心之本也。"则中郎已道之,但其言含蓄

① [明]焦竑著,李剑雄点校:《焦氏笔乘》续集卷一《读论语》,上海古籍出版社1986年版,第200页。

② [明]焦竑著,李剑雄点校:《澹园集》卷四十八《古城答问》,中华书局1999年版,第728页。

③ [明]焦竑著,李剑雄点校:《澹园集》卷四十九《明德堂答问》,中华书局1999年版,第741页。

④ [明]焦竑著,李剑雄点校:《澹园集》卷四十九《明德堂答问》,中华书局1999年版,第741页。

未甚分明耳。又《元宗内典》云:"静谓之性,心在其中矣。动谓之心,性在其中矣。心生性灭,心灭性现。"此可为蔡语之疏解也。①

也就是说,性是心未动的产物,心的原始状态是静:

问主静,曰:人心本静,今不了自心,逐境求静,是欲静转动也。《善夜经释》云:"直观一念,生时不得,起处自然。前后际断,当处虚寂。"②

焦竑又采用佛语,再次明晰静在心的位置:

程门每见人静坐,辄叹其善学。盖由见性之难,须假方便以通之。故曰:"外息诸缘,内心无喘。心如墙壁,可以入道。"此之谓也。庞居士偈云:"世人多重金,我爱刹那静。金多乱人心,静见真如性。"学者不知静为见性入门,其流至如大慧所诃默照耶禅者,亦异乎吾之所谓静矣。③

---

① [明]焦竑著,李剑雄点校:《焦氏笔乘》续集卷二《支谈中》,上海古籍出版社 1986 年版,第 232 页。

② [明]焦竑著,李剑雄点校:《焦氏笔乘》续集卷二《支谈下》,上海古籍出版社 1986 年版,第 248 页。

③ [明]焦竑著,李剑雄点校:《焦氏笔乘》续集卷二《支谈下》,上海古籍出版社 1986 年版,第 249 页。

二、知性复性

知性是心学的前提,而知性的落脚点是复性。所谓复性,即复归人之清明本性。焦竑所讲的复性,是在知性的基础上,通过修养与学习的方法,除去七情的蔽障,复归人的良知良能之体、清明之性,完成人性的净化与道德的升华,将儒家的仁义礼乐等化为人性的自然习惯,最终达到“逐生死,外祸福,成天下之务”的境界。焦竑作为一名学界巨儒,身历官场数十年,深知知性并不是一件易事:

> 君子之学,知性而已。性无不备,知其性而率之以动,斯仁义出焉。仁义者,性有之,而非其所有也。性之不知,而取古人之陈迹,依效形似以炫世俗之耳目,顾其于性则已离矣。孟子曰:“舜明于庶物,察于人伦。由仁义行,非行仁义也。”盖由仁义行者,性之所之,无入不得;而行仁义者,以己合彼,即劬劳刻画,巧为之摹,而畔援欣羡之私,已不胜其憧憧矣。此由于伦物之明察与否,而明与察则余之所谓知性也。①

儒家倡导的仁义道德,是性之本有之物,人们通过学习,明晰本性,自然也会行仁义道德。但要是不知性,“即博闻强

① [明]焦竑著,李剑雄点校:《澹园集》卷十四《国朝从祀四先生要语序》,中华书局1999年版,第131页。

记，瑰行尊伐，炫耀千古而不能当达者之一盼"①，所以说知性对于学习多么重要。有时候我们不可能达到性，但焦竑认为还是有途径的："性未易知，须假方便以通之。博学、审问、慎思、明辨、笃行，皆知性之方便法也。"②

凡学之难，难于知也。知及之，夫已豁然还于性矣。自此彻始终也，则曰仁；彻内外也，则曰庄。彻己人也，则曰礼，皆智也。一智而三言之，何居？夫子虞人之弗彻而几其彻之也，故丁宁之耳。③

其实这些途径都是为了复性：

孟子曰："尽其心者，知其性也；知其性则知天矣。"天，即清净本然之性耳。人患不能复性，性不复则心不尽。不尽者，喜怒哀乐未忘之谓也。由喜怒哀乐变心为情，情为主宰，故心不尽。若能于喜怒哀乐之中，随顺皆应，使虽有喜怒哀乐，而其根皆亡。情根内亡，应之以性，则发必中节，而和理出焉。如是，则有喜非喜，有怒

① ［明］焦竑著，李剑雄点校：《澹园集》续集卷一《王顺渠先生集序》，中华书局1999年版，第763页。

② ［明］焦竑著，李剑雄点校：《澹园集》卷四十八《古城答问》，中华书局1999年版，第727页。

③ ［明］焦竑著，李剑雄点校：《焦氏笔乘》续集卷一《读论语》，上海古籍出版社1986年版，第207页。

非怒，有哀乐非哀乐，是为尽心复性。心尽性纯，不谓之天，不可得已。①

要复性就要明晰性与情的关系，“人生而静，天之性也。率其性不动于情，则为道。诚者，天之道也，诚明者也。修是道而归其本，则为教。诚之者，择善而固执之者也，明诚者也。然则率其性，斯道在矣。而戒慎之、恐惧之，何居？曰：性之静，非离情以为静也。而不知性者……所以慎之。”②性动而情不动，才能达到道，所以对性与情要“戒慎之、恐惧之”。

曰：动于情矣，而欲以之性，则何居？曰：未尝动也，而夫人妄以为动，知其未尝动也。情亦性矣，何也？水可为波，而波未尝不水也；性可为情，而情未尝不性也。③

因为情欲增加，必然会使性更加难见，要是能很好地控制情欲，则会达“道”：

① ［明］焦竑著，李剑雄点校：《焦氏笔乘》续集卷一《读孟子》，上海古籍出版社 1986 年版，第 224 页。

② ［明］焦竑著，李剑雄点校：《焦氏笔乘》续集卷一《读中庸》，上海古籍出版社 1986 年版，第 220 页。

③ ［明］焦竑著，李剑雄点校：《焦氏笔乘》续集卷一《读中庸》，上海古籍出版社 1986 年版，第 221 页。

"能制一情者,可以成德;能忘一情者,可以契道。"制情者,绝之始萌也。然制情情存,第不造于恶而已。忘情者,情未萌也。情既不萌,忘何所忘?情忘心空,道将来契。斯孔门之所谓仁耳。①

情表现出来就是欲,欲和仁是一致的:

"仁远乎哉?我欲仁,斯仁至矣。"此孔氏顿门也。欲即是仁,非欲外更有仁;欲即是至,非欲外更有至。当体而空,触事成觉,非顿门而何?②

孔门之仁,是靠求本心而不是外求于物,舍弃其心,而外求于物,则达不到仁的:

子贡以"博施济众"为仁,是求诸事矣。事非所以求仁,故夫子曰:"何事于仁?"以事求仁,虽圣如尧舜,不能无病。故莫若求仁于心。"己欲立而立人,己欲达而达人",仁者之心也。自心之无动摇也,谓之立;自心之无窒碍也,谓之达。己欲无动摇,亦欲人无动摇;己欲无窒

① [明]焦竑著,李剑雄点校:《焦氏笔乘》续集卷一《读论语》,上海古籍出版社1987年版,第220页。

② [明]焦竑著,李剑雄点校:《焦氏笔乘》续集卷一《读论语》,上海古籍出版社1987年版,第199页。

碍,亦欲人无窒碍。①

除情欲必要涤除意:

意者,七情之根,情之饶,性之离也。故俗涤情归性,必先伐其意。意亡而必、固、我皆无所传,此圣人洗心退藏于密之学也。曰:“圣人无意,则奚以应世?”曰:“圣人应世,非意也,智也。”“意与智奚辨乎?”曰:“于意而离意,意即智矣;以智而为智,智亦意矣。染净非他,得丧在我,如反复手间耳。”②

在焦竑看来,复性的核心是“悟”:

所以不修不正者,敖惰、忧患、恐惧、哀矜、忿懥、好乐累之也。此等情累,胶胶扰扰,循环不穷。吾辈必于一物不立之先著眼,令空空洞洞之体了然现前。情累棼棼,自然无处安脚。身不期修而修,心不期正而正,何等简易直截。③

---

① [明]焦竑著,李剑雄点校:《焦氏笔乘》续集卷一《读论语》,上海古籍出版社1986年版,第218页。

② [明]焦竑著,李剑雄点校:《焦氏笔乘》续集卷一《读论语》,上海古籍出版社1987年版,第200页。

③ [明]焦竑著,李剑雄点校:《澹园集》卷四十八《古城答问》,中华书局1999年版,第730页。

要体悟心的本体，就要消除一切杂念私欲，这样才能悟得空空洞洞的本体。焦竑复性的路径则是由解悟而彻悟，所以他一面说自己之学“右解悟”，一面说“理须顿悟，事则渐修”。① 就是先获得解悟再于实践中体验。那么如何获得解悟呢？焦站认为博学是解悟之途径：

黄莘阳少参言：“颜子殁而圣人之学亡，后世所传是子贡多闻多见一派学问，非圣学也。”先生曰：“‘多闻择其善者而从之，多见而识之’，是孔子所自言，岂非圣学？孔子之博学于文，正以为约礼之地。盖礼至约，非博学无以通之。故曰‘博学而详说之，将以反说约也’。后学泛滥支离，于身心一无干涉，自是无为己之志故耳。”②

博学与礼约是一致的，关于学为复性，焦竑诠释得更为精妙：

夫学何为者也？所以复其性也。人之为性，无舜跖，无古今，一也，而奚事乎学以复之也？曰：性自明也，自足也，而不学则不能有诸己。故明也而妄以为昏也，足也而妄以为歉也，于是美恶横生而情见立焉。情立而

① ［明］焦竑著，李剑雄点校：《澹园集》卷四十七《崇正堂答问》，中华书局1999年版，第714页。

② ［明］焦竑著，李剑雄点校：《澹园集》卷四十八《古城答问》，中华书局1999年版，第733～734页。

> 性真始牿，故性不能以无情，情不能以无妄，妄不能以无学。学也者，冥其妄以归于无妄者也。无妄而性斯复矣。盖尝论之，情犹子焉，性则其母也，情犹枝焉，性则其根也，世之棼棼者，岂顾欲离母逐子，拨其根而培其枝哉！冥冥之中无独见，生生之外无朝彻，于是宝康瓠为周鼎，视珠贝如瓦砾。其流有四，离性则一，故有清虚之学焉，有义理之学焉，有名节之学、词章之学焉。其蔽也，日疲于学而不知所学为何事，此岂学之罪哉？知学而不知其所以学故耳。①

学的目的是复自己本性，性与情分离后有四种弊端，即清虚之学、义理之学、名节之学、词章之学。所以学求复性而已矣。孔子最为得意的弟子颜回就深得孔子之意：

> 学求复性而已矣。颜子之学，复性之学也。顾仰钻瞻忽，功力莫厝，虽贤智者有望洋之叹焉。子贡以知入，曰"亿"，曾子以行入，曰"鲁"。久之，循序以求通，落其华而收其实，"一贯之道"卒归之，及其成功，一也。后世学失其宗，高虚者遗下，而不知无器之非道；卑陋者侪俗，而不知有上之可语，敝也久矣。近者白沙、阳明两先生，奋兴先圣之绝学，晦而复著，闻者豁然，如披云雾而

---

① ［明］焦竑著，李剑雄点校：《澹园集》卷四《原学》，中华书局1999年版，第18页。

睹青天也。自余诸君子,研味于典坟,磨砻于行谊,虽悟入不同,而断断乎志于复性,有不可诬者。①

焦竑在这里指出了三条悟入的途径:颜回、曾参和子贡,而其中“颜子一路最为玄妙,但功夫无所措手,只有少数超悟者才可实行”。焦竑认为博学有两个含义:一个含义是“研味于典坟”,就是博学义理;另一个含义是在各种实践活动中体会道德境界,“视听言动,有非一端,却思视者是谁,听谁,言动者谁,此博也”②。

自世之逐末也,君子矫以反本之论,彼以为事之觕于理,而器之下于道也。夫当执器滞言之时,有人焉能反而求之,廓然外遗乎有物之累,而洞然内观于未形之本,其视拟议矜缀、似而非真、多言繁称、劳而迷始者,岂不远甚也哉!敝且吐弃事物,索之窈冥之乡以为道。二者之本末,则必有分矣。总之,圣人之所不与也……盖无末非本,何末可逐;无本非末,何本可反?此所称一贯之宗也。③

① [明]焦竑著,李剑雄点校:《澹园集》续集卷四《国朝理学名公祠记》,中华书局1999年版,第826页。

② [明]焦竑著,李剑雄点校:《澹园集》卷四十九《明德堂答问》,中华书局1999年版,第743页。

③ [明]焦竑著,李剑雄点校:《澹园集》续集卷三《送翁郡侯周野之抚州序》,中华书局1999年版,第793页。

这样焦竑把道德与事物概括为道与器、本与末的关系，强调道器一贯，即道德修养不离人伦事物。而博学多识亦事物中的一端：

> 昔圣人虑人溺于物而莫之寤也，故以上下为道器之别，然离器而语道，舍下而言上，又支离之见，而道所不载矣。故制器备物，多识于鸟兽草木之名，往往为学者言之。岂非通其理则器即为道，溺于数则道亦为器，顾人所心契谓何耳。①

在焦竑看来，博学多识虽然有“溺于物”的危险，但如果明白道器一贯的道理，即器求道，下学而上达，就不会有“支离之弊”了。焦竑认为既不能死守经文，此无当于身心，也不能假借自得之名，而与经书相悖谬，那么恰当的方法应该是“以经微悟，以悟释经”：

> 盖经之于学，譬之法家之条例，医家之难经，字字皆法，言言皆理，有欲益损之而不能者。孔子以绝类离伦之圣，亦不能释经以言学，他可知已。汉世经术盛行而无当于身心，守陋保残，道以寖晦。近世谈玄课虚，争自为方。而徐考其行：我之所崇重，经所诎也；我之所简

---

① [明]焦竑著，李剑雄点校：《澹园集》续集卷二《天都载序》，中华书局1999年版，第783页。

斥，经所与也。向道之谓何？而卒与遗经相刺谬。此如法不禀宪令，术不本轩、岐，而欲以臆决为工，岂不悖哉！①

由此可见，焦竑对博学尤为重视，达到君子德性事由博学而渐修达成，同样博学绝不是目的而是手段，博学以礼，方能达德性之境界：

礼者，心之体，本至约也。约不可骤得，故博文以求之。学而有会于文，则博不为多，一不为少。文即礼，礼即文，我即道，道即我，奚畔之有？故纲之得鱼，常在一目，而非众目不能成纲；人之会道，常于至约，而非博学不能成约。②

博学的同时更需重视实践的重要性：

禹以克俭名，然于神未尝不尽物，于民未尝不尽力也。倘一以俭行之，则韦布之素规，非帝王之盛节矣。非无隐也，欲隐之而不得也；非以行与也，欲不与而不能也。举足下足，无非道场。一欬一吐，尽成法妙，此岂可

---

① ［明］焦竑著，李剑雄点校：《澹园集》续集卷一《邓潜谷先生经绎序》，中华书局 1999 年版，第 759 ~ 760 页。

② ［明］焦竑著，李剑雄点校：《焦氏笔乘》续集卷一《读论语》，上海古籍出版社 1986 年版，第 205 页。

以名理求言思测哉？学者真知行之一字，则《六经》为筌蹄，千圣为过影；释氏之棒喝，独属不亲，老聃之徼妙，皆为余食矣。①

焦竑强调独立思考，看重自身的悟性，反对旧的权威主张，以自己的心为衡量是非的标准，主张思想解放，广泛吸收各种非儒家学说思想的精华，融入儒家体系，壮大儒学阵营，反对依傍儒家古圣先贤的门户。

香严问沩山西来意，沩山曰："我说自我底，不干汝事！"终不加答。后因击竹有悟，始礼谢沩山，曰："当时若与我说破，岂有今日。"禅家不借禅家之路也。尧夫学于李挺之，曰："愿先生微开其端，勿竟其说。"伯淳曰："吾学虽有所受，天理二字，却是自家体贴出来。"此儒家不借儒家之路也。②

"我说自我底"、"自家体贴出来"说明学者应该有主体意识，必须独立思考而非依傍别人。这也是心学发展的趋势，作为学者的焦竑，当然力倡此说：

---

① [明]焦竑著，李剑雄点校：《焦氏笔乘》续集卷一《读论语》，上海古籍出版社1986年版，第205~206页。

② [明]焦竑著，李剑雄点校：《焦氏笔乘》续集卷二《支谈上》，上海古籍出版社1986年版，第230页。

学道者当尽扫古人之刍狗，从自己胸中辟取一片乾坤，方成真受用，何至甘心死人脚下！①

焦竑之所以主张“自己胸中辟取一片乾坤”，反对人云亦云，关键是他看到了心学的流弊。心学经王阳明后大放异彩，带动了整个社会意识的改造和人文风气的转变，一方面使学者更多从心而生各种信念，随着泰州学派的勃兴，心学的发展走向空疏的一面。当时学界所关注的并非合理的诠释经典，而是曲解经典，加之佛理的介入，使心学让人难以把握，焦竑身为正统儒学传承人，企图扭转心学不利倾向，一方面从纠正俗字出手，还经典以原本之意，另一方面力主学术独立，借以破除人们心目中的范式。体现在文学的革新中则为不取前人之“法”，而求自然灵性：“杨子有言，断木为棋，梡革为鞠，莫不有法，而况于诗乎？”②焦竑并不是要菲薄古人，他主张要潜心前人学术，冥会于心而后作，认为诗歌当依循一定的法度。学诗应有法，但绝不是后人所学的对象，而应师其“所以法”：“窃谓善学者不师其同，而师其所以同，同者法也；所以同者，法法者也。”③这种“所以法”是要经过作者

① ［明］焦竑著，李剑雄点校：《焦氏笔乘》续集卷二《支谈上》，上海古籍出版社1986年版，第230页。

② ［明］焦竑著，李剑雄点校：《澹园集》卷十五《陈石亭翰讲古律手抄序》，中华书局1999年版，第164页。

③ ［明］焦竑著，李剑雄点校：《澹园集》卷十五《陈石亭翰讲古律手抄序》，中华书局1999年版，第164页。

的体悟、创造，达到“神定者天驰，气全者调逸，致一于中，而化形自出，此天机所开，不可得而留也”。①

焦竑对心、性及知性复性的认识，旨在实现儒家君子尊德性。尊德性与道问学又是相互关连的：

“君子尊德性而道问学。”道，由也。言君子尊德性而由问学。问学所以尊德性也，非问学之外，别有尊德性之功。致尽极道，温知敦崇者，问学之目也。吴幼清《凝道山房记》曰：“德性一而问学之目八”，盖先得我心矣。又曰：“尊德性一乎敬，而道问学兼乎知与行”，则又牵于闻见，而又不能自信其说矣。近王伯安曰：“圣人无二教，学者无二学。博文以约礼，明善以诚身，一也。”可谓独得其旨矣。苟博文而不以约礼，问学而不以尊德性，则亦何用乎博文问学哉？朱子尝讥俗儒记诵词章之学矣，若博文不以约礼，问学不以尊德性，则与彼之俗学何异？吴氏所谓此嘉定以后朱门末学之弊，未有能救之者也。②

余英时指出：“焦弱侯的出现尤其富有象征意义。他的王学立场已不复能阻止他对‘博学多识’的追寻。这表示儒

---

① ［明］焦竑著，李剑雄点校：《澹园集》卷十六《刘元定诗集》，中华书局1999年版，第173页。

② ［明］焦竑著，李剑雄点校：《焦氏笔乘》卷四《尊德性而道问学》，上海古籍出版社1986年版，第143页。

家智识主义的力量已足以撼动旧有的理学门户。程朱与陆王的争论在'尊德性'的层次上已走到了尽头,此后的异趋则将转移到'道问学'的层次上去。故弱侯之兼治理学与考证,就其自身说诚不免分为两橛,但就思想史的发展说,则适象征儒学从'尊德性'阶段到'道问学'阶段之过渡。"①"在心性之学方面,弱侯实可说是一结束人物。此与其在博学考订方面之为一开创人物,适成为有趣之对照。但他自己并不觉得其学之分为两橛,有何内在矛盾。此正是象征'尊德性'之境既穷不得不转向'道问学'一途也。"②

第二节 哲学之归宿:三教会通

焦竑是晚明主张三教会通的主要人物之一,是一位博学的儒家学者,《明史·焦竑传》说他"博极群书,自经史至稗官杂说无不淹贯"。焦竑广博的学术视野和兼容并包的气度,不仅仅体现在为学方面,也体现在他的整个学术和思想之中。焦竑的哲学以儒家心性之学为主,同时主张三教会通。他的学生说:"先生之学,以知性为要领,而不废博综"③,"夫

① 〔美〕余英时:《论戴震与章学诚》,生活·读书·新知三联书店2000年版,第319页。

② 〔美〕余英时:《论戴震与章学诚》,生活·读书·新知三联书店2000年版,第315页。

③ [明]焦竑著,李剑雄点校:《澹园集》附编二《尊师澹园先生集序》,中华书局1999年版,第1214页。

先生则以知性立教者也，而不辍典学，故综览之富，考核之详，当世之精博，未有两焉，而先生亦用此穷年，少而习之，晚而不厌”①。焦竑的“学”包含了以儒门心性之学为基础的三教归一之旨，即以儒学知性为要领，以三教融合为依归。正如焦竑自己所说的那样：“始也读《首楞严》，而意儒逊于佛；既读《阿含》，而意佛等于儒；最后读《华严》，而悟乃知无佛无儒，无小无大，能小能大，能佛能儒，而圣祖之为意渊哉广矣。”②

> 性命之理，孔子罕言之，老子累言之，释氏则极言之。孔子罕言，待其人也，故曰：“不愤不启，不悱不发。中人以下，不可以语上也。”然其微言不为少矣，第学者童习白纷，翻成玩狎，唐疏宋注，锢我聪明，以故鲜通其说者。内典之多，至于充栋，大抵皆了意之谈也。古人谓暗室之一灯，苦海之三老，截疑纲之宝剑，扶盲眼之金锟。故释氏之典一通，孔子之言立悟，无二理也。张商英曰：“吾学佛，然后知儒。”诚为笃论。③

---

① ［明］焦竑著，李剑雄点校：《澹园集》附编二《澹园续集序》，中华书局1999年版，第1218页。

② ［明］焦竑著，李剑雄点校：《澹园集》卷十七《赠吴礼部序》，中华书局1999年版，第195页。

③ ［明］焦竑著，李剑雄点校：《焦氏笔乘》续集卷二《支谈上》，上海古籍出版社1986年版，第227页。

焦竑认为,孔孟之学的精髓,由于言语简微所以没有得到很好的诠释,而且后继者也玩文弄辞,破坏了儒家的真谛,那么要想准确其义,就要从佛教和道教中探究了,因为“释氏诸经,即孔孟之义疏”:

孔、孟之学,尽性至命之学也。顾其言简指微,未尽阐晰。释氏诸经所发明,皆其理也。苟能发明此理,为吾性命之指南,则释氏诸经,即孔孟之义疏也,又何病焉?夫释氏之所疏,孔孟之精也,汉宋诸儒之所疏,其糟魄也。今疏其糟魄则俎豆之,疏其精则斥之,其亦不通于理矣。①

佛老的出现与儒是一样的,都是拯救民众:

孔、老、释迦之出,为众生也。《法华》云:“诸佛世尊,唯以一大事因缘,故出见于世。”又云:“诸佛如来,但教化菩萨,诸有所作,常为一事,唯以佛之知见示悟众生。”知佛则知孔、老矣。后世源远流分,三教鼎立,非圣人意也。②

① [明]焦竑著,李剑雄点校:《焦氏笔乘》续集卷二《支谈上》,上海古籍出版社1986年版,第229页。

② [明]焦竑著,李剑雄点校:《焦氏笔乘》续集卷二《支谈上》,上海古籍出版社1986年版,第229页。

《周易》中有一句话说:“无思也,无为也。寂然不动,感而遂通天下之故。”焦竑认为:“夫内无思则心不知心,外无为则身不知身。内不见心,外不见身,则寂然不动,感以寂通,则不以心知,不以身为。无思而无不知,无为而无不为,是谓通天下之故,此即常应,常净之说也。非至神何以与此?”①这与佛、老有密切的关系:

世人不识真清净体,以无为为清净者,非也。道家《定观经》偈云:“智起生于境,火发生于缘。各得真种性,乘流失道原。起心欲息知,心起知更烦。若知知本空,知即众妙门。”又释氏《心铭》亦曰:“止动归止,止更弥动。唯滞两端,宁知一种。一处不通,两处失功。迷有没有,从空背空。”今以两偈发明,即见清净真体。《定观》偈言“智生于境,火发于缘”,智与火即是吾之心智。由智逐境、心缘物,而情识生焉。乘其流散,乃失道原。然本是妙明真一种性,自然流注,非有别体。若生心取舍,起念息知,心不可息,只益烦挠。若知吾心本无有异,由吾自恋,乃失净体。念念自觉,念念皆空,则无始以来,粗重习气,顿然清明。释氏《心铭》,亦不异此。盖以止止动,动未可止,更增止心。是迷有而入于有,从空而背于空矣。所谓“一处不通,两处失功”也。宁知净秽

① [明]焦竑著,李剑雄点校:《焦氏笔乘》续集卷二《支谈中》,上海古籍出版社1986年版,第231页。

本空，动止本一。由吾自异，故彼成异。①

焦竑用道教《定观经》之偈和佛家《心铭》、《定观》偈等来说明清净本体。又《焦氏笔乘》卷一《佛典解易》："尝观佛典中亦有解《易》语，曰：'西南得朋，乃与类行。东北丧朋，乃终有度。故使臣从君，女归男也。乾始于子，左行而终于戌，坤始于未，右行而终于酉，故男贵左，女贵右也。'"②

道教的经典《关尹子》提出："万物之来，对之以性，而不对之以心。性者，心未荫也。"一般读者找不到性与心这么直接的解释，焦竑则认为，儒家是有这样的论述的：

后检《宗镜录》中引二语，司马彪云："性者，人之本也。"蔡邕云："性者，心之本也。"则中郎已道之，但其言含蓄未甚分明耳。又《玄宗内典》云："静谓之性，心在其中矣。动谓之心，性在其中矣。心生性灭，心灭性现。"此可为蔡语之疏解也。③

焦竑很重视永明的《宗镜录》，是因为《宗镜录》旁征博

① ［明］焦竑著，李剑雄点校：《焦氏笔乘》续集卷二《支谈中》，上海古籍出版社1986年版，第231页。

② ［明］焦竑著，李剑雄点校：《焦氏笔乘》卷一《佛典解易》，上海古籍出版社1986年版，第10页。

③ ［明］焦竑著，李剑雄点校：《焦氏笔乘》续集卷二《支谈中》，上海古籍出版社1986年版，第232页。

引，与焦竑“佛家之经典不过孔门之义疏”的观点遥相呼应。最关键的一点是，焦竑对于永明所倡导的延续密宗禅教一致观非常赞同。所谓禅教一致亦即以“华严”教体融会禅宗“顿悟”实践的观点。因为二者都从心性入手，阐述的都是如来藏思想：

> 余论真如无自性，或疑之曰：“从上圣人皆言佛性，何得言无自性耶?”余曰：“无自性，即佛性也。《华严颂》云：‘如其心性而观察，毕竟推求不可得。一切诸法无有余，悉入于如无体性。’又云：‘譬如真如本自性，其中未曾有一法。不得自性是真性，以如是业而迴回。’”①

焦竑这里是谈“真如”本性的问题。“真如”也就是“如来藏”，焦竑认为真如无自性。

> 《宗镜》所言，自有真实神变，与俗说不同，无非演一乘门，谈无生理。一言契道，当生死而证涅槃；目击明宗，即尘劳而成正觉。刹那而革凡为圣，须臾而变有归空，岂非神变耶?②

① [明]焦竑著，李剑雄点校：《焦氏笔乘》续集卷二《支谈中》，上海古籍出版社1986年版，第235页。

② [明]焦竑著，李剑雄点校：《焦氏笔乘》续集卷二《支谈下》，上海古籍出版社1986年版，第244页。

焦竑在《刻大方广佛华严经序》中称："若夫方山长者之论，至矣尽矣，在学者刳心以求之而已。"①对《李通玄之华严经》也很重视："《华言论》云：涅槃诃二乘曲见，佛从兜率天宫降神处胎，如是入相成道，皆为曲见。如《严萃经》智，入三世而无来往，十方诸佛，以无古今性，成大菩提。一念见道，古今见尽，新故总无。还同已前亿千劫佛，不可说劫佛，一时成佛；亦与未来不可说劫佛，一时成佛，以自证见三世无时故，无时即无来去故。"②在焦竑看来，众生只要发心信入众生性即是诸佛性，知佛性就得本性：

> 余论真如无自性，或疑之曰："从上圣人皆言佛性，何得言无自性耶？"余曰："无自性，即佛性也。《华严颂》云：'如其心性而观察，毕竟推求不可得。一切诸法无有余，悉入于如无体性。'又云：'譬如真如本自性，其中未曾有一法。不得自性是真性，以如是业而迴向。'"③

世人辟佛的原因之一是佛非中国的而来自国外，所以我们就排斥它：

---

① [明]焦竑著，李剑雄点校：《澹园集》卷十六《刻大方广佛华严经序》，中华书局 1999 年版，第 183 页。

② [明]焦竑著，李剑雄点校：《焦氏笔乘》续集卷二《支谈中》，上海古籍出版社 1986 年版，第 238 页。

③ [明]焦竑著，李剑雄点校：《焦氏笔乘》续集卷二《支谈中》，上海古籍出版社 1986 年版，第 235 页。

世之辟佛者，谓其非中国人耳。不知肃慎之矢，氐羌之鸾，卜人之丹砂，权扶之玉石，中国之人世宝之，独其微言妙论，乃掩耳不欲听，亦可怪已。尝谓此性命，我之家宝也，我有无尽藏之宝，埋没已久，贫不自聊矣。得一贾胡焉，指而示之，岂以其非中国人也，拒其言哉？彼人虽贾胡，而实则我故物。人有裔夏，宝无裔夏也。况裔夏无定名，繇人自相指射。我指彼为裔，安知彼不指我为裔耶？达者可为一噱。①

焦竑认为我们国家的宝贵东西，有许多均来自国外，如肃慎之矢，氐羌之鸾，卜人之丹砂，权扶之玉石，国人尊为宝则世代享有，而对国人有利之言，则弃之不语，显然是错误的。况且佛学所谈之性命论，是与儒学一脉相承的。

世人辟佛的原因之二是佛教使人顿入佛门，违背儒家伦理纲常：

或病佛离人伦，去妻子，与儒道异。管登之曰：佛虽令比丘辞亲出家，当其说法，人天毕集，比丘特其中一类耳。夫释迦既示同比丘之迹，金粟如来复现净名身，示同居士之迹，正以表六亲之不障道也。况佛度尽众生，而反遗其眷属，必无此理。其敕比丘出家，所谓令先出

---

① ［明］焦竑著，李剑雄点校：《焦氏笔乘》续集卷二《支谈上》，上海古籍出版社 1986 年版，第 228 页。

生死，而后随顺众生入生死者也。①

人道非稼圃不生，而孔子鄙樊迟之请学，非妻子不续，而佛听比丘之出家，盖必有不学稼圃者，而后可以安天下之为稼圃者；亦必有不恋妻子者，而后可以度天下之有妻子者。今人无志于了性命，而逆忧其乏妻子，皆戏论也。②

佛今比丘出家，一为僧人是普度众生，今其先离生死，摆脱世间人伦的约束，然后去普度众生。二为人们顿入佛门是为学道并不是为了稼圃，如孔子鄙樊迟之学，真正僧人学会了度人之道，然后去普度众生，实现自身价值，可见利人与利己同在，只有那些不了解性命之学之人才以儒家伦理纲常批谈佛学，皆戏论也。

宋学的主创者朱熹多次辟佛，焦竑认为：

朱子解经不谓无功，但于圣贤大旨，未暇提掇。遇精微语，辄以其类禅，而以他说解之。是微言妙义独禅家所有，而糟魄糠秕乃儒家物也，必不然矣。赵学士孟静云……凡诸灵觉明悟、通解妙达之论，尽以委于禅，目为异端，而惧其一言之涴矣。顾自处于日看案上《六

① ［明］焦竑著，李剑雄点校：《焦氏笔乘》续集卷二《支谈上》，上海古籍出版社 1986 年版，第 228 页。

② ［明］焦竑著，李剑雄点校：《焦氏笔乘》续集卷二《支谈上》，上海古籍出版社 1986 年版，第 228 ~ 229 页。

经》、《论》、《孟》及程氏文字，于一切事务理会，以为极致，太极无极、阴阳仁义，动静神化之训，必破碎支离之为喜。稍涉易简疏畅，则动色不忍言，恐堕于异端也……晦翁之论，以为辟禅，而不知其实尊禅。夫均一人也，其始可以学禅，可以学儒也。谓灵觉明妙，禅者所有，而儒者所无，可乎？非灵觉明妙，则滞窒昏愚，岂谓儒者必滞窒昏愚而后为正学耶？①

儒学强调人的社会责任，主张入世而反对出世，佛教强调“出离生死”则是从出世观出发，主张个人脱离社会的责任以求了却个人生死大事，因而批评佛家的这种做法是出于自私自利之心：

古云黄老悲世人贪著，以众生之说，渐次引之入道。余谓佛之出离生死，亦犹此也。盖世人因贪生而修玄，玄修既彻，即知我自长生；因怖死乃学佛，佛慧即成，即知我本无死。此生人之极情，入道之径路也。儒者或谓出离生死为利心，岂其绝无生死之念耶？抑未隐诸心而漫言此以相欺耶？使果毫无悦生恶死之念，则释氏之书，政可束之高阁。第恐未悟无生，终不能为死生所动，虽曰不动，直强言耳，岂其情乎？又当知超生死者，在佛

① [明]焦竑著，李剑雄点校：《焦氏笔乘》卷四《朱子》，上海古籍出版社1986年版，第135～138页。

学特其余事，非以生死胁持人也。①

焦竑虽然倡导佛学，多次提到“释氏之典一通，孔孟之言立悟”。但他终归是个摄道归佛的儒者，他援佛于儒，而不是融儒于佛，是以儒收摄二氏，汲取佛、老之精华，壮大儒学的理论体系。焦竑对佛教的吸收，只是汲取佛家的心性论而已，并没有接受其教义及教规。

> 问儒释同异。先生曰：“内典所言心性之理，孔孟岂复有加？然其教自是异方之俗，决不可施于中国。苏子由有言：天下固无二道，而所以治人则异，君臣父子之间，不可一日无礼法。”②

这说明焦竑对礼法的重视，但并不接受佛家在人伦礼法上有异于儒家的仪式，所以，焦竑晚年在南京讲学结交许多明僧及狂狷之人，但他从未出家。

焦竑对道家的态度也是一样，他只是汲取道家治心养性之道，而不是化金御女之方术：

> 不必铅汞龙虎别安名目，与化金御女自堕旁门，孳

① ［明］焦竑著，李剑雄点校：《焦氏笔乘》续集卷二《支谈下》，上海古籍出版社1986年版，第252页。

② ［明］焦竑著，李剑雄点校：《澹园集》卷四十八《古城答问》，中华书局1999年版，第738页。

孳然独治心养性之为务，此七真之正派也。而希阳子能知而表章之，其识远矣。①

焦竑认为儒与老、佛的关系是：

性命之理，孔子罕言之，老子累言之，释氏则极言之。②

儒家经文有时很难理解，以儒释儒是很难的，而介入其他学说则易解。具体到内容上，也常有释氏为儒典作注脚：

《诗》“不识不知，顺帝之则”，《论语》“吾有知乎哉，无知也”，“子绝四：毋意、毋必、毋固、毋我”，古人于意识已剔剥分明，但不如内典之详耳。内典八识……九识……③

方子及云：“孔子言‘为己’，乃又言‘克己’，何耶？”盖未悟者当为己；知己矣，又当克己。余曰：“克己所以为己也。”坐以皆以为然。久之，检《文始经》曰：“能克己

---

① ［明］焦竑著，李剑雄点校：《澹园集》卷十六《盘山语录序》，中华书局1999年版，第182页。

② ［明］焦竑著，李剑雄点校：《焦氏笔乘》续集卷二《支谈上》，上海古籍出版社1986年版，第227页。

③ ［明］焦竑著，李剑雄点校：《焦氏笔乘》续集卷二《支谈下》，上海古籍出版社1986年版，第245页。

乃成已，能胜物用能利物，乃忘道乃能有道。”与余语合。①

同样佛典也有解释道家的：

佛典有解此者，曰：火之传于薪，犹神之传于形；火之传异薪，犹神之传异形。前薪非后薪，则知指穷之术妙；前形非后形，则悟情数之感深。惑者，见形朽于一生便谓神情共丧，犹睹火穷于一木便谓终期都尽，可乎？此其说亦甚精矣。然舍生趋生则犹未了之谈也。穷意以指计薪，薪多而指有穷，及火相传烧不知其即时尽矣。盖跃金不出乎炉，浮沤必还之海，以见其无，死生一也。前言生之当养，此言死生如一，岂故相反哉！知死生之一者，乃为善养生者耳。②

焦竑虽然积极主张三教会通，他说：“道一者，达者契之，众人宗之。在中国者曰孔、孟、老、庄，其至自西域者曰释氏。”③但是他终归是个儒者。他强调“三教合一”的目的是壮大儒学的理论体系。

① ［明］焦竑著，李剑雄点校：《焦氏笔乘》续集卷二《支谈下》，上海古籍出版社 1986 年版，第 249 ~ 250 页。

② ［明］焦竑著，李剑雄点校：《焦氏笔乘》续集卷二《支谈下》，上海古籍出版社 1986 年版，第 249 ~ 250 页。

③ ［明］焦竑著，李剑雄点校：《澹园集》卷十七《赠吴礼部序》，中华书局 1999 年版，第 195 页。

第三节 《焦氏笔乘》的易学和道家思想之建树

《易》经过孔子删定后一直被视为儒家经典,历代学者都在学习和研究,焦竑也不例外。焦竑治《易》不落旧窠,在综摄已有学术资源的基础上,对《周易》所包含的“象”和“理”的关系,发表自己的见解,正如陈第在自撰《伏羲图赞跋》中云:“戊申冬再入金陵,寒炉夜雪,时时听弱侯先生谭《易》,超超玄悟,愈叩愈新,盖于理义象数,反说而归之同,研精而阐其奥者也,文孔外,往往上溯羲皇,余窃心异之。”可见,焦竑玩《易》在明文王和孔子之易学传统的基础上,又追溯到伏羲创卦;对于释《易》的象数和理义,焦竑主张“归之同”。因而本文拟从考辨焦竑治《易》的著述着手,分析其易学的力倡象数和象数义理不二之思想。

焦竑是一位涉道很深的儒者,年少时就涉猎过道家典籍,后来与一些道士来往频繁,对道家的思想有自己的见解,曾作《阴符经解》、《老子翼》、《庄子翼》等著述。在这些著述中,焦竑常引《黄帝内经》、《抱朴子》以及其他道家文献。在焦竑看来,道家和道教虽不可分割,但仙道是他所反对的。

一、焦竑易学建树

(一)力倡象数

《周易》与其他经典不同,是一部由一套特殊符号系统所构成的文本，符号本身的不确定性、广义性，给后人提供了无穷的诠释空间。就类型而言，后人对《易》的研究大致沿着"化成天下"和"神道设教"的理路进行连续释读，并形成蔚然大观的象数派和义理派。《四库全书总目提要·经部·易类·小序》载："《左传》所记诸占，盖犹太卜之遗法。汉儒言象数，去古未远也；一变而为京、焦，入于禨祥；再变而为陈、邵，务穷造化，《易》遂不切于民用。王弼尽黜象数，说以老庄；一变而胡瑗、程子，始阐明儒理；再变而李光、杨万里，又参证史事：《易》遂日启论端，此两派六宗，已互相攻驳。"四库馆臣综观《易》之源流变迁，乃分为两派六宗，所谓"两派六宗"，即言象数者有事占卜、用禨祥、穷造化三宗，言理者有说以老庄、阐明儒理、参证史事三宗。治《易》"两派六宗"到宋代臻于完善，象数派的代表邵雍认为："有意必有言，有言必有象，有象必有数。数立则象生，象生则言彰，言彰则意显，象数则筌蹄也，言意则鱼兔也。得鱼兔而忘筌蹄则可也，舍筌蹄而求鱼兔，则未见其得也。"①元代易学基本继承宋易的特点，趋向义理与象数合流的走势，②由于朱子学在明代一统天下，所以宋易仍是明代治易的标帜。到了明末，随着心学的衰落，明儒在反思心学空疏的同时，要求回归《易》的本意。焦竑认为：

---

① [宋]邵雍：《观物外篇》，上海古籍出版社1992年版，第47页。
② 梁韦弦：《宋易在元代的发展》，《周易研究》1992年第3期。

《易》者，象也。昔圣人赜天下之故，穷造化之隐，而其妙有难以言示者。于是拟诸形容，若身与物，皆取而寓之于象，象立而《易》斯见矣。盖不求之显则幽不阐，不取之近则远不明。故六十四卦，三百八十四爻，皆象也。触类可为其象。①

而王弼注易，"即《易》晦矣"，接着打个比喻，"象数者，水之源、木之本也。卦有定名，则水出木生，而某水、某木可知已；六爻则其派与枝叶也，派之通塞、枝叶之华悴，则爻之吉凶也；辞则水之经、木之谱也，学者执经与谱而不复寻其源本，谓学《易》可乎？世儒王主理，郑主象，二家局见，今古所同。顾承学左袒王氏者为多，繇象无筌蹄可寻，而理则管蠡可测，折杨黄华，嗑然而笑，无足怪也。"②在焦竑看来，《易》是一部占卜之书："《易》诚为卜筮而作。然吉者必其合乎理，晦吝者必其违乎理。"③治《易》应从象入手，先人创《易》是据物象而成，如果只重视辞，从辞中取义，而不以象求易，"就如舍礼而言儒，舍戒而言佛"。④ "《易》象于天地间之万物无所

① [明]焦竑著，李剑雄点校：《澹园集》续集卷三《易纂言序》，中华书局1999年版，第811页。

② [明]焦竑著，李剑雄点校：《澹园集》卷二十三《经籍志论》，中华书局1999年版，第298页。

③ [明]焦竑：《易筌·附论》，《续修四库全书》本（第11册），第191页。

④ [明]焦竑著，李剑雄点校：《澹园集》卷十二《答耿师》，中华书局1999年版，第95页。

不取，见于说卦者详矣。儒者于《图》、《书》独深求之而不已，何其过也。”①焦竑力倡象数，主要体现在主伏羲重卦说和辨《河图》、《洛书》两个方面：

第一，主伏羲重卦说。

《易·系辞》：“古者包牺氏之王天下也，仰则观象于天，俯则观法于地，观鸟兽之文与地之宜，近取诸身，远取诸物，于是始作八卦。”可见伏羲创八卦由来已久，而谁重之为六十四卦，议论纷呈；司马迁、扬雄、皇甫谧等主文王重卦；王弼、虞翻、孔颖达、陆德明等认为伏羲重卦；郑玄、淳于俊等主神农重卦；孙以盛则以为夏禹重卦。焦竑认为：

> 诸象或谓文王所取，或谓孔子自取，恐皆不然。盖伏羲作八卦，以类万物之情，此八卦诸象皆伏羲所定，而上古传之以为卜筮之用。如《连山》、《归藏》之类是也。迨文王演《易》偶于其中，取一象而系之爻，盖就其切于此卦、此爻之时义也。而言余不能尽取，亦不必尽取也。孔子类而括之，以为《周易》之翼，正欲后人用《易》不可拘文王之已言，而忘盖伏羲之妙用耳。说者乃谓求之于经不尽合，不知《易》果经之所能尽否耶？②

---

① ［明］焦竑：《易筌·附论》，《续修四库全书》本（第11册），第190页。

② ［明］焦竑：《易筌》卷六，《续修四库全书》本（第11册），第172页。

伏羲创八卦早有史书记载，焦竑认为：

> 伏羲始作八卦，重之为六十四卦。所谓八卦，以象告而吉凶变化之理未之详也。至文王观六十四卦之象而系之彖辞；观三百八十四爻而系之爻辞，而吉凶明、变化生，《易》之理始大备矣。……玩文王之辞，则静居动作无入而不利矣。孔子作《大传》一篇，全为此事。①

伏羲观象创卦，文王观卦作辞，孔子为之作传，这样把《周易》的发展史加以扼要勾勒，在一定程度上解决了治《易》的争论，给易学的研究指示了门径。

焦竑提出伏羲创卦、文王作辞、孔子作传，这符合社会发展规律，这是因为伏羲时期处在文字萌芽阶段，先哲仰观天象，俯察万物，画之为卦。到了文王时代，由于《易》包罗万象，意义深刻，文王困羑里而观卦作辞，"易之兴也，其当殷之末世，周之盛德邪？当文王与纣之事邪？是故其辞危"，文王在这样的背景下解读《易》，其卦爻辞折射出文王的忧患意识和悲悯情怀，而孔子大改先人学《易》的神秘色彩，对古《易》有独特而富有创造的释读，即孔子把易学从神秘乃至怪诞引向人间的伦理、政治，从巫术之途引向学术之轨，从此以后《易》就走向穷天理、追仁义的路数了。

---

① ［明］焦竑：《易筌》卷五，《续修四库全书》本（第 11 册），第 136 页。

第二，辨《河图》、《洛书》。

《易·系辞》言："河出图，洛出书，圣人则之。"《河图》和《洛书》到底是怎么回事，现据文献所载，析之如下。首先，认为《河图》为伏羲所得者，如《山海经》载："伏羲得《河图》，夏人因之，曰《连山》"；《汉书·五行志》载："刘歆以为伏羲氏继天而王，受《河图》。"其次，认为《河图》为谶书，如《论衡校释》卷二六至三十后"附篇"载："孔子将死，遗谶书。众经音义三苍曰：'谶，秘密书也，出《河图》'。"再次，《尚书·顾命》则认为《河图》为一种物品："大玉、夷玉、天球，河图在东序。"《礼纬·含文嘉》则曰："地应以《河图》、《洛书》。"对于《洛书》谈及较少，往往与《河图》并称，除《礼纬·含文嘉》之外，《汉书·五行志》又载："刘歆以为伏羲氏继天而王，受《河图》……禹治洪水，赐《洛书》。"这些典籍均认为《河图》、《洛书》确有此物，但与龟龙（或马）无关。到了孔子为《易》作传后，龟龙（或马）负"图"、"书"的文献才大量出现，如《管子·小匡》载："龙龟假河出图、洛出书"；孔安国为《尚书·顾命》作传曰："《河图》、《八卦》伏羲王天下，龙马出河，遂则其文以画八卦，谓之《河图》"；《礼记·礼运》载："河出马图"；《后汉书》卷八十三载："至乃河洛之文，龟龙之图。"也就说从孔子后《河图》、《洛书》才与龟龙（或马）相连，自此以后愈演愈神秘。

到宋代，随着易学图说的发展，"河、洛之文，龟龙之图"愈演愈烈，但也有质疑者，朱熹认为："《河图》、《洛书》为不足信，自欧阳公以来，已有此说，然终无奈《顾命》、《系辞》、

《论语》皆有是言。而诸儒所传二图之数,虽有交互,而无乖戾。顺数逆推,纵横曲直,皆有明法,不可得而破除也。"①焦竑也表示认同:"《易》但言河出'图'、洛出'书'",但否认"有龟龙之说",因为《河图》、《洛书》的出现是一种自然现象:

> 《书·顾命》:"天球、河图在东序。"天球,玉也,"河图"与天球并列,则"河图"亦玉也;玉之有文者尔。昆仑产玉,河源出昆仑,故河亦有玉。洛水至今有白石,"洛书"盖白石而有文者也。"圣人则之",谓则其文以画卦,初无所谓五十五数与四十五数也。②

造成如此神秘的原因是"自汉重图谶,儒者争言奇异以希时好,即以图属《易》、书属《范》,与《易》已自不合,乃讹以传讹"③。在焦竑看来,《河图》、《洛书》的出现是自然现象,玉上有文,白石上有符号,这是很正常的事情,只是这些符号被圣人取用,并不是由于圣人的需要,龙和龟才负之而出,而是自然界本来就有,"圣人则之",至于种种怪诞的论述,应予以蠲除,以期还《易》之本来面目。

---

① [宋]朱熹:《朱子文集大全》卷三十八,齐鲁书社 1997 年版,第 346 页。

② [明]焦竑:《易筌》卷五,《续修四库全书》本(第 11 册),第 152 页。

③ [明]焦竑:《易筌·附论》,《续修四库全书》本(第 11 册),第 191 页。

（二）象数义理不二

四库馆臣所提出的象数和义理两大派，并不是毫无联系，其实二者并不矛盾，他们都兼论象数和义理，只是各自有所偏重。力主《易》象数的京房氏曾指出："故易所以断天下之理，定之以人伦而明王道。"①可见，京房氏治《易》不仅讲象和数，而且也能"断在下之理"，遵循本天道立人道的路向，推天道以明人事。在京房氏看来，《易》所构建的"天下之理"，可以规范指导人事，起到"定人伦"、"明王道"的作用。不过他所断之"理"囿于对经验事物形态和属性之"象"与作为事物变化节律之符号的"数"两大领域中去探究，没能超出象数的视域，影响了易学的发展。王弼一改汉易治学之路径，把彰明"理"作为知《易》的首要任务，通过凸显《易》所体现天地万物之理的超越性，重新厘定象数与义理的关系："夫象者，书意者也。言者，明象者也。尽意莫若象，尽象莫若言。言生于象，故可寻言以观象；象生于意，故可寻象以观意。意以象尽，象以言著。故言者所以明象，得象而忘言；象者，所以存意，得意而忘象。"②象只是把握理的工具和手段，深刻理解象后，就要越超形式，直接契悟《易》所透显之理。焦竑于此加以继承和发展，认为"合义可为其变，而词与占皆举之矣。郑康成《易传》九卷，一主于象，王氏之说盛行而郑学始绌……近世复有理数并言者，是索理于象外，而不知其

① 郭彧：《京氏易传导读》，齐鲁书社2002年版，第135页。

② 楼宇烈：《王弼集校释》（下册），中华书局1980年版，第609页。

非二物也”。[1]

第一,穷理知性。

《易》从孔子作传后,其穷天理以达仁义的思想主导着易学的发展,焦竑认为《易》是“穷理尽性至命之书也”[2],也就是通过象来呈现和洞见理:

> 《易》六画而成卦谓六十四也,三画之卦象三才,六画之卦则两其三才也。方其三画而未重也,下一画为地、中一画为人、上一画为天,重为六画,则天地人之道各两,而上二爻为天道之阴阳、下二爻为地道之刚柔、中二爻为人道之仁义。道非两不一,偏于一,非道也。[3]

焦竑对“三极”也有自己的看法:

> 三极者何?立天之道曰阴与阳,阴阳天之极也;立地之道曰刚与柔,刚柔地之极也;立人之道曰仁与义,仁义人之极也。天非阴阳不立,地非刚柔不立,人非仁义不立。天、地、人其形也,阴阳、刚柔、仁义其道也。天以阴阳之道而立为天,地以刚柔之道而立为地,人以仁义

---

① [明]焦竑著,李剑雄点校:《澹园集》续集卷三《易纂言序》,中华书局1999年版,第812页。

② [明]焦竑:《易筌·序》,《续修四库全书》本(第11册),第1页。

③ [明]焦竑:《易筌》卷六,《续修四库全书》本(第11册),第167页。

之道而立为人……知此者,知孔子立言之意矣。①

焦竑把"三才"与"三极"视为相同,孔子一生倡导的"仁"是由天道而引发的,孟子的"性命"论与之有何关系?"天地之道不外于阴阳,而圣人慕之以作《易》……天人相接处为继,人所禀赋处为成曰善曰性,孟子之说实原于此。"②在焦竑看来,对理的把握不是象数易派所采用的象数的外在推演,而是理的内在的自家体贴,即通过天地把阴阳之理与人的性命之学连接起来。这种思想是渊源有自,焦竑继承了孟子以来的心学传统,特别是王阳明"良知说"、罗汝芳的"赤子良心说"和耿定向的"不容已"说,提出"知性"作为为学之宗旨。他说:"君子之学,知性而已。性无不备,知其性而率之以动,斯仁义出焉。"③学者首先知性,知性者,知己性原来万理具足,不假外求,知性然后才能率性。

知性是焦竑穷天理的落脚点。需要什么样的路径才能知性?焦竑认为,用艮背法,即采《易》艮卦的"止其所"之法为之:

---

① [明]焦竑:《易筌》卷五,《续修四库全书》本(第11册),第136~137页。

② [明]焦竑:《易筌》卷五,《续修四库全书》本(第11册),第163页。

③ [明]焦竑著,李剑雄点校:《澹园集》卷十四《国朝从祀四先生要语序》,中华书局1999年版,第131页。

"君子思不出其位",《易·艮》之象词。曾子尝称引之以示人也。不出其位,即《易》言"止其所也。"人性自止,而役于思者不知其止。或恶思之役也,又欲废而绌之,皆妄也。《易》曰:"艮其背不获其身,行其庭不见其人,无咎。"盖目动于色,耳动于声,用而常止者,惟背以然。夫身之五脏系于背,百骸九窍之荣卫,背为之输,其用大矣。而谓之止者,用而无用也。视不以目而以背,则视而无视,视常止矣;听不以耳而以背,则听而无听,听常止矣,所谓不获其身也。视而无视,则视不见色;听而无听,则听不闻声,所谓行其庭不见其人也。①

焦竑通过对《易·艮》的诠释,得出知性复性的路径:艮背之止,也就是说不在视听言动思念之外求止。人性本来清静,但为外物牵引鼓荡,产生各种欲望,现在要复性,"思不出其位"。

第二,摄道、释入《易》。

《四库提要》对《易筌》的评价为:"是书大旨,欲以二氏通于《易》。每杂引《列子》、《黄庭内景经》、《抱朴子》诸书以释经。"可见是书体现焦竑贯通儒、佛、道的思想。从《易筌》引《老子》和《庄子》释《易》之文,可窥见一斑。如焦竑在《易筌》卷一《文言》中指出:"《庄子》云:性情不离,安用礼乐?"

① [明]焦竑著,李剑雄点校:《焦氏笔乘》续集卷一《读论语》,上海古籍出版社 1986 年版,第 197 页。

又在卷二《比》卦的“象”下释曰:“《庄子》水之守地也,审证比意”①;在卷五《系辞上》中载有:“两仪言阴阳相匹也。太极谓天地未分之先,天气混而为一即太初,太一也。《老子》曰,道生一,即指此而混元,既分即有天地,故曰‘太极生两仪’,即《老子》云一生二也。”在焦竑看来,心是细微的:“心之本体不可目窥,故谓之小,如‘道心惟微’之微也,能得此心,何物不辨?《老子》云:‘见小即明’即此意。”②

同时,焦竑认为佛家的教义与《易》也有相同之处:

> 尝观佛典中亦有解《易》语,曰:“西南得朋,乃与类行。东北丧朋,乃终有庆,故使臣从君,女归男也。乾始于子,左行而终于戌,坤始于未,右行而终于酉,故男贵左,女贵右也。”又曰:“鼓之以雷霆,阳动也。润之以风雨,阴随也。”又曰:“殊途而同归,若千迳九逵,王城不二;九流百世,圣道宁差?”③

焦竑主张摄释、道入《易》,认为三教有相通之处。他曾在回答王伯安提出的“佛氏言无,吾儒岂能加个有”时讲:“周茂叔言:‘看一部《华严经》,不如看一艮卦。’如何?曰:此言是也?学者苟能知《艮卦》,何须佛典?苟能知自性,又何须

① [明]焦竑:《易筌》卷二,《续四库全书》本(第11册),第25页。

② [明]焦竑:《易筌》卷五,《续四库全书》本(第11册),第161页。

③ [明]焦竑著,李剑雄点校:《焦氏笔乘》卷一《佛典解易》,上海古籍出版社1986年版,第10～11页。

《艮卦》?”①若知性就不看艮卦,知艮卦就不看《华严经》,反过来看《华严经》也有利于了解艮卦。不但如此,焦竑认为艮背法亦摄道家:“人之一身,用而常止,动而常寂者,其背乎?故《易》曰:‘艮其背。’受而不取,纳而不留者,其腹乎?故《老子》曰:‘为腹不为目’。”②艮止如腹如背,意谓止而动、空而有。这是贯通佛道而以《易·艮》表示的一种工夫。

《易》曰:“无思也,无为也。寂然不动,感而遂通天下之故。”焦竑用佛典诠释:

> 夫内无思则心不知心,外无为则身不知身。内不见心,外不见身,则寂然不动,感以寂通,则不以心知,不以身为。无思而无不知,无为而无不为,是谓通天下之故,此即常应,常净之说也。非至神何以与此?③

在焦竑看来,《易》之所谈“复”与佛家所言回光返照密切相关:

> 《易》言“复以自知”,又言“复则不妄”,复者回光自

① [明]焦竑著,李剑雄点校:《澹园集》卷十二《答友人问》,中华书局1999年版,第91页。

② [明]焦竑著,李剑雄点校:《焦氏笔乘》续集卷二《支谈中》,上海古籍出版社1986年版,第232页。

③ [明]焦竑著,李剑雄点校:《焦氏笔乘》续集卷二《支谈中》,上海古籍出版社1986年版,第231页。

照也。盖反本还源,方为自知;反本还源,方为无妄。若非鞭心入里,而空事多闻,定复何益?故云:"阿难多闻,总持积岁,不登圣果;息缘反照,暂时即证无生。"①

焦竑治《易》的方法和学术思想,在承继宋元硕儒研《易》思路的基础上,又有别于明人释《易》,形成自己独特的一面。焦竑自幼诵儒家经典、习朱子之书,师从耿定向,由罗近溪(汝芳)领入心学的殿堂,是理学在明代转变的代表人物。他对儒、释、道的合流投以赞许的眼光,在其《老子翼》和《庄子翼》中常以儒、佛解之。焦竑重象而不拘泥于象,求理而终加于理,将汉宋学术会而通之,使得他的易学呈现出中和圆融的大家气象。

二、焦竑道家思想之建树

(一)明道家学说之渊源

焦氏认为道家源自黄帝、老子:

道家者流,本出于黄帝、老子……自秦汉以来,始用方士言,乃有飞仙变化之术,黄庭大洞之法、太上天真木公金母之号、天皇太乙紫微北极之祀,下至于丹药奇技、符箓小数,皆归于道家。尝窃论之,黄帝、老子之道,本

① [明]焦竑著,李剑雄点校:《焦氏笔乘》续集卷二《支谈中》,上海古籍出版社1986年版,第232页。

也；方士之言，末也。①

这是焦氏引苏轼《上清储祥宫碑》说法，大抵也是焦竑的立场。也就是说道家的创始人是黄帝，但是黄帝没有书籍所传世，老子就闻先圣之遗言而作五千言以明道：

老子，古史官也，闻先圣之遗言，闵其废坠，著《五千言》以存之，古谓之道家。②

称之为道家的老子，在焦竑看来，其书的主旨是：

老子在晚周著书上下篇，明道德之意，而关尹子、杨朱、列御寇、亢仓、楚庄周皆其徒也。③

从中可知《道德经》是谈论道的，而不是唐朝王真所说的兵书，其后有列子、庄子等诸子的进一步阐发，焦氏在明确先秦道家流传情况后，又指出：

九流唯道家为多端，昔黄、老、列、庄之言，清静无为

① [明]焦竑：《老子翼》卷三，《四库全书》本（第1055册），第420页。

② [明]焦竑著，李剑雄点校：《澹园集》卷十六《盘山语录序》，中华书局1999年版，第182页。

③ [明]焦竑：《庄子翼·序》，《四库全书》本（第1058册），第1页。

而已，炼养服食所不道也；赤松子、魏伯阳则言炼养而不言清静，卢生、李少君则言服食而不言炼养，张道陵、寇谦之则言符箓而不言炼养服食。迨杜光庭以来至近世，黄冠独言经典科教，盖不唯清静之旨趣焉无闻，而炼养服食之书亦未尝过而问焉矣，而悉宗老氏以托于道家著流，不亦谬乎！①

原始道家的思想是清静无为，炼养服食是后传者为了需要而增加的。到明代中后期，道家人物所谓的经典科教则完全抛弃道家的原始旨趣，所以焦竑检阅《道藏》著《老子翼》以明老子原意，后又著《庄子翼》。

关于《庄子》，焦竑认为在老子门人的著述中，唯此书传与后人。有人认为此书是伪书，焦氏指出此书的《外篇》、《杂篇》或许为伪书，但《内篇》一定是真的：

《内篇》断非庄生不能作，《外篇》、《杂篇》则后人窜入者多。之、哙让国在孟子时，而《庄》文曰："庄子身当其时。"昔时陈恒弑其君，孔子请讨。而《胠箧》曰："陈成子弑其君，子孙享国十二世。"即此推之，则秦末汉初之言也。岂其年逾四百岁乎？曾、史、盗跖与孔子同时，杨、墨在孔后孟前，《庄子·内篇》三卷，未尝一及五人，

① ［明］焦竑著，李剑雄点校：《澹园集》卷二十三《经籍论·子部·道家》，中华书局1999年版，第311～312页。

则《外篇》、《杂篇》多出后人可知。又"封侯""宰相"等语,秦以前无之,且避汉文帝讳,故田恒为田常,其为假托尤明。①

(二)贵生与仙道

焦竑认同道家的贵生论,认为人的生命只要摄情归性,人天合一,性情合一,祛除贫嗜动欲等杀生之机,便能长生:

> 人之生也,分天地之和。不调则气不平,气不平则疾作。今人十二时中,寝食之外,皆循外事,无一时调气治身,安得不为疾邪?请挪十日之功,看《素问》一遍,则知人之生可贵也。②

道教的经典基本上是以肉体成仙为核心,阐扬延年养生之理,宣扬"金丹黄白"是延年大药,提倡"内修外炼"是神仙要道。焦竑赞同道教,但反对道教的养生求仙之术,故虽推阐老庄而颇不嫌于丹道术法。他又特别甄录《旧唐书·宪宗纪》所载李藩劝谏宪宗的话,说:"神仙之说,出于道家。道家所宗,老子五千文为本。《老子指归》与经无异。彼代好怪之流,假托老子神仙之说,故秦始皇、汉武帝二主受惑,卒无所

① [明]焦竑著,李剑雄点校:《焦氏笔乘》卷二《外篇杂篇多假托》,上海古籍出版社1986年版,第41页。

② [明]焦竑著,李剑雄点校:《焦氏笔乘》续集卷四《素问》,上海古籍出版社1986年版,第303~304页。

得。”说明神仙之术，使之长生不老是不可能的。长生有肉体和精神上的区分，他只是汲取道家治心养性之道，达到精神的长生，而不是化金御女之方术：

> 不必铅汞龙虎别安名目，与化金御女自堕旁门，孳孳然独治心养性之为务，此七真之正派也。而希阳子能知而表章之，其识远矣。①

《庄子翼》少采用道教方面对庄子的解释以郭象注为主，大概是因为郭注“悬解而性命之情得矣，此养生之要也”。养生就要注意医方，焦竑很注意医方的搜集，仅在《焦氏笔乘》中就辑录历代文人笔记中一百多条医方，这恰恰说明焦氏对生命的关怀。

（三）三教互释

《焦氏笔乘》是焦竑的读书札记，《四库全书总目提要》评价时说：“其讲学解经，尤喜杂引异说，参合附会，如以孔子所云‘空空’及颜子之‘屡空’为虚无寂灭之类，皆乖迕正经，有伤圣教。”这其实也是焦竑哲学的特点：三教会通。《阴符经解》是焦氏注解道家典籍的重要部分，四库馆臣认为此书“虽引张平叔‘真土擒真铅，真铅制真汞’之说，似乎神仙家言，而核其宗旨，实以佛理解之”。焦竑解《阴符经》如此，解老庄亦

---

① ［明］焦竑著，李剑雄点校：《澹园集》卷十六《盘山语录序》，中华书局1999年版，第182页。

然。《老子翼》卷四:"道以知入,以不知化,即释氏之知无也。不知,即释氏之无知也。"卷二:"知众有即真空者,以能阅而知之故也。释氏多以观门示人悟入,老子之言岂复异此?故阅始则前际空,观其徼则后际空,万物并作观其复,则当处空。一念归根,三际永断,而要以能观得之,学者诚有意乎知常也,则必自此始矣";"如释典云:若见诸相非相,即见如来也。"《老子翼》卷五引苏辙《老子解序》:"是时余方解老子,每出一章辄以示全,全辄叹曰:皆佛说也。""凡《老子解》亦时有所刊定,未有不与佛法合者。"这几句话其实也正是焦竑的心声。

焦竑在《焦氏笔乘》续集卷二《支谈上》指出:

> 孔、老、释迦之出,为众生也。《法华》云:"诸佛世尊,唯以一大,事因缘故,出见于世。"又云:"诸佛如来,但教化菩萨,诸有所作,常为一事。"唯以佛之知见,示悟众生,知佛则知孔、老矣。后世源远流分,三教鼎立,非圣人意也。①

《庄子·养生主》第三载有"穷于为薪火传也,不知其尽也。"焦竑认为此处与佛典相通:

---

① [明]焦竑著,李剑雄点校:《焦氏笔乘》续集卷二《支谈上》,上海古籍出版社1986年版,第229页。

《笔乘》:佛典有解此者,曰:火之传于薪,犹神之传于形;火之传异薪,犹神之传异形。前薪非所薪,则知指穷之术妙;前形非后形,则悟情数之感深。惑者见形朽于一生,便谓神情共丧,犹睹火穷于一木,便谓终期都尽,可乎? 此与说亦甚精矣。然舍生趋生,则犹未了之谈也。窃意以指计薪,薪多而指有穷。及火相传烧,不知其即时尽矣。盖跃金不出乎炉,浮沤必还之海,以见其无死生,一也。前言生之当养,此言死生如一,岂故相反哉? 知死生之一者,乃为善养生者耳。①

对于道家的薪火之传,焦竑认为佛典也有意义相一致的地方。同样关于道家之道与自然,焦竑认为佛家也是以自然为宗:

或曰《首楞严》言"非因缘,非自然",而老氏以自然为宗,有以异乎? 余曰:无以异也。夫所恶夫自然者,有所自而自,有所然而然也。有所自而自,有所然而然,则是自然也,在有物之上,出非物之下,是释氏之所诃也。老聃明自然矣,独不曰"无名天下之始"乎? 知无名,则其自也无自。其自也无自,则其然也无然。其自无自,其然无然,而因若缘,曷能囿之? 故曰:精觉妙明,非因非缘,非自然,非不自然,离一切相,即一切法。盖所谓

① [明]焦竑:《庄子翼》卷一,《四库全书》本(第1058册),第38页。

不可道之常道如此。[1]

焦竑虽然积极主张三教会通，但是他终归是个儒者。他强调“三教合一”的目的是壮大儒学的理论体系，而非别意。从焦竑对道家的态度来看，既要理清道家学术源自，又要与之有所分离，这种若隐若现的思绪，反映了明末学术的思想取向，同时对清代学风的转变也起到重要的作用。

---

① [明]焦竑：《老子翼》卷一，《四库全书》本（第1055册），第352页。

第三章 《焦氏笔乘》的史学贡献

史书是史学研究的载体，史料的真伪直接影响史家的学术研究，所以著名的史家都很重视史料的辨伪。焦竑提出许多关于修史的建议。正如顾起元所云："先生胸中实自有成书，即文宪（陈于陛）所建设规画，大抵皆发端于先生（焦竑）者。"①所以焦氏积累了大批史料和治史的经验，在平时读书时也尤为重视史料考据，在《焦氏笔乘》中也有体现，笔者拟从该书的史料考据学之成就和对《史记》之研究来探研《焦氏笔乘》的史学价值。

第一节 《焦氏笔乘》史料考据学之成就

在明代的史坛上，焦竑是一位十分活跃的人物，是一个

① ［明］顾起元：《懒真草堂集》卷十六《献征录序》，上海古籍出版社2003年版，第28页。

学识双全、德馨双修学者。顾起元称:“先生天授异才,几邻殆庶,知通道统,上比素臣。白首廷对,领史官,毅然思有以自举其职。含毫相视,薄而不为,诚所谓业传二正,才擅三长者矣。”①焦竑积极参与陈于陛等倡议纂修《明史》的工程,并提出了一系列切实可行的建议,为陈于陛所采纳。这次参与修史直接影响焦竑的史学思想。他指出,在现成的文献中存在着种种虚假的现象:

> 乃近世所按以诠次者,台省之章疏与夫搢绅之志状而已。夫忠臣义士感时抗论,匡主犯颜,其中崇论竑议,不谓无之,而任情附会,轻摇笔端者,其徒实繁也……无不铭之祖父,亦无不美之墓铭。②

对于谀墓之文这类任情附会的材料,若不严加鉴别,遂轻率笔之于史,只能人云亦云,参与制造假的历史,有违历史真实性的原则。《焦氏笔乘》在史书考订上涉及许多内容,除前文已谈过通过版本来校对古字之误外,还主要体现在以下几个方面:

---

① [明]焦竑:《国朝献征录·序》,上海古籍书店1986年影印明万历刻本,第1页。

② [明]焦竑著,李剑雄点校:《澹园集》卷四《论史》,中华书局1999年版,第20页。

一、考史书人物之真伪

《汉书》载有薄昭的《与淮南厉王书》:"齐桓杀其弟以反国"一语,前人解说纷呈,《荀子》一书中称桓公杀兄,《越绝书》称子纠是桓公兄长,程子认为公子纠是桓公之弟,焦竑认为:

> 皆与昭不合。盖文帝为厉王兄,昭特避就,以为之讳耳。自宋儒以来,率谓子纠非所当立。考之《管子》载召忽之言曰:"百岁之后,吾君下世,有犯吾君命而废吾所立,夺吾纠也,虽得天下,吾不生也。况与我齐国之政也。"观此则纠之立,有先君之命矣。《吕纪》曰:"初,鲍叔、管子、召忽三人相善,欲相与定齐国,以公子纠为必立。召忽曰:'吾三人者,于齐国犹鼎之有足,去一则不成。且小白必不立矣,不若三人佐纠也。'管子曰:'不可。夫国人恶子纠之母,以及纠。小白无母,而国人怜之。事未可知,不若令一人事小白。夫有齐国,必此二公子也。'于是鲍叔传小白。"《尹文子》曰:"'子纠,宜立者也。小白先入,故齐人立之。"黄楚望曰:"考春秋立子以贵之义,子纠鲁出也。鲁女贵而班在卫上,则子纠当立。"凡此又皆子纠为兄与当立之证。千古是非,未可臆决。①

① [明]焦竑著,李剑雄点校:《焦氏笔乘》卷二《薄昭书》,上海古籍出版社1986年版,第53页。

焦竑用"昭特避就，以为之讳"来说明"齐桓公杀弟以为国"之事记载的真正动机，随后又引《管子》、《吕纪》之载和黄楚望之语来证实"子纠为兄"，析前人之愚见。

二、纠史书旧注之谬误

前人注史由于各自知识的局限和时代的需求，既给后人留下解读先人的资料，也有误解的可能。如：

> 赤族，言尽杀无遗类也。《汉书注》以为"流血丹其族者"，大谬。古人谓空尽无物曰赤，如"赤地千里"，《南史》称"其家赤贫"是也。①

又如《史记·历书》载有武帝诏曰："盖闻昔者黄帝合而不死，名察度验，定清浊，起五部，建气物分数。"注家大都以升仙为不死之注解。焦竑指出：

> 予以为武帝病言历者于星度执泥死去，苟用其说，辄推步不行；惟黄帝旧法，尝总会星辰次舍部位，而其法可以展转推求，如律吕相生，不至死泥，故谓合而不死也。其曰"不死"，犹今语所谓"得活去"……既已得其终而复始之法，则星可推，历可起，故曰名察度验。名察

① ［明］焦竑著，李剑雄点校：《焦氏笔乘》卷一《赤族》，上海古籍出版社 1986 年版，第 17 页。

者,以星之名而考察其所次;度验者,即其躔度以知其所行。故清浊五部,气物分数,皆可稽考,而历立矣。①

焦氏从历法角度来解说此句,谓黄帝的历法可以"展转推求,活而不死",以纠旧注之说。

另外,旧注的读音也有问题。《汉书·司马相如传》载:"邪与肃慎为邻。"师古注:邪读为左。焦竑认为:

"邪"当如字读。师古读为"左"者,非是。盖肃慎在东北隅,故曰邪以为邻。若欲言左,则下自有左苍梧,右西极矣。《韵会》曰:"邪,外国名。"亦引此传为据,又非也。盖邪本徐嗟切,若国名则如琅邪、浑邪,乃余遮切,与此不同。②

在焦竑看来,"邪"音师古注是错误的。首先,若以左为音,则与下文有牴牾。其二,《韵会》所指"邪,外国名"与文义相背,同时邪为国名,乃余遮切,与此又不相同,所以邪本徐嗟切此读如字,其意可通。焦氏把字的音义结合起来考释字义,不是孤立看待,其方法是正确的。

《史·范雎传》:"意者臣愚而不概于王心邪?"徐广曰:

---

① [明]焦竑著,李剑雄点校:《焦氏笔乘》续集卷三《黄帝合而不死》,上海古籍出版社1986年版,第270~271页。

② [明]焦竑著,李剑雄点校:《焦氏笔乘》卷一《师古注误》,上海古籍出版社1986年版,第25页。

“概，音同。”《索隐》：“《战国策》‘概’作‘关’，谓关涉于王心也。徐音‘同’，非也。”焦竑认为：

二说皆误……按《庄子》“岂能无概然于心邪”，正与此合，犹今云“大概”者耳。凡徐注、《索隐》注，皆浅陋可笑，不可胜举也。①

三、条辨史书之著者

古人尤重写史，但当一部史书为世人所接受，其余之著述则散佚。这是中国图籍亡佚的途径之一，当然也阻碍学术渊源的探究。如班固撰《汉书》，颜师古注，常为后人称颂，而当时记汉事之书和后人注《汉书》之籍大都不复存在，为此焦竑心有余悸：

葛洪云：“洪家世有刘子骏《汉书》百卷。”歆欲撰《汉书》，编录汉事，未得缔构而亡。故书无宗本，止杂记而已。班固所保，殆是全取刘书，有小异同耳。固所不取，不过二万许言。颜游秦，师古之叔也，撰《汉书决疑》十二卷，时称为大颜，后师古为太子承乾注书，多取其义。是二公有功于《汉书》多矣。今人知班固、师古而

① ［明］焦竑著，李剑雄点校：《焦氏笔乘》续集卷三《徐广索隐注》，上海古籍出版社 1986 年版，第 265 页。

已，若歆与游秦不知也。①

四、考订古之典章制度

焦竑熟悉本朝与历代的典章制度，所以他在这方面的考订如数家珍。如记述古代奖励功臣的“丹书铁券”之制，详述了唐代皇帝赐与钱镠的铁券的形制与券文：

> 其质铁，其形如瓦，高一尺，阔二尺，左右二块，面镌券文，背刻免罪俸禄之数。券文嵌金，故曰金书。宋制高阔之制，以公侯伯职之不同，渐亦短狭。缘其所始，乃汉丹书铁券之意。②

如论纪年之号，他历数前代取名之得失：

> 纪年之号，必择前代所未有及正大光明之字，少有疑似，即有用矣。如淳熙之淳，先为纯字。人言纯字有屯，乃易为淳。有因时事而用好字者，如国朝天顺之类是也。有用先朝字者，如唐德宗以建中兴元之乱，追思太宗贞观、明皇开元为不可及也，各取一字，合为贞元，

---

① ［明］焦竑著，李剑雄点校：《焦氏笔乘》续集卷五《刘歆颜游秦》，上海古籍出版社 1986 年版，第 327～328 页。

② ［明］焦竑著，李剑雄点校：《焦氏笔乘》续集卷七《铁券》，上海古籍出版社 1986 年版，第 353 页。

以法象之。至宋孝宗,遂为故事,如隆兴则取建隆、绍兴,"乾道"则取乾德、至道。若永乐,则乃宋时方腊及南唐贼张遇贤所僭年号,而"正德"亦西夏僭国年号,当时廷臣,更无一人记忆,何也?此即刘豫之母谥慈宪,宋理宗之母亦谥慈宪之类欤?①

欧阳修《五代史·十国世家年谱》中关于吴越载:"闻之故老,亦尝称帝改元,而事迹无可考见。独得其封落星石为宝石山制书,称'宝正六年辛卯',所据止此。"焦竑认为:

按至正中,徐一夔避乱海宁州,有许姓者,尝辟一巨室,得古墓,内有志砖,盖钱氏将许俊墓也。俊年十八从军,以战功累官至节度使都押衙,兼御史中丞。宝正三年卒,葬于此。所载年月甚明,此又钱氏改元之一证,惜欧公未之见耳。②

五、重视史笔记载之异

史笔是著史者所表述思想的手段之一,同著两部史书的学者,应怎样处理呢?焦竑认为:

---

① [明]焦竑著,李剑雄点校:《焦氏笔乘》续集卷六《纪年》,上海古籍出版社1986年版,第356~357页。

② [明]焦竑著,李剑雄点校:《焦氏笔乘》卷三《吴越改元之证》,上海古籍出版社1986年版,第95页。

> 史笔记载不同。如南朝、北朝之史，皆李延寿所作也，《南史》先传循吏，《北史》先传儒林；《南史》兼传文学，《北史》则传文苑；《南史》传孝义，《北史》则改为孝子；《南史》传夷貊，《北史》则改为四夷；与夫酷吏、艺术、列女，《南史》所无而《北史》皆传之，曷尝比而同乎？李唐、五代史皆欧阳所作也，《唐史》志天文，而《五代》则为司天。①

李延寿所作的《南史》和《北史》在写法上有所不同，同样欧阳修所修《新唐书》和《五代史》的笔法也各有千秋。

第二节 《焦氏笔乘》研究

《史记》之成就

《史记》是中国第一部纪传体通史，由西汉武帝时期的司马迁花了13年的时间所写成。全书共一百三十卷，约五十二万六千五百字，有十表、八书、十二本纪、三十世家、七十列传，记载了上起中国上古传说中的黄帝时代下至汉武帝元狩元年（公元前122年）共三千多年的历史，开创史书书写的纪传体通史之例，司马迁所倡导的“究天人之际，通古今之变，

---

① ［明］焦竑著，李剑雄点校：《焦氏笔乘》续集卷六《史法之异》，上海古籍出版社1986年版，第360页。

成一家之言”的史学意识同样受到后代史学家的重视。

《史记》问世两千多年来，有不可胜数的中外学者研究它，并形成了一个专门的学术体系——“史记学”。所谓“史记学”，是指以司马迁与《史记》为研究对象的学问，是研究司马迁与《史记》并揭示其规律的科学，也就是对司马迁认识的再认识、再评价。《史记》内容丰富，涉及史学、哲学、文学、天文学、地理学、军事学、民族学、经济学、医学等各个方面，所以“史记学”的内容、范畴也非常广泛。如果从建立学科体系的角度看，可以分为基础性研究、理论性研究和相关性研究三大部分。这三大部分互相联系，互相补充，共同构建起“史记学”的大厦。①

焦竑对司马迁是很崇敬的：“古之为史创于马迁，而万世卒无以易者，其文至矣。”②同样对《史记》也崇之有加：“太史迁为《史记》，驰骛今古，上下数千载而囊括于百三十篇之书，可谓盛矣。”③作为一位史学家，焦竑对《史记》研究只要体现在：

一、考《史记》之流变

《史记·张汤传赞》如淳注曰：“班固《目录》：冯商，长安

① 张新科：《史记学概论》，商务印书馆 2003 年版，第 206 页。

② ［明］焦竑著，李剑雄点校：《澹园集》续集卷一《古史序》，中华书局 1999 年版，第 753 页。

③ ［明］焦竑著，李剑雄点校：《澹园集》续集卷三《刻子由古史序》，中华书局 1999 年版，第 815 页。

人。成帝时待诏金马门,受诏续《太史公书》十余篇。”“刘歆《七略》云:商与孟柳颇序列传,未卒,会病死。”可见《史记》问世后又有读本,焦竑说:

> 然则续貂者,有商与柳,不独褚先生矣。又《后汉·杨终传》:“肃宗时,终受诏删《太史公书》为十余万言。”则今之《史记》,岂得为迁本书也?①

所以说《史记》多为后人殽乱:

> 太史公殁于武帝末年,而《贾谊传》言贾嘉好学,至孝昭时列为九卿。《相如传》引扬雄以为靡丽之赋,劝百风一,犹驰骋郑、卫之声,典终而奏雅。则其文为后人所殽乱者多矣。②

二、析史公之思想

洋洋数十万言之《史记》怎样处理载录事件或人物,后代学者评论不一,焦竑认为:

---

① [明]焦竑著,李剑雄点校:《焦氏笔乘》续集卷三《冯商》,上海古籍出版社1986年版,第259页。

② [明]焦竑著,李剑雄点校:《焦氏笔乘》卷二《史记多为后人殽乱》,上海古籍出版社1986年版,第48页。

《刺客传》序聂政事，极其形容，殆自抒其愤激云耳。于《年表》则书“盗杀韩相侠累”，盖太史公之权衡审矣。又如列孔子于世家，老子于列传，而且与申、韩相埒，亦曷尝先黄、老而后《六经》哉？然则后人之讥迁者，悉瞇语也。①

权衡先后，而非厚此薄彼，焦氏一语道出史公之意，基本上解决了学术界长期争论的问题，司马迁为何不把孔子入列传而把老子打入合传，与他赞同其父在《论六家之要旨》中称赞道家是不矛盾的。

司马迁秉笔直书著《史记》，当然也要发泄自己对武帝的不满。《笔乘》在卷二《匈奴传赞》中指出：

太史公《匈奴传赞》曰：“孔氏著《春秋》，隐、桓之间则章，至定、哀之际则微，为其切当世之文而罔褒，忌讳之词也。”子长深不满武帝而难于显言，故著此二语，可谓微而彰矣。②

《史记》记载晋公灭赵之族，朔妻成公姊妹有遗腹，匿公宫，生赵武。公孙杵、成婴以死来救赵武。越国十五年，赵武

① ［明］焦竑著，李剑雄点校：《焦氏笔乘》卷二《史公权衡》，上海古籍出版社 1986 年版，第 48 页。

② ［明］焦竑著，李剑雄点校：《焦氏笔乘》卷二《匈奴传赞》，上海古籍出版社 1987 年版，第 50 页。

在韩厥的帮助下得复田邑。而《左传》称赵武从姬氏畜于公宫，以其田与祁奚，韩厥要求晋侯立赵武而反其田，二事有异，焦竑认为：

> 盖《左氏》为文高简，且其所载，以立武复田为重，故详序其后，而不暇悉其初。然谓赵武从姬氏畜于公宫，则所谓朔妻匿于公宫，与武之生及二子之存孤，可一语尽之矣。《史记》追叙本末，故详著焉。①

《左传》强调的微言大义，"为文高简"突出儒家的仁义礼的思想，而《史记》是纪传体通史，强调的是史事的完整性，"追叙本末，故详著焉"。

三、纠史公之谬误

前人研治《史记》，其途有二：一曰考据，一曰评点。前者求训诂、考典实、校文字、正违失，主于征实，乃为学计；后者慕高格、猎奇彩、讲文法、明义理，重在评论，乃为文计。二者虽功有偏至，然于研读《史记》均不无裨益。二者之中，尤以考据为重，考据乃评论的基础。《史记》在史学发展中的地位是毋庸置疑的，但是由于史料庞杂、工作艰巨，矛盾、疏漏、错误在所难免，正如班固《汉书·司马迁传》所言："司马迁据

① ［明］焦竑著，李剑雄点校：《焦氏笔乘》续集卷五《左氏史记之异》，上海古籍出版社 1986 年版，第 339 页。

《左氏》、《国语》，采《世本》、《战国策》，述《楚汉春秋》，接其后事，迄于天汉。其言秦汉，详矣。至于采经摭传，分散数家之事，甚多疏略，或有抵梧。”后历经魏晋南北朝，辗转抄写，字句之间颇有差异。南朝宋裴骃作《集解》时也感叹说：“考较此书，文句不同，有多有少，莫辨其实，而世之惑者，定彼从此，是非相贸，真伪舛杂！”于是，研读《史记》考证其材料可靠性尤为重要。

> 乃其(司马迁)以一人驰骋数千载之上，又当秦焚灭之后，经典残缺，不无疏脱舛误于其间，其纪、传、志、表，自相矛盾者亦往往有之。①

焦竑在研读《史记》中指出其误有二：第一，年月牴牾。

> 史公会稡众说成书，时月先后，不能尽合。如韩、魏时处战国，而《滑稽传》云其君陪楚庄王葬马；扁鹊医虢公，而传云与赵简之同时。又迁序汉初，专据陆贾，如郦生之初谒沛公，高祖之长歌鸿鹄，文句既殊，事理尽异。②

又：

---

① ［明］焦竑著，李剑雄点校：《澹园集》续集卷一《古史序》，中华书局1999年版，第753页。

② ［明］焦竑著，李剑雄点校：《焦氏笔乘》卷二《史公疏漏》，上海古籍出版社1986年版，第48～49页。

> 《史记·年表》孔子卒在周敬王四十一年,鲁缪公立在威烈王十九年,上下相去七十一年,而子思之寿止六十有二,宜不及见缪公之立。然《孔丛子》载缪公薨时,子思居卫,《孟子》亦屡言缪公之于子思,此两人同时,则《年表》亦误矣。宋高似孙《子略》、国胡宋景濂并云:"子思寿六十二,鲁缪公同时人。"缪公之立,距孔子之没七十年,当是时子思犹未生,问答之事安得有之?予谓既信寿六十二之说,即不当信相去七十年之说。以七十年之说为可信,则子思之生当在孔子梦奠之后矣。伯鱼先孔子而卒,子思又安得后也孔子而生哉?此理甚明,而不能察何也?书传年月牴牾如此者甚多,不可胜举。①

第二,人名有误。韩王信都与淮阴侯韩信,史料记载往往混淆,焦竑指出:

> 韩王名信都,而去都留信,使其名姓全同淮阴。前辈讥其疏漏,盖不尽无也。②

又,《史记·吴起传》载"魏置相,相田文,吴起不悦,谓田

① [明]焦竑著,李剑雄点校:《焦氏笔乘》卷二《年月牴牾》,上海古籍出版社1986年版,第47页。

② [明]焦竑著,李剑雄点校:《焦氏笔乘》卷二《史公疏漏》,上海古籍出版社1986年版,第49页。

文曰”,其后记有吴起与田文交谈,而《吕氏春秋》载“吴起谓商文曰”,其后是吴起与商文的记录,二书所载应为一事,而二人,何哉?焦竑认为:

《史记》称田文,《吕纪》为商文,所不可晓。太史公得于传闻,而《吕纪》先秦之书,或于记载为核。①

第三,史事牴牾。《史记》载有大夫屠岸贾讨灵公之贼,杀朔与婴齐、同、括,而赵氏灭。《左传》谓赵婴齐通于庄姬,原屏放之于齐,庄姬以是怨原屏,怒而杀之,而赵氏灭。焦竑在勘比二者之异后,指出:

《左氏》不载程婴、公孙杵臼存赵事,而《史记》言之甚详。《左氏》称赵武从姬氏畜于公宫,以其田与祁奚。韩厥言于晋侯曰:“成季之勋,宣孟之忠,而无后,为善者惧矣。”乃立武而反其田。是无婴与杵臼事也。《史记》则言晋灭赵之族,朔妻成公姊有遗腹,匿公宫,生武。公孙杵臼、程婴以死存之。越十五年,因韩厥得复田邑。二说似乎不一。盖《左氏》为文高简,且其所载,以立武复田为重,故详序其后,而不暇悉其初。然谓赵武从姬氏畜于公宫,则所谓朔妻匿于公宫,与武之生及二子之

① [明]焦竑著,李剑雄点校:《焦氏笔乘》续集卷五《史记吕氏春秋之异》,上海古籍出版社1986年版,第338页。

存孤，可一语尽之矣。《史记》追叙本末，故详著焉，二说故可会而一也。赵之族灭，《左氏》谓赵婴齐通于庄姬，原屏放之于齐。庄姬以是怨原屏，谮而杀之，而赵氏灭。《史记》则谓大夫屠岸贾讨灵公之贼，杀朔与婴齐、同、括，而赵氏灭。二说不同。合二书考之，盖赵朔、赵同、赵括之死，本各因一事，各为一时，《史记》误合为一，遂致事词参错，不可稽耳。今按，赵同于朔死之后，见于《左氏》者不一而足，其非同时被杀甚明。且《赵世家》载晋景公三年，屠岸贾攻赵氏于下宫，杀赵朔、赵同、赵括、赵婴齐，皆灭其族。《晋世家》则载景公十二年，以赵括与韩厥等五人为卿，已自相牴牾，不足信矣。①

焦竑指《史记》之谬误，一方面说明焦竑史料的根底，另一方面也说明焦氏学术独立精神，不相信权威，敢于向经典发难，这种怀疑的态度和用史料说话的实证精神，是后代学者之楷模。

四、对《史记》旧注的纠误

《商君传》曰："读鞅《开塞书》，谓与其行事相类，卒受恶名，有以也。"《索隐》曰："开谓刑严峻则政化开，塞谓布恩惠则政化塞。"针对小司马此注，焦竑曰：

---

① ［明］焦竑著，李剑雄点校：《焦氏笔乘》续集卷五《左氏史记之异》，上海古籍出版社 1986 年版，第 339 ~ 340 页。

司马贞盖未见鞅书，臆为之说耳。《开塞》乃其第七篇，谓道塞久矣，今欲开之，必刑九而赏一。刑用于将过则大邪不生，赏施于告奸则细过不失。大邪不生，细过不失，则国治矣。由此观之，鞅之术无他，特恃告讦而已。故其治不告奸者与降敌同罚，告奸者与杀敌同赏。此秦俗所以日坏，至于父子相夷，而鞅亦不能自脱也。又云："使商无得籴，农无得粜。农无粜则窳惰之农勉，商无籴则多岁不与乐。"夫积而不粜，不耕者诚困矣，力田者亦何利哉？鞅大都以诱耕督战为本，不自知其敝耳。①

焦竑用心去探究《史记》意蕴，写出大批的札记，究其原因，一方面是因为《史记》为做学术之基石，"近世谈文，率宗《史记》"，更重要的是"然子长精神结构，茫然未解，第袭其语耳，此史公之盗臣，谓之受业弟子可乎？"②焦竑对当时空疏之学术，给予极大打击，力图通过研讨《史记》达到人格的完善。

① ［明］焦竑著，李剑雄点校：《焦氏笔乘》卷一《开塞书》，上海古籍出版社 1986 年版，第 8 页。

② ［明］焦竑著，李剑雄点校：《焦氏笔乘》卷二《荆公学史记》，上海古籍出版社 1986 年版，第 67 页。

第四章 《焦氏笔乘》的诗学贡献

明代是我国诗学理论发展史上的一个重要时期，出现了许多有价值的诗学理论专著，对我国诗学发展产生了重要影响，其主要表现在以下几个方面：首先，明初的诗学理论成果主要体现在明人汇编历代诗学文集和辑录上。较著名的有瞿佑的《归田诗话》、黄子肃的《诗法》、朱权的《西江诗法》及释怀悦的《诗家一指》等，这些作品已涉及诗歌理论层面。其次，明代中叶诗学发展史则是流派林立的局面，以前七子派、唐宋派和后七子派声名最为显赫，声势最为浩大。而到明代后期，诗歌发展史上出现了一个极为重要的派别——公安派，自由及“独抒情灵，不拘格套”的求“真”精神为诗学界吹进一股清新空气，但随之而来的就是反公安三袁的浪潮，诗学追求最终归于“雍容典雅”的传统儒家诗学中去，同时开启清代诗学的自由、民主之风向。

焦竑虽然专意研讨性命之学，但对诗歌也很留意，《焦氏笔乘》正集部分，其中有相当一部分内容为诗话。周维德先生称:“诗话之体,有广义、狭义之分。广义的诗话,‘辩句法、备古今、纪盛德、录异事、正讹误也。’”①而焦竑对诗话的诠释,便可称为广义的诗话了。

第一节 《焦氏笔乘》对《诗经》教化研究的贡献

焦竑在《与友人论文》一文中讲文与道的关系:

窃谓君子之学,凡以致道也。道致矣,而性命之深窅与事功之曲折,无不了然于中者,此岂待索之外哉。吾取其了然者,而抒写之文从生焉。故性命事功其实也,而文特所以文之而已。惟文以文之,则意不能无首尾,语不能无呼应,格不能无结构者,词与法也,而不能离实以为词与法也。《六经》、四子无论已,即庄、老、申、韩、管、晏之书,岂至如后世之空言哉?庄、老之于道,申、韩、管、晏之于事功,皆心之所契,身之所履,无丝粟之疑。而其为言也,如倒囊出物。借书于手,而天下之至文在焉,其实胜也。②

① 周维德:《明代诗话发展之由来》,《全明诗话》,齐鲁书社2005年版,第1页。

② [明]焦竑著,李剑雄点校:《澹园集》卷十二《与友人论文》,中华书局1999年版,第92~93页。

在焦竑看来，文以载道："六经者，先儒以为载道之文也，而文之致极于经。"①儒家经典是学者获取知识的源泉，因为"舍经术而能文，是舍泉而能水，舍燧而能火，舍日月而能明，无是理也。"②诗歌的源头是《诗经》，历代诠释《诗经》的名家辈出。孔子认为："诗三百，一言以蔽之，思无邪"，"温柔敦厚，诗教也"。对《诗经》的研究重在"诗言志"，而"诗言志"又可划分为《诗经》的政治意义和诗的感情流露。

一、《诗经》的政治意义

焦竑认为："孔子删十五国风而为《诗》，大氐以微言通讽谕，壹以温柔敦厚为宗。"③

夫诗出于乐，一以声为主。孔子论《关雎》无淫与伤，而于郑声则直斥之。故曰："《关雎》之乱，洋洋盈耳"也。后世不得其声，而独辞之知。毛、韩诸家，于虫鱼鸟兽之细，竭力以争，而至其音节，未尝过而问焉。逮宋人竞以意见相高，古之审声以知治者，几于绝矣。余尝论

① ［明］焦竑著，李剑雄点校：《澹园集》续集卷一《刻两苏经解序》，中华书局 1999 年版，第 750 页。

② ［明］焦竑著，李剑雄点校：《澹园集》续集卷一《刻两苏经解序》，中华书局 1999 年版，第 751 页。

③ ［明］焦竑著，李剑雄点校：《澹园集》卷十六《南游草序》，中华书局 1999 年版，第 174 页。

宋诗主义，于性离；唐诗主调，于性近，盖以此也。①

焦竑强调诗通于微言，以温厚为教："夫诗以微言通讽谕，以温柔敦厚为教。不通于微，不底于温厚，不可以言诗。"②

有的学者认为《诗经》中《麟趾》为《关雎》之应，所以在释"吁嗟乎驺虞"中的"驺虞"时，就认为是一种兽，焦竑对此有疑问，认为驺是掌山泽之官，虞为掌山泽之官，随后便指出：

> 此诗盖南国遵文王之化而德及庶类，故其诸侯当春田之际，见葭蓬之盛，则知草木裕；见豝豵之多，则知禽兽若。以为非虞人能厉山泽之禁，则物性何以能遂？非驺人不失驰驱之法，则物类必至过伤。因叹美而归功于二官焉。夫二官修职，而能获斯效，谓非由于文王之化行乎？此所以为《鹊巢》之应也。③

焦竑之所以明辨"驺虞"的意义，绝不仅仅在于搞明字的

---

① ［明］焦竑著，李剑雄点校：《澹园集》续集卷二《三秀亭诗草序》，中华书局 1999 年版，第 775 页。

② ［明］焦竑著，李剑雄点校：《澹园集》卷十六《弗告堂诗集序》，中华书局 1999 年版，第 168 页。

③ ［明］焦竑著，李剑雄点校：《焦氏笔乘》卷一《驺虞》，上海古籍出版社 1986 年版，第 4 ~ 5 页。

意义，而是探寻《诗》的篇章关联，既然"驺虞"为官员的名称，那么这首诗旨在强调在文王的教化下，地方官吏甘于职守，从而使土地出现物产丰盛的局面。其目的是在赞颂文王的德化，与《鹊巢》同出一辙，所以"为《鹊巢》之应"，而非与《关雎》相照。

又如：《诗·柏舟》篇。古注为：寡妇无夫可依，如河中之不系之舟，到处游荡。《汉书·列女传》则以《柏舟》自喻，比己之坚。焦竑认为：

> 《列女传》云以《柏舟》之坚自比，则非矣。孔子读《柏舟》，见匹夫执志之不可夺，此《诗》之妙旨也。①

关于《采葛》的喻义，《焦氏笔乘》载：

> 盖葛可御暑，本支联属，比君臣之情义相维也。今君弃予，则其节诞矣，故兴以采葛而赋焉。②

二、《诗经》的情感教化

焦竑要求诗歌符合温柔敦厚之旨，但同时也要"通于

---

① [明]焦竑著，李剑雄点校：《焦氏笔乘》卷一《柏舟》，上海古籍出版社1986年版，第23页。

② [明]焦竑著，李剑雄点校：《焦氏笔乘》卷一《采葛》，上海古籍出版社1986年版，第23页。

微”、“虚圆微妙”、“婉委而有余情”。这些正是诗歌的含蓄、蕴藉之美,而我们可以看到“蕴藉”也常被焦竑提到:

> 蜀王衍《宫词》曰:“晖晖赫赫浮五云,宣华池上月华春。月华如水浸宫殿,有酒不醉真痴人。”近世词曲《月明如水浸楼台》祖此。然水浸宫殿,虽有形容,而乏蕴藉。入词曲可,入诗则不可。乃知杜诗“四更山吐月,残夜水明楼”,真古今绝唱也。①

词曲讲究本色,故可“形容”,而诗之妙在不说尽,故可入词曲之句不可入诗。此处焦竑推许杜甫此诗为“古今绝唱”的原因是因为此诗较前诗浑然。他对杜诗的批评,也是嫌其不蕴藉,其《评杜诗》云:

> 余家有郑善夫《批点杜诗》,其指摘疵类,不遗余力,然实子美之知己。余子议论虽多,直观场之见耳。尝记其数则,一云:“诗之妙处,正在不必说到尽,不必写到真,而其欲说欲写者,自宛然可想。虽可想,而又不可道,斯得风人之义。杜公往往要到真处尽处,所以失之。”一云:“长篇沉着顿挫,指事陈情有根节骨格,此杜老独擅之能,唐人皆出其下。然诗正不以此为贵,但可

① [明]焦竑著,李剑雄点校:《焦氏笔乘》续集卷三《水明楼》,上海古籍出版社1986年版,第256页。

以为难而已。宋人学之,往往以文为诗,雅道大坏,由杜老起之也。”一云:“杜陵只欲脱去唐人工丽之体,而独占高古。盖意在自成一家,不肯随场作剧也。如孟诗云:‘当杯已入手,歌伎莫停声。’便自风度,视‘玉佩仍当歌’,不舍霄壤矣。此诗终以兴致为宗,而气格反为病也。”善夫之诗,本于子美,而其持论如此,正子瞻所谓“知其所长而又知其敝”者也。①

对老杜之或取或舍,标准正是蕴藉与否。焦竑论文,标准也是如此,其《伊川评班马》云:

程伊川云:“子长著作微情妙旨,寄之文字蹊径之外,孟坚之文,情旨尽露于文字蹊径之中。读子长文,必越浮言者始得其意,超文字者乃解其宗;班氏文章亦称博雅,但一览之余,情词俱尽,此班马之分也。”评《史》、《汉》者独此语为核。张辅以文字多寡为优劣,此何足以论班、马哉!②

对于作诗文有无蕴藉只是作品之艺术审美品位之高低;而对于人性而言,情之表露过于直白,就会直接伤

① [明]焦竑著,李剑雄点校:《焦氏笔乘》卷三《评杜诗》,上海古籍出版社1986年版,第82~83页。

② [明]焦竑著,李剑雄点校:《焦氏笔乘》卷一《伊川评班马》,上海古籍出版社1986年版,第50页。

及"性"真,焦竑对此有很严厉的批评,故他责难屈原:

> 是时楚诗以僻左未录于太师,至屈平者,轩翥诗人之后,一放而为《离骚》,繇其忠愤感切,不得已而出此,后世辄名之为《楚词》,而为怨诗者咸归之。甚者情匪郁伊,而嚣声钓世,如《七谏》、《九怀》之流,类矜激乎一致,盖无疾而呻吟,非其质矣……君生荆江鄂渚之间,乃不逐于变风、变雅之末流……余知楚声果不足以目君矣。①

在焦竑看来,只有根本于道的文才可称为"天下之至文"。因为文章是有灵性的。焦竑于万历十年(1582)所写的《雅娱阁诗序》提道:

> 古之称诗者,率羁人怨士不得志之人,以通其郁结,而抒其不平,盖《离骚》所从来矣。岂诗非在势处显之事,而常与穷愁困悴者直邪?诗非他,人之性灵之所寄也。苟其感不至,则情不深;情不深,则无以惊心而动魄,垂世而行远。吾观尼父之所删,非无显融朊厚者厝乎其间,而讽之令人低徊而不能去,必于变《风》《雅》归

---

① [明]焦竑著,李剑雄点校:《澹园集》卷十六《南游草序》,中华书局1999年版,第174页。

焉，则诗道可知也。①

此灵性之说，成为明代文学转变的代表。后来焦竑再次表达他的"性灵"说：

蒙庄有言，诗以道性情。盖以洞达性灵，而劝谕箴砭，以一归于正，即其恳款切至，要必和平温厚，婉委而有余情。故言之无罪，闻之足以戒也。后世诗与性离，波委云属，只以为流连之资，而六艺之义微。杜子美力挽其衰，闵事忧时，动关国体，世推诗人之冠冕，良非虚语。乐天虽晚出，而讽谕诸篇，直与之相上下，非近代词人比也。

一斋陈子通《五经》，尤长于《诗》、《易》，观其《伏羲图赞》、《毛诗古音》，概可见已。其为诗，无非风人之遗意，言非有为，不发于笔端。砭季代之膏肓，而起流俗之废疾，盖三致意焉。其温厚尔雅，动物感时，而无所容怼，此与子美、乐天何异？读者以此求之，庶可脱近习而还《三百》之旧观。②

《明代文学批评史》评价焦竑道："在本质上仍然是以性

① ［明］焦竑著，李剑雄点校：《澹园集》卷十五《雅娱阁集序》，中华书局 1999 年版，第 155 页。

② ［明］焦竑著，李剑雄点校：《澹园集》续集卷九《题寄心集》，中华书局 1999 年版，第 911 页。

为情,要把情限制在性所允许的范围之内……故他论文虽也曾提及性灵一词,如‘诗非他,人之性灵之所寄也’,‘蒙庄有言,诗以道性情,盖以洞达性灵而劝谕箴砭,以壹归于正,即其恳款切至,要必和平温厚婉委而有余情’。则所谓‘性灵’,其实仍是‘性情’而已。”①

第二节 《焦氏笔乘》对诗评研究的贡献

作为文人,焦竑对诗评尤为重视。本节拟从以下三个方面分析之:

一、析明次韵的迁演

次韵,又称步韵,和韵方式之一。次韵诗有严格的规定:即和诗时,用原诗原韵,且先后次序必须与原诗相同。关于次韵的出现,《旧唐书·元稹传》载元稹《上令狐相公诗启》:“白居易雅能诗,就中爱驱骂文字,穷极声韵,或为千言,或五百言律诗,以相投寄。小生自审不能过之,往往细排旧韵,别创新辞,名为次韵相酬,盖欲以难相挑。”后来多数学者以此为据,认为次韵始于唐。②焦竑认为:

---

① 袁震宇、刘明今:《明代文学批评史》,上海古籍出版社 1991 年版,第 489 ~ 490 页。

② 按:该部分参见汪涌豪、骆玉明编:《中国诗学》(第四卷),东方出版中心 1999 年版,第 178 页。

世传诗人次韵，始于白乐天、元微之，号"元和体"。然杨衒之《洛阳伽蓝记》载王肃入魏，舍江南故妻谢氏，而娶元魏帝女，其故妻赠之诗曰："本为薄上蚕，今为机上丝。得路遂腾去，颇忆缠绵时。"继室代答，亦用丝、时两韵，是次韵非始元、白也。《陈后主集》有《宣猷堂燕集五言》，曰："披钩赋韵，逐韵多少，次第而用。"座有江总、陆瑜、孔范等三人，后主韵得迮、格、白、赫、易、夕、掷、拆、啃字，其诗用韵与所得韵次，前后正同。是先书韵为钩，坐客均探，各据所得，循序赋之，正后世次韵类也。但韵以钩探，非酬和先倡者，为小异耳。至近世探韵者，直取一韵，非全篇用之，与古又自不同。①

焦竑引用《洛阳伽蓝记》一例为证，说明"次韵非始元白"，同时又指出后世之次韵与前人不同。焦氏从发展的角度看待次韵，勾画了次韵的发展史。清赵翼在《陔馀丛考》也载有《洛阳伽蓝记》一事，指出次韵始于魏晋，与焦竑遥相呼应。所以焦竑的首创之功用，不应为后世所遗忘。

二、证诗用语之误

诗人写诗，有其随意性，但是诗用字词之误，直接影响诗的本义：

① [明]焦竑著，李剑雄点校：《焦氏笔乘》卷三《次韵非始唐人》，上海古籍出版社1986年版，第258页。

独以一语之玼,终损连城之价。①

所以焦竑尤为重视诗中字词的重要性,从《笔乘》可以发现他所关注的角度和梳理的方法。前文已有涉及,现再以一例证之。许景先诗:"兰叶负龟初荐祉,桐花集凤更来仪。"焦竑认为:

《史记》:"龟千岁,乃游莲叶之上。"又《抱朴子》言:"龟或浮莲叶之上,或在丛蓍之下。"……(许诗)误以莲为兰。②

又,苏东坡是焦竑所推崇的少有的宋代学者之一,东坡作诗信手拈来,浑成自然,但焦竑认为他用事有误:

误处政自不少,《虢国夫人夜游图》云:"当时亦叹潘丽华,不知门外韩擒虎。"按陈后主张贵妃名丽华,韩擒虎平陈,后主、丽华俱见收。而齐东昏侯有潘淑妃,初不名丽华也。③

---

① [明]焦竑著,李剑雄点校:《焦氏笔乘》卷一《韦庄诗》,上海古籍出版社1986年版,第16页。

② [明]焦竑著,李剑雄点校:《焦氏笔乘》卷四《许景先诗误》,上海古籍出版社1986年版,第126页。

③ [明]焦竑著,李剑雄点校:《焦氏笔乘》卷四《东坡误用事》,上海古籍出版社1986年版,第124页。

三、重视诗歌用典

诗人是很重视字句的凝炼，灵活利用前人的诗句和历史典故，是作诗之根底。诗人必须有丰富的书本知识，才能写出优美的诗篇，如宋代黄庭坚认为杜诗、韩文“无一字无来处”，“词意高胜，要从学问中来尔”。明代学者杨慎也提出“先辈言杜诗、韩文无一字无来历，予谓自古名家皆然，不独杜韩两公耳”。焦竑继承作诗的传统，指出：

> 予谓“读书不多”数语，最中学者之病。世乃有谓诗不关书者，遂欲不持寸铁，鼓行词场，宁不怖死！①
>
> 山谷谓杜诗无一字无来处，今试拈一二……②

《刘贡父诗话》：“曹参曾为汉功曹”，而杜诗云：“功曹非复汉兼何，误矣。”《笔乘》载：

> 按曹参亦未为功曹，子美自用孙策语耳。吴虞翻为孙策功曹，策曰：“孤有征讨事，未得还府，卿复以功曹为吾萧何守会稽耳。”广德元年，子美在梓州补京兆府功曹，故以自况。《三国志》既非僻书，贡父乃未之见，而轻

---

① [明]焦竑著，李剑雄点校：《焦氏笔乘》卷四《作诗不读书》，上海古籍出版社1986年版，第124页。

② [明]焦竑著，李剑雄点校：《焦氏笔乘》卷四《杜诗无一字无来处》，上海古籍出版社1986年版，第117页。

诋子美,何邪?①

刘禹锡《踏歌行》:"为是襄王故宫地,至今独自细腰多。"襄王是否爱细腰之女,后人解说少有涉及,《笔乘》载:

《墨子》云:"楚灵王好细腰,故其臣皆三饭为节,胁息然后带,缘墙然后起。"《韩非子》云:"楚庄王好细腰,一国皆有饥色。"细腰事凡两见,不闻襄王也,疑刘误记。②

焦氏引《墨子》和《韩非子》来证楚襄王在位时没有爱细腰一说,所以"疑刘误记"。杨用修证诗中的事件之误或不太可靠,那么引史证之,会更加令人信服:

杨用修云:"《三体唐诗》有杜常《华清宫诗》,孙公《谈圃》以为宋人。近注者亦引《谈圃》,而不正指其非唐人,盖不欲显选者之失耳。《宋史》有《杜常传》,云:'杜常,太后之侄。'以史与《谈圃》参之,其为宋人无疑……"用修此言,盖据史以正之耳。予尝见杜常一碑,凡数诗,《华清宫绝句》居首……大抵《三体》、《鼓吹》,所取皆晚

① [明]焦竑著,李剑雄点校:《焦氏笔乘》卷四《杜诗用孙策语》,上海古籍出版社1986年版,第120页。

② [明]焦竑著,李剑雄点校:《焦氏笔乘》卷三《禹锡误用事》,上海古籍出版社1986年版,第106页。

唐之最下者，其人无识而寡学，要不足辨。①

《焦氏笔乘》中有很多地方针对杨慎而发。如《公冶长》：

杨用修云："世传公冶长通鸟语，未见所出。"然宋之问诗："不知黄雀语，能免冶长灾。"……则似实有之矣。按冶长辨鸟雀语云："啃啃啧啧，白莲水边，有车覆粟。车脚沦泥，犊牛折角。收之不尽，相呼共啄。"人验之果然。此具《论语疏》，岂用修未之见耶……世间自有此等奇，未可臆断其无也。②

又如《诗误出韵》一条：

杨用修云："杜诗'留欢卜夜阑'，当是'下夜阑'。少陵诗无出韵者。"然《雨晴》诗："天际秋云薄，从西万里风。今朝好晴景，久雨不妨农。""农"出二冬韵……皆趁笔之误。③

① [明]焦竑著，李剑雄点校：《焦氏笔乘》卷三《杜常》，上海古籍出版社1986年版，第108页。

② [明]焦竑著，李剑雄点校：《焦氏笔乘》卷一《公冶长》，上海古籍出版社1986年版，第17~18页。

③ [明]焦竑著，李剑雄点校：《焦氏笔乘》卷四《诗误出韵》，上海古籍出版社1986年版，第120页。

《焦氏笔乘》大量指出诗歌中的讹误,非仅以资谈助,炫其博学,而是对才学与诗学关系的认识:

为诗殚竭心力,方造能品;至于沛然自胸中流出,所谓不烦绳削而合,用工能之至,非率易语也。子美云:“或红如丹砂,或黑如点漆。雨露之所润,甘苦齐结实。”太白云:“晓月出天山,苍茫云海间,长风一万里,吹度玉门关”,又“沙墩至梁苑,二十五长亭。大舶夹双橹,中流鹅鹳鸣”,如此等语,酝酿于胸中,气象自别,知雕缋者不足道矣。①

在焦竑看来,诗歌创作要达到“工能之至”,就要胸中有酝酿。可以说他并不是只强调独抒性灵,而是重视博学返约。对那些轻率为诗者,焦站给予严厉的批评:“予谓‘读书不多’数语,最中学者之病。世乃有谓诗不关书者,遂欲不持寸铁,鼓行词场,宁不怖死。”②所以焦竑认为诗歌是出自本性:

夫诗出于乐,一以声为主。……后世不得其声,而独辞之知。毛、韩诸家,于虫鱼鸟兽之细,竭力以争,而

① [明]焦竑著,李剑雄点校:《焦氏笔乘》续集卷四《不烦绳削》,上海古籍出版社 1986 年版,第 300~301 页。

② [明]焦竑著,李剑雄点校:《焦氏笔乘》卷四《作诗不读书》,上海古籍出版社 1986 年版,第 124 页。

至其音节，未尝过而问焉。逮宋人竞以意见相高，古之审声以知治者，几于绝矣。余尝论宋诗主义，于性离；唐诗主调，于性近，盖以此也。①

焦竑很推崇王维与韦应物，在《焦氏笔乘》中洋溢着对二人的褒奖之情：

子瞻云："子美诗'王侯与蝼蚁，同尽归丘墟。愿闻第一义，迴向心地初。'知其文字外别有事在。然子美亦偶及此耳，要非本色。必也，其摩诘乎？观魏居士书胡居士三诗，可谓妙绝，如：'即病即实相，趋空定狂走。无有一法真，无有一法垢。'又：'因爱果生病，从贪始觉贫。'又：'何津不鼓棹，何路不摧辀'。非其见地超然，安能凿空道此？"②

对韦应物评价也十分高：

韦苏州诗："绿荫生昼寂，孤花表春余。"境静人闲，翛然在目。荆公："邻鸡生午寂，芳草弄秋妍"。虽语出

① ［明］焦竑著，李剑雄点校：《澹园集》续集卷二《三秀亭诗草序》，中华书局 1999 年版，第 775 页。

② ［明］焦竑著，李剑雄点校：《焦氏笔乘》卷四《摩诘见地超然》，上海古籍出版社 1986 年版，第 116 ~ 117 页。

韦,然亦工绝矣。①

又:

韦庄诗"西园公子名无忌,南国佳人字莫愁。"莫愁为南国佳人,此实语也。《选》诗:"公子敬爱客,终宴不知疲。清夜游西园,飞盖相追随。"则西园公子乃子建事,谓名无忌,可乎?此诗流利可喜,独以一语之玼,终损连城之价。②

在焦竑看来,韦庄之诗虽有瑕疵,但是从诗歌总的情感上只要流利顺畅,很好地抒发情感,就是最好。

又:

玉川又有经学,不但能诗而已。晚唐诗人,予最喜玉川子及司空表圣二人,人品甚高,不为势利所汩没,故其诗能不涉世俗蹊径。此非具双眼者,安能别之。③

---

① [明]焦竑著,李剑雄点校:《焦氏笔乘》卷四《韦苏州》,上海古籍出版社1986年版,第122页。

② [明]焦竑著,李剑雄点校:《焦氏笔乘》卷一《韦庄诗》,上海古籍出版社1986年版,第16页。

③ [明]焦竑著,李剑雄点校:《焦氏笔乘》卷三《玉川子》,上海古籍出版社1986年版,第105页。

从中可知焦氏所推崇的诗人。首先，能诗的经学家且"人品甚高，不为势利所汩没"，其次，作诗"不涉世俗蹊径"，用他的标准去衡量，称杜甫的诗是"杜诗具时事，称为诗史"①，并有诘难之处②，而对李白的诗歌少有评论③，王维"非其见地超然，安能凿空道此?"④

焦竑有些有关诗歌风格的评价，如对左丞《夷门歌》之评价：

> 右丞《夷门歌》："向风刎颈送公子，七十老翁何来求?"出《晋·段灼传》。灼上书追理邓艾，有曰："七十老翁复何所求哉?"然语意浑成，如自己出，所以为妙。⑤

焦竑以"语意浑成，如自己出"作出评价。对韦庄的诗歌，焦竑认为"流利可喜"、何逊诗"清拔可喜"等，大抵能看出焦竑喜好清新流利的诗歌。

---

① [明]焦竑著，李剑雄点校：《焦氏笔乘》卷四《诸将诗》，上海古籍出版社 1986 年版，第 119 页。

② [明]焦竑著，李剑雄点校：《焦氏笔乘》卷四《杜诗误》，上海古籍出版社 1986 年版，第 121 页。

③ [明]焦竑著，李剑雄点校：《焦氏笔乘》卷一《太白诗误》，上海古籍出版社 1986 年版，第 16 页。

④ [明]焦竑著，李剑雄点校：《焦氏笔乘》卷四《摩诘见地超然》，上海古籍出版社 1986 年版，第 117 页。

⑤ [明]焦竑著，李剑雄点校：《焦氏笔乘》卷一《夷门歌》，上海古籍出版社 1986 年版，第 27 页。

焦竑辨析诗句，写诗评，最终都是要回到提炼诗句和指导创作的主题上来，这是他的诗学方法具有可操作性的地方，《澹园集》集有他大量诗文。现举《笔乘》之例证之："花鸟之诗，最嫌太著。余喜陆鲁望《白莲》诗：'无情有恨何人见，月晓风清欲堕时。'花之神韵宛然在掬，谓之写生手可也。余尝有梅花诗：'花开暮雪人归后，香满寒庭月上时。'自谓差可嗣响。"①

① ［明］焦竑著，李剑雄点校：《焦氏笔乘》卷三《白莲诗》，上海古籍出版社1986年版，第106页。

结语 《焦氏笔乘》的学术地位

《焦氏笔乘》是焦竑的一部笔记体著作，所载内容汇集了大量文献资料，具有重要的学术价值，在文献学、哲学、史学和诗学上均有创获。焦竑本人也很重视这部笔记，他在《焦氏笔乘》的“序”中说：

> 曩读书之暇，多所劄记。万历庚辰岁，友人取数卷刻之，余藏巾笥中未出也。迨牵丝入仕，随所见闻，辄寄笔札。寻以忤权见放，奔迸之余，不皇检括，散轶者十有五六。顷卧园庐，尘埃漫漶，不复省视久矣。筠州谢君吉甫，见而惜之，手自排缵，并前编合刻之，以付同好。
>
> 余观古今稗说，不啻千数百家，其间订经子之讹，补史传之阙，网罗时事，缀辑艺文，不谓无取；而肤浅杜撰，疑误观听者，往往有之。余尚欲投一枝于邓林间哉！愿国家之典制，师友微言，间有存者，当不以余之鄙而废之

也，在览者择之而已。①

可见焦竑认为这本著述是自己几十年以来的随身记载，其书中的“订经子之讹，补史传之阙，网罗时事，缀辑艺文”，均是发自内心的感悟。而《四库全书总目·子部·杂家类存目五》对此则有不同的评价：

是书多考证旧闻，亦兼涉名理。然多剿袭说部，没其所出。如《周易举证》一条，乃洪迈《容斋随笔》语；《秃节》一条，乃宋祁《笔记》语；《开塞书》一条，乃晁公武《读书志》语；《一钱》一条，乃师古伪苏轼《杜诗注》语；《花信风》一条，乃王逵《蠡海集》语；《玉树青葱》一条，乃封演《闻见记》语；《何逊诗》一条，乃黄伯思《东观余论》语；《乌鬼》一条，乃沈括《梦溪笔谈》语；《仓颉》一条，乃张华《博物志》语，《续〈史记〉》一条，乃无名氏《尊俎余功》语。如斯之类，不可缕数。其中《周易举证》条，末称此书世罕见，晁公武所进《易解》多引用之。盖洪迈当南宋孝宗时，故其言云尔。至明代则郭京书有刊本，而晁公武书久佚，正与迈时相反，乃仍录原文，斯非不去葛龚邪？竑在万历中，以博洽称，而剽窃成书，至于如是，亦足见明之无人矣。其讲学解经，尤喜杂引异说，参

① ［明］焦竑著，李剑雄点校：《焦氏笔乘》，上海古籍出版社 1986 年版，第 1 页。

> 合附会，如以孔子所云“空空”及颜子之“屡空”为虚无寂灭之类，皆乖迕正经，有伤圣教，盖放生平喜与李贽游，故耳濡目染，流弊至于如此也。①

在四库馆臣看来，焦竑是明代著名的学者，但是焦竑在《焦氏笔乘》中考证旧闻之数则，“多剿袭说部，没其所出”。也就是说，焦竑学术根底不深，多有抄袭。其实这仅仅是表面上的现象，他们最不能容忍的是焦竑以佛释儒，“乖迕正经，有伤圣教”。这是因为清初学者在反思明亡教训时，是把明末学术与明代灭亡联系在一起的。在清初学者看来，明末王学的空疏，从不关注儒学内在的学术理路，导致明朝灭亡。

在我看来，清代的学术与明代学术是一致的，都没有走出宋代学术的视域。宋代学者面对内忧外患的压力，急于探究儒学的发展理路，他们汲取佛家的逻辑思路，在不断地追问儒学所倡导的“道”的源泉。程朱之理学、陆九渊之心学、张载之气学等，都是在探究这一具有划时代的课题。这也是宋代儒学是继先秦儒学之后的又一次高峰的原因所在。一旦学界明白了“道”的本源后，就要去实现“道”，即方法论。所以程朱理学从格物致知上着手，陆九渊的心学从反观心性出发，通过道德的完善来实现儒学的梦想。这

① [清]永瑢等撰:《四库全书总目》，中华书局2003年版，第1103页。

样的高潮只能出现一次,而后来之时代都是在功夫论上做文章了。元儒所从事的儒学诠释只能是在程朱理学独尊的情况下,做好实践的功夫。明代学者接过元代学者的思绪,只是这个时候程朱理学一统天下的局面出现了官府、士人和民间三家的断裂。官府以程朱作为科举考试的章程,想进入官场的士人必须以此为抓手,当他们完成科举的任务后,发现这种苦修似的“道问学”,不但难以解决现实问题,而且也无法安顿自己的灵魂。阳明心学在修正程朱理学的旗帜下,日益得到士人和民间的支持,愈演愈烈,形成不可阻挡的大势。但这样的局面不会持续太久,因为:第一,阳明心学只是纠正程朱的“功夫”论,而没有变更程朱的“道统”论。“致良知”的倾向必然与佛家走得愈加亲密,这是儒家极力反对的。辟佛是儒学发展的必然趋势,儒学只有坚持自己独一性,才能体现独尊性。第二,阳明心学的“致良知”,向内心探求解决社会、个人等问题的方法,必然否定儒家经典在“尊德性”上的功用。这在某种程度上是夺取了千百年以来士人读书问“道”的独断权,也就是说读书无用。这种结果让士人也无法接受,他们一旦明白过来心学的趋势,必然会回到“博学于文,约之以礼”的现实世界。

清初学者其实一直都在反思中原王朝为什么要让位于边塞民族的原因。在他们看来,是明末学术出现了巨大的裂痕:理学不是儒学而是佛学了。所以他们以儒学的立场出发大伐明末的具有佛学倾向的理学学风。这种学风一致持续着,当大清王朝的江山稳固后,清儒们以圣儒的身份主宰着清代学术,所以他们不再是笔伐,而是沿着宋儒倡导的功夫论继续前进。乾嘉汉学,或者称为“考据学”,其实都是儒学发展的一个路径而已,也不过只是程朱学术的一个方面,即格物致知,只是格物的内容不同罢了。所以说,从这个角度看,四库馆臣对《焦氏笔乘》的评价有其合理的一面,他们面对儒学的时代重任,对反对圣学的人物必然要进行鞭挞。

正如李焯然指出焦竑“是晚明学术思想界中一个不易归纳入一个特定范畴的思想家。他一方面是讲阳明心性之学的出色分子,另一方面他又是明代以赅博见称的考证家……其实焦竑的思想,代表了学术思想由晚明心性之学转向清初考据学的过渡,所以在他的思想中便同时出现了心学和实学的倾向。……他开始察觉到王学发展的日趋偏歪,所以他提出‘博学’、‘实践’,希望对王学末流之弊加以救正”①。其实,焦竑以博学实践救王学末流之弊,代表了晚明心性之学向清初考据学的过渡。同时,焦竑也是晚明一位不易被定位的学者。

《焦氏笔乘》是焦竑的读书札记,是一部学术成果总结,是研究焦竑心学、诸子学、文献学、史学等方面的重要文献资料。当然,《焦氏笔乘》的确也存在一些不可忽视的缺憾:第一,博而过杂,缺乏系统的研究。内容庞杂,时记有怪异之

---

① 〔新〕李焯然:《明史散论》,台北允晨文化事业股份有限公司 1991 年版,第 121 ~ 122 页。

事，抄录玄奇之文、谈玄说虚，与实证科学不相干。第二，广而嫌泛，缺少专门的研究和专深的文论。《焦氏笔乘》中虽不乏扎实的功力、精到的见解，然常常一得辄止，满足于笔记与札记式的记述，未能作进一步的研究，因而影响了焦竑在学术上获得更高的成就与地位。第三，焦竑文献学的方法还不够细密与谨严。总之，作为笔记体的《焦氏笔乘》，虽有著者意止笔停之气，但不能轻视其学术价值。当论述明代以及中国学术发展的历程时，不能忽视对《焦氏笔乘》的探研。

附录一 《焦氏笔乘》辑佚

焦竑在早年读书讲学之时，偶有所见，随即记录，后来陆续增写了许多条目，形成一部重要的学术著作，这便是《焦氏笔乘》。只可惜这些原稿在焦竑从北京被贬官到福宁州同知上任时，竟散失了十之五六。有幸的是，焦竑在其《老子翼》和《庄子翼》中以“笔乘”之名得以保存，同时清代学者的著作中也有记录，现分别辑录如下：

《老子翼》[①]中凡 18 条

卷一《上篇上》

道可道，非常道。名可名，非常名。无名，天地之始；有

① 按：本文所集录焦竑《老子翼》是为《丛书集成新编》本（台湾新文丰出版公司 1985 年版），同时，把《续道藏》本、《四库全书》本和《金陵丛书》本与之进行校对。

名,万物之母。故常无欲,以观其妙。常有欲,以观其徼。此两者,同出而异名,同谓之玄。玄之又玄,众妙之门。(第一章)

《笔乘》 徼,读如边徼之徼,言物之尽处也。晏子曰:“徼也者,德之归也。”《列子》曰:“死者德之徼。”皆指尽处而言。盖无之为无,不待言已。方其有欲之时,人皆执以为有。然有欲必有,尽及其尽也,极而无所更往,必复归于无。斯与妙何以异哉?故曰:“此两者同谓之玄。”虽然,老子亦不得已,为未悟者言耳,实非舍有以求无也。苟其舍有以求无,则是有外更有无,安得为无?盖当其有时,实未尝有,此乃真无也。故不灭色以为空,色即空。不捐事以为空,事即空。不然,其所谓无者,为对有之无;而所谓有者,为对无之有。亦恶得谓之常无常有哉?噫,安得知常者,而与之一论此。

载营魄,抱一能无离乎?专气致柔,能婴儿乎?涤除玄览,能无疵乎?爱民治国,能无为乎?天门开阖,能无雌乎?明白四达,能无知乎?生之畜之,生而不有,为而不恃,长而不宰,是谓玄德。(第十章)

《笔乘》 古者魂魄或合而言之,《左氏》“心之精爽,是谓魂魄”是也;或分而言之,《左氏》“人生始化曰魄,即生魄,阳曰魂”是也。大氐清虚则魄则为魂,住著则魂即为魄。如水凝则为冰,泮则为水,其实一耳。夫魄之营营,日趋于有,而此云载者，知七情无体，四大本空。如人载于车，舟载于水，乘乘然无所归也。如此则化有为无，涤情归性。众人离之而为二，我独抱之而为一。入道之要，孰切于此。“专气致柔”者，《老子》曰：心使气曰强。《庄子》曰：无听之以心，而听之以气。气也者，虚而待物者也。盖心有是非，气无分别。故心使气则强。专于气而不以心间之则柔。夫专气致柔，所谓纯气之守也。非婴儿其孰能之？玄览，玄妙之见也。疵，病也。众人之疵，粗而易除；学者之疵，微而难遣。何以故？道之所谓疵，则学者狃之为独见者也。金屑虽精，入①眼成翳。以觉为碍，以解为缚，可胜病乎！是故当涤除之也。老子之示人可谓尽矣。然智者除心不除事，昧者除事不除心。苟其误认前言，不至以輐断为学者几希。故又示之曰：我言载营魄者，非拱默之谓也。即爱民治国而能无为也，所谓为无为也，“专气致柔”者，非郁闭之谓也。即天门开阖而能为雌也，所谓雄守雌也。“涤除玄览”者，非晦昧之谓也，即明白四达而能无知也，所谓知不知也。夫爱民治国、天门开阖、明白四达，其于生之、畜之、为之、长之，皆不废矣。而无为也，为雌也，无知也，则生而不有，为而不恃，长而不宰者也，非玄德而何？关尹子曰：在己无居，形物自著。庄子曰：老子以空虚不毁万物为实。其说亦甚明矣。绌老子者，犹谓其弃人事之实，而独任虚无也，则未考其文而先有意以诬之者耳。岂不

---

① “入”，《续道藏》本作“内”，《四库全书》作“入”，《金陵丛书》本作“入”。《续道藏》本误。

妄哉！

卷二《上篇中》

宠辱若惊，贵大患若身。何谓宠辱若惊？宠为下，得之若惊，失之若惊，是谓宠辱若惊。何谓贵大患若身？吾所以有大患者，为吾有身，及吾无身，吾有何患？故贵以身为天下者，可以寄天下；爱以身为天下者，可以托天下。（第十三章）

《笔乘》 人情率上宠而下辱，不知辱不自生，生于宠也。则宠为下矣，宠为下，故得宠、失宠，皆若惊。然惊者，触于物而无著者也，过则虚矣。贵，重也，谓难之也。人情率有身而难患，不知患不自生，生于身也。无其身则无患矣。由此言之，世之上宠者，是上辱也。惊宠与辱同，则何辱？有身者，是有大患也。贵身与贵患同，则何患？夫不以身视身，而以大患视身，无身者也，而顾可以无患。所谓后其身而身先，外其身而身存也。譬而言之，如不轻以身为天下者，天下反可寄；惜以身为天下者，天下反可托。则知不有其身，而其身反可保也。庄子曰：越人三世弑其君，王子搜患之，逃之丹穴。越人熏之以艾，乘以王舆。王子搜援绥登车仰天而呼曰："君乎，君乎！独不可以舍我乎！"王子搜非恶为君也，恶为君之患也。此固越人之所欲得为君也。夫王子搜恶为君，而越人愈迫欲得之，则不有其身，而身可有也。复奚疑哉！

致虚极，守静笃。万物并作，吾以观其复。夫物芸芸，各归其根。归根曰静，静曰复命，复命曰常。知常曰明，不知常，妄作凶。知常容，容乃公，公乃王，王乃天，天乃道，道乃久，没身不殆。（第十六章）

《笔乘》 致虚而不知实之即虚，虚未极也；守静而不知动之即静，静未笃也。若此者，观无于无，而未尝于有观无故耳。试观万物，方其并作，若动且实，而实无谶毫动与实者。能如是观，是为观复。复者，复其始也。夫未能观复，即止动求静，欲静转动。当物芸芸，复归其根，则一切诸念当处寂灭。不求静而自静，乃真静也，静则复命矣。不曰性而曰命者，性可言也，命不可言也。《易》曰："穷理尽性以至于命。"夫理性非不妙矣，而犹有妙在焉。举此而穷之尽之，了不可得，斯为至命，则命又非性之方矣。有作必有变。复命则作而无作，谓之真常，此非明者不能知也。知常则静、则吉，不知常则妄作、则凶。方其迷于妄也，自是而非彼，必不能容。知常[1]则善恶两忘，是非无朕，何所不容哉？容乃公，公乃王，王乃天，天即命也。至此于道乃全，而可以久，可以不殆，特其余事耳。

① "常"，《续道藏》本作"当"，《四库全书》作"常"，《金陵丛书》本作"常"。《续道藏》本误。

绝圣弃智，民利百倍；绝仁弃义，民复孝慈；绝巧弃利，盗贼无有。此三者，以为文不足，故令有所属。见素抱朴，少私寡欲。（第十九章）

《笔乘》 属，如《庄子》“属其性乎仁义”之属，犹附著也。圣智、仁义、巧利三者，繇世道曰趋于文，故有此名。自知道者观之，此文也。文不足以治天下，不若使之属意乎“见素抱朴”。见素抱朴，则少私寡欲，而天下无事矣。素未受采，朴未断器，此所谓性之初也，实也。夫游于性之初，故虽有身而实无身，其有私焉者少矣。虽有心而实无心，其有欲焉者寡矣。然则见素抱朴，乃圣智、仁义之精也，焉用文之？盖老子绝之于彼，正欲其属之于此。学者不察其意，而但知其绝而弃之，猥云老子之论荡而不法也，斯所谓不得于言者乎？①

绝学无忧。唯之与阿，相去几何？善之与恶，相去何若？人之所畏，不可不畏。荒兮其未央哉。众人熙熙，如享太牢，如春登台，我独怕兮其未兆，如婴儿之未孩，乘乘兮若无所归。众人皆有余，而我独若遗。我愚人之心也哉，沌沌兮。俗人昭昭，我独若昏；俗人察察，我独闷闷。忽兮若晦，寂兮似无所止。众人皆有以，我独顽似鄙。我独异于人，而贵食母。（第二十章）

---

① 《续道藏》无此条。

《笔乘》 人之为学，忧不得善也。吾能绝学，则奚忧之有？然非强绝也，知性本无善也。彼为善①者，虽异于恶，而离性则一。其少异者，如“唯”与“阿”之间耳。夫以善恶之同，而圣人亦不废善者。盖人之所谓，不得不畏。所谓吉凶与民同患也。至其心游于性初，方且荒兮未央，而岂若善之有涯涘，可限量哉！故人之乐善，如享太牢春登台，而我独泊兮，如婴儿之未孩，无朕兆②也。乘乘兮，无所归，无栖泊也。人之得善，皆有赢余③，而我独若遗，若愚人之沌沌，无知识也。人皆昭昭察察，皆若有所以，而我独昏也，闷闷也。忽兮若海，漂兮无所止也，此岂圣人真顽且鄙哉！以众皆逐其子，我独贵其母，不能不与众异耳。盖性无善恶，而善恶万法皆从此而生，故谓之食母。

孔德之容，唯道是从。道之为物，惟恍惟惚。惚兮恍兮，其中有象；恍兮惚兮，其中有物。窈兮冥兮，其中有精；其精甚真，其中有信。自古及今，其名不去，以阅众甫。吾何以知众甫之然哉？以此。（第二十一章）

---

① “善”，《续道藏》本作“学”，《四库全书》作“善”，《金陵丛书》本作“善”。《续道藏》本误。

② “兆”，《续道藏》本作“彼”，《四库全书》作“兆”，《金陵丛书》本作“兆”。《续道藏》本误。

③ “余”，《续道藏》本作“止”，《四库全书》作“余”，《金陵丛书》本作“余”。《续道藏》本误。

《**笔乘**》 道无形容。一①可形容,即属之德。然知德容,则道亦可从而识,如所谓恍惚窈冥是也。人之学道,喜于有作。至恍惚窈冥,类苦其芒荡,难于凑泊矣。不知惚恍无象即象也,恍惚无物即物也,窈冥无精即精也。如释典云:若见诸相非相,即见如来也。暂为假,常为真。恍惚窈冥,则不以有而存,不以无而亡。夫孰真且信于此?故曰:自古及今其名不去也,昧者乃谓恍惚窈冥之中真有一物者。夫恍惚窈冥,则无中边之谓也,而物奚丽乎?况有居必有去,又何以亘古今而常存乎?然则曷谓"阅众甫"也?甫,始也。人执众有为有,而不能玄会于徼妙之间者,未尝阅其始耳。阅众有之始,则知未始有始②。知未始有始,则众有皆众妙,而其为恍惚窈冥也一矣。是所以知众有即真空者,以能阅而知之故也。释氏多以观门示人,悟入老子之言,岂复异此?故"阅众始",则前际空;"观其徼",则后际空;万物并作,"观其复",则当处空。一念归根,三③际永断,而要以能观得之。学者诚有意乎知常也,则必自此始矣。

曲则全,枉则直,洼则盈,敝则新,少则得,多则惑。是以圣人抱一为天下式。不自见故明,不自见故彰,不自伐故有

---

① "一",《续道藏》本作"不",《四库全书》作"一",《金陵丛书》本作"一"。《续道藏》本误。

② "知未始有始",《续道藏》本无此条。

③ "三",《续道藏》本作"王",《四库全书》作"三",《金陵丛书》本作"三"。《续道藏》本误。

功，不自矜故长。夫唯不争，故天下莫能与之争。古之所谓曲则全者，岂虚言哉，诚全而归之。(第二十二章)

《笔乘》 曲则全，枉则直，洼则盈，敝则新，凡以明少则得也。“一”，少之极也。抱“一”而天下式，则其得多矣。故一国三公，不知谁适？十羊九牧，讵可得刍？丧生者繇其多方，亡羊者苦于岐路。

希言自然。飘风不终朝，骤雨不终日。孰为此者？天地。天地尚不能久，而况于人乎？故从事于道者，道者同于道，德者同于德，失者同于失。同于道者，道亦乐得之；同于德者，德亦乐得之；同于失者，失亦乐得之。信不足，有不信。(第二十三章)

《笔乘》 道以自然为至，而世希言之者，喜于作也。有作必有辍，恶能久乎？即飘风骤雨之不能久焉，亦可见也。从事于道者不然，从事于道则自然矣。自然则本无可①得，亦复何失？无得无失，而随世之得失，故为德为失，皆信其所至，而无容心焉，无不同矣。无不同，亦无不乐，乃其理也。夫无不同，则求其信且不可得，况不信乎！苟离道而为德，不能同于失矣。离德而为失，不能同于德矣。不能同于德同于

① “可”，《续道藏》本作“所”，《四库全书》作“可”，《金陵丛书》本作“可”。《续道藏》本误。

失，而欲其同于道者，未之有也。所谓信不足焉有不信也，皆飘风骤雨之类也。或曰《首楞严》言“非因缘，非自然”，而老氏以自然为宗，有以异乎？余曰：无以异也。夫所恶夫自然者，有所自而自，有所然而然也。有所自而自，有所然而然，则是自然也，在有物之上，出非物之下，是释氏之所诃也。老聃明白自然矣，独不曰“无名天下之始”乎？知无名，则其自也无自。其自也无自，则其然也无然。其自无自，其然无然，而因若缘，曷能囿之？故曰：精觉妙明，非因非缘，非自然，非不自然，离一切相，即一切法。盖所谓不可道之常道如此。

卷三《上篇下》

道常无名，朴虽小，天下不敢臣。侯王若能守，万物将自宾。天地相合，以降甘露，人莫之令而自均。始制有名，名亦既有。夫亦将知止，知止所以不殆。譬道之在天下，犹川谷之于江海。（第三十二章）

《笔乘》　“道常”，首章所谓常道也。“无名”，首章所谓无名也。以其未雕未琢，故谓之朴。以其曰希曰微，故谓之小。然能见小而守之者，鲜矣。侯王若能守，是见小曰明者也，知子守母者也。如此，则静为动君，而动为之臣，一为万主，而万为之宾。又孰有臣朴者哉？“始”，即无名天地之始。制者，裁其朴而分之也。“始”本无名，制之则有名矣。苟其逐于名而莫止，则一生二，二生三，将巧历不能算，而种种名相，皆以为实。与接为构，穷万世而不悟。阴阳之惨，殆孰甚焉？所谓不知常，妄作凶也。诚知无可以适有，则有亦可以之无，是故贵其止。止者，镇以无名之朴也。知止则不随物迁，淡然自足，殆无从生矣。此非强之也。物生以①道生，物灭以道灭，万物皆作于道，万物皆归于道，我之性宅，我自复之，夫何难之有？故江海，水之宗也；川谷，水之派也。异派必会于宗，殊名必统于道。

大道泛兮，其可左右。万物恃之以生而不辞，功成不名有。爱养万物而不为主，常无欲，可名于小。万物归焉而不知主，可名于大。是以圣人终不为大，故能成其大。（第三十四章）

《笔乘》 可名于小尔，言不可名小；可名于大尔，言不可名大。既云可左可右，所以非小非大。非小非大，所以成其大。

卷四《下篇上》

上德不德，是以有德；下德不失德，是以无德。上德无为而无以为，下德为之而有以为。上仁为之而无以为，上义为之而有以为。上礼为之而莫之应，则攘臂而仍之。故失道而后德，失德而后仁，失仁而后义，失义而后礼。夫礼者，忠信

① “以”，《续道藏》本作“于”，《四库全书》作“以”，《金陵丛书》本作“以”。《续道藏》本误。

之薄而乱之首也。前识者,道之华而愚之始也。是以大丈夫处其厚不处其薄,居其实不居其华,故去彼取此。(第三十八章)

《笔乘》 首乱、始愚,极言礼智流弊所至耳。庄子举老子此言而论之曰:“今已为物也,欲复归根,不亦难乎?其易也,其惟大人乎?”虽然,既归其根,孰为物?孰为非物?故又曰:“匿而不可不为者,事也;远而不可不居者,义也;亲而不可不广者,仁也;节而不可不积者,礼也;中而不可不高者,德也;一而不可不易者,道也。”此数者,虽有上下先后之异,而以圣人用之,皆道也。盖圣人百虑同归,二际俱泯,岂复有彼此去取耶?

反者道之动,弱者道之用。天下之物生于有,有生于无。(第四十章)

《笔乘》 “天下之物生于有”,所谓“有名万物之母”是已。“有生于无”,所谓“无名天地之始”是已。无必生有,是故贵其反。反者,反于无也。有生于无,是故贵其弱。弱者,无之似也。

上士闻道,勤而行之;中士闻道,若存若亡;下士闻道,大笑之。不笑不足以为道。故建言有之;明道若昧,进道若退,夷道若类,上德若谷,大白若辱,广德若不足,建德若偷,质真

若渝，大方无隅，大器晚成，大音希声，大象无形，道隐无名。夫唯道，善贷且成。（第四十一章）

《笔乘》 上士者，恬惔寂寞，虚无无为者也。勤于此，则勤行之至，而实无所勤行也，斯所谓天然县解矣。而下士恶足以知之。君平曰："中士所闻，非至美也；下士所见，非至善也。中士所眩，下士所笑，乃美善之美善者也。"

出生入死，生之徒十有三，死之徒十有三，人之生动之死地者亦十有三。夫何故？以其生生之厚。盖闻善摄生者，陆行不遇兕虎，入军不避甲兵。兕无所投其角，虎无所措其爪，兵无所容其刃。夫何故？以其无死地。（第五十章）

《笔乘》 "生之徒十有三"，此练形住世者也。"死之徒十有三"，此殉[①]欲忘生者也。"人之生动之死地十有三"，此断灭种性者也。凡此十分之中，率居其九，皆生生之厚者也。夫有生必有死，是生固死之地矣。兕虎甲兵将安避之？善摄生则无生矣。故兕之角无所投，虎之爪无所措，兵之刃无所容。何者？彼无地以受之也。厚生者九，无生者一。老子于十者之中，阙一自拟，其旨微矣。然圣人无生，非故薄之也，本无生也。昔人云：爱生者可杀也，爱洁者可污也，爱荣者可

① "殉"，《续道藏》本作"殉"，《四库全书》作"洵"，《金陵丛书》本作"殉"。《续道藏》本误。

辱也，爱完者可破也。本无生，孰杀之？本无洁，孰污之？本无荣，孰辱之？本无完，孰破之？知此者，可以出入造化，游戏死生。

卷五《下篇中》

为无为，事无事，味无味。大小多少，报怨以德。图难于其易，为大于其细。天下难事，必作于易；天下大事，必作于细。是以圣人终不为大，故能成其大。夫轻诺必寡信，多易必多难。是以圣人犹难之，故终无难。（第六十三章）

《笔乘》 夫事涉于形，则有大小；系乎数，则有多少。此怨所由起也。惟道非形非数，而圣人与之为一。以无为为为，以无事为事，以无味为味，爱恶妄除，圣凡情尽，而泊然栖乎性宅，则大小多少一以视之，而奚怨之可报哉？惟德以容之而已，然此无为、无事、无味也。不可力得，至易也；不可目窥，至细也。虽至易而至难者，待此以解；虽至细而至大者，待此以成。岂可以其易与细而忽之哉。学道者亦或有见于此，而又以为大之心夺之。故易与细不常为我有，唯圣人自始至终为无为，事无事，味无味，而不以世俗所谓大者分其心。故难者大者，当处寂然，了无留碍，而大道自此全矣。此所谓成其大者也。嗟呼，此非特起大丈夫见理明用心刚者，不能信不能守，而可与轻诺多易之流道哉？

卷六《下篇下》

知不知上，不知知病。夫唯病病，是以不病。圣人之不病也，以其病病，是以不病。（第七十一章）

《笔乘》 道以知入，以不知化。知即释氏之知无也，不知即释氏之无知也。始以知无遣其有，随以不知遣其知。万法归无，无亦不立，非上而何？彼于虚空之中横生意见，清净之内忽起山河。捏目生华，迷头认影，则病矣。凡有知皆妄也，凡有妄皆病也。学者方狃以为玄览，宝而持之，病奚从瘳乎？圣人之不能废知，犹夫人也，而知不为病者，知知之为病故耳。知其为病，则勿药而病瘳矣。“知不知上”，所谓生而无生，真性湛然也。“不知知病”，所谓无生而生，业果宛然也。唯其病病，是以不病。所谓知幻即离，不作方便也。

信言不美，美言不信。善言不辩，辩言不善。知者不博，博者不知。圣人不积，既以为人己愈有，既以与人己愈多。天之道，利而不害，圣人之道，为而不争。（第八十一章）

《笔乘》 或曰老氏之为书，使人得以受而味焉，则近乎美；穷万物之理而无不至，则近乎辩；察万事之变而无不该，则近乎博。然不知其有信而不美、善而不辩、知而不博者存，何也？则以“五千言”所言，皆不积之道耳。不积者，心无所住之谓也。夫积而不积，则言而无言矣。言而无言，故非不为人也，而未尝分己之有；非不予人也，而未尝损己之多。斯何恶于辩且博哉？苟非不积之道，而第执其意见以与天下争，则多言数穷者流，非天道也。天之道利而不害，圣人之道为而不争，学者于此而刳心焉。老氏之书亦思过半矣。故曰：教而无教，何必杜口于毗耶？言乃忘言，自可了心于柱下。读者其勉旃哉！

《庄子翼》[1]中凡42条

卷一《内篇》

《逍遥游》第一

《笔乘》 逍遥，古作消摇。黄几复解云：消者，如阳动而水消，虽耗也不竭其本。摇者，如舟行而水摇，虽动也不伤其内。游于世，若是惟体道者能之。

汤之问棘也是已，穷发之北有冥海者，天池也。有鱼焉，其广数千里，未有知其修者，其名为鲲。有鸟焉，其名为鹏，背若太山，翼若垂天之云；抟扶摇、羊角而上者九万里，绝云气，负青天，然后图南，且适南冥也。斥鴳笑之曰：彼且奚适也？我腾跃而上，不过数仞而下，翱翔蓬蒿之间，此亦飞之至

① 按：本文所集录焦竑《老子翼》是为《四库全书》本。同时参照《续道藏》本和《金陵丛书》本。

也。而彼且奚适也？此小大之辨也。故夫知效一官、行比一乡、德合一君、而徵一国者，其自视也亦若此矣。而宋荣子犹然笑之。且举世而誉之而不加劝，举世而非之而不加沮，定乎内外之分，辩乎荣辱之境，斯已矣。彼其于世，未数数然也。虽然，犹有未树也。夫列子御风而行，泠然善也，旬有五日而后反。彼于致福者，未数数然也。此虽免乎行，犹有所待者也。若夫乘天地之正，而御六气之辨，以游无穷者，彼且恶乎待哉？故曰：至人无己，神人无功，圣人无名。（《逍遥游》第一）

《笔乘》 至人知道，内冥诸心，而泯绝无寄，故曰[①]"无己"。神人尽道，成遂万物，而妙用深藏，故曰"无功"。圣人忘[②]道，神化荡荡，而了不可测，故曰"无名"。

肩吾问于连叔曰："吾闻言于接舆，大而无当，往而不反。吾惊怖其言。犹河汉而无极也；大有迳庭，不近人情焉。"连叔曰："其言谓何哉？"曰："藐姑射之山，有神人居焉。肌肤若冰雪，淖约若处子，不食五谷，吸风饮露，乘云气，御飞龙，而游乎四海之外；其神凝，使物不疵疠而年谷熟。吾以是狂而不信也。"连叔曰："然。瞽者无以与乎文章之观，聋者无以与

① "曰"，《续道藏》本作"置"，《金陵丛书》本作"曰"。《续道藏》本误。

② "忘"，《续道藏》本作"念"，《金陵丛书》本作"忘"。《续道藏》本误。

乎钟鼓之声。岂唯形骸有聋盲哉？夫知亦有之！是其言也犹时女也。之人也，之德也，将磅礴万物以为一，世蕲乎乱，孰弊弊焉以天下为事！之人也，物莫之伤：大浸稽天而不溺，大旱金石流，土山焦而不热。是其尘垢秕糠将犹陶铸尧舜者也，孰肯以物为事？”宋人资章甫而适诸越，越人断发文身，无所用之。尧治天下之民，平海内之政，往见四子藐姑射之山，汾水之阳，窅然丧其天下焉。（《逍遥游》第一）

《笔乘》 时女，《笔乘》云："时是"也。

惠子谓庄子曰："魏王贻我大瓠之种，我树之成，而实五石。以盛水浆，其坚不能自举也。剖之以为瓢，则瓠落无所容。非不呺然大也，吾为其无用而掊之。"庄子曰："夫子固拙于用大矣！宋人有善为不龟手之药者，世世以洴澼絖为事。客闻之，请买其方百金。聚族而谋曰：'我世世为洴澼絖，不过数金；今一朝而鬻技百金，请与之。'客得之，以说吴王。越有难，吴王使之将，冬与越人水战，大败越人，裂地而封之。能不龟手一也，或以封，或不免于洴澼絖，则所用之异也。今子有五石之瓠，何不虑以为大樽，而浮乎江湖，而忧其瓠落无所容？则夫子犹有蓬之心也夫！"惠子谓庄子曰："吾有大树，人谓之樗。其大本拥肿而不中绳墨，其小枝卷曲而不中规矩，立之涂，匠者不顾。今子之言大而无用，众所同去也。"庄子曰："子独不见狸狌乎？卑身而伏，以候敖者；东西跳梁，不辟高下；中于机辟，死于罔罟。今夫斄牛，其大若垂天之云。

此能为大矣，而不能执鼠。今子有大树，患其无用，何不树之于无何有之乡，广莫之野，彷徨乎无为其侧，逍遥乎寝卧其下。不夭斤斧，物无害者，无所可用，安所困苦哉！”（《逍遥游》第一）

《笔乘》 曰“夫子固拙于用大矣”，曰“则所用之异也”。盖人性本一，用之不同。用之巧则逍遥矣，用之拙则拘系矣。孔子所言“性相近，习相远”，即此意也。“无何有之乡，广莫之野”，是用而无用，正其归着处，就用为结。

人之生也，固若是芒乎？其我独芒，而人亦有不芒者乎？夫随其成心而师之，谁独且无师乎？奚必知代而心自取者有之？愚者与有焉。未成乎心而有是非，是今日适越而昔至也。是以无有为有。无有为有，虽有神禹且不能知，吾独且奈何哉！夫言非吹也。言者有言，其所言者特未定也。果有言邪？其未尝有言邪？其以为异于鷇音，亦有辩乎？其无辩乎？道恶乎隐而有真伪？言恶乎隐而有是非？道恶乎往而不存？言恶乎存而不可？道隐于小成，言隐于荣华。故有儒墨之是非，以是其所非而非其所是。欲是其所非而非其所是，则莫若以明。物无非彼，物无非是。自彼则不见，自知则知之。故曰：彼出于是，是亦因彼。彼是，方生之说也。虽然，方生方死，方死方生；方可方不可，方不可方可；因是因非，因非因是。是以圣人不由而照之于天，亦因是也。是亦彼也，彼亦是也。彼亦一是非，此亦一是非。果且有彼是乎哉？果且无彼是乎哉？彼是莫得其偶，谓之道枢。枢始得其环中，以应无穷。是亦一无穷，非亦一无穷也。故曰莫若以明。(《齐物论》第二)

《笔乘》 彼不自生，固此则有彼；此不自生，因彼则有此。故曰：彼出于是，是亦因彼。此皆从无生有，所谓方生之说也。虽然生即与死对，死即与生对。方可即有不可，方不可即有可。一是一非，相为匹偶，此人也，非天也。圣人不由而照之于天，超然立乎是非之表，而独与造物者游，岂世之意见横生者伦哉？虽圣人于是非亦不废者，乃世①之所是，因而是之；世之所非，因而非之，不过如是而已。"因"之一字，老庄之要旨，故下文累言以应之。知此，则此即彼，彼即此，彼之是非，即此之是非。果且有分别乎？果且无分别乎？彼此匹偶之，相求之，了不可得，而道枢在此矣。凡物奇圆而偶方，环则终始无端，中虚无物，得道枢者似之。故曰得其环中以应无穷。盖行乎是非无穷之途，而其无是无非者，自若非照之以天者不能，所谓莫若以明也。

以指喻指之非指，不若以非指喻指之非指也；以马喻马之非马，不若以非马喻马之非马也。天地一指也，万物一马也。可乎可，不可乎不可。道行之而成，物谓之而然。恶乎

---

① "世"，《续道藏》本作"生"，《金陵丛书》本作"世"。《续道藏》本误。

然？然于然。恶乎不然？不然于不然。物固有所然，物固有所可；无物不然，无物不可。故为是举莛与楹、厉与西施、恢恑憰怪，道通为一。其分也，成也；其成也，毁也。凡物无成与毁，复通为一。唯达者知通为一，为是不用而寓诸庸。庸也者，用也；用也者，通也；通也者，得也；适得而几矣。因是已，已而不知其然，谓之道。劳神明为一而不知其同也，谓之朝三。何谓朝三？狙公赋芧曰："朝三而暮四"。众狙皆怒。曰："然则朝四而暮三"。众狙皆悦。名实未亏而喜怒为用，亦因是也。是以圣人和之以是非而休乎天钧，是之谓两行。（《齐物论》第二）

《笔乘》 天地之大，不异一指；万物之多，不异一马。况人为天地万物中之一物乎！知此，则真体廓然，是非尽泯，而其天全矣。然圣人无是非而亦未尝废是非，所谓因也。人所可，因而可之；人所不可，因而不可之。道可行，因而成之；物有谓，因而然之。是我无然，然于物之所然耳；我无不然，不然于物之所不然耳。若此者，以物自有所然，自有所可。盖无物不如此者，又何必加是非于其间哉？莛与楹反，厉与西施反，分与成反，成与毁反，极之恢恑憰怪，皆通而一之，非洞然晓澈，冥乎至理者不能此。庄生之所谓达也。不用，不自用也，寓诸庸，因乎人也。庸，即人之所常用，故曰"庸也者，用也"。凡物不用则滞，用则通，故曰"用也者，通也"。道至于通则得矣，故曰"通也者，得也"。至于得则几矣，而总之只是"因"之一字尽之也。又恐不明"因"之为义，但观徂公赋芓，不自增减，而因众狙之喜怒为增减，非“因”而何？是以圣人外则因人而和之以是非，内则休乎无是无非之天钧，不以迹之有是非而凝，其心之无是非，所以谓之两行也。

今且有言于此，不知其与是类乎？其与是不类乎？类与不类，相与为类，则与彼无以异矣。虽然，请尝言之。有始也者，有未始有始也者，有未始有夫未始有始也者。有有也者，有无也者，有未始有无也者，有未始有夫未始有无也者。俄而有无矣，而未知有无之果孰有孰无也。今我则已有谓矣，而未知吾所谓之其果有谓乎，其果无谓乎？天下莫大于秋豪之末，而大山为小；莫寿乎殇子，而彭祖为夭。天地与我并生，而万物与我为一。既已为一矣，且得有言乎？既已谓之一矣，且得无言乎？一与言为二，二与一为三。自此以往，巧历不能得，而况其凡乎！故自无适有以至于三，而况自有适有乎！无适焉，因是已。(《齐物论》第二)

《笔乘》“无适焉因是已”，言自无适有者，识风鼓浪，展转不穷，为是为非，竟无了歇。无适者，自有适无者也，适无则无是非，而因人之是非以为是非，故曰“因是已”。此句篇中凡数见，而解者俱失之。以不知“是已”为语词而连“因”字读之故也。

夫道未始有封，言未始有常，为是而有畛也。请言其畛：有左有右，有伦有义，有分有辩，有竞有争，此之谓八德，六合之外,圣人存而不论;六合之内,圣人论而不议。春秋经世先王之志,圣人议而不辩。故分也者,有不分也;辩也者,有不辩也。曰:何也?圣人怀之,众人辩之以相示也。故曰辩也者有不见也。夫大道不称,大辩不言,大仁不仁,大廉不嗛,大勇不忮。道昭而不道,言辩而不及,仁常而不成,廉清而不信,勇忮而不成。五者圆而几向方矣。故知止其所不知,至矣。孰知不言之辩、不道之道?若有能知,此之谓天府。注焉而不满,酌焉而不竭,而不知其所由来,此之谓葆光。故昔者尧问于舜曰:"我欲伐宗、脍、胥敖,南面而不释然,其故何也?"舜曰:"夫三子者,犹存乎蓬艾之间。若不释然,何哉?昔者十日并出,万物皆照,而况德之进乎日者乎!"(《齐物论》第二)

《笔乘》 "道无封"、"言无常",圣人何恶于封与常哉?为其立于是非之畛也。左、右、伦、义、分、辨、竞、争,此八德皆谓之畛。圣人存而不论,论而不辩,辩而不议,则超然是非之表,而何至于有畛哉?然圣人非但不论、不辩、不议,为无畛也。即其有时而论而辩,亦不得谓之畛也。圣人心无分别,分即谓之不分,辩即谓之不辩。所以者,圣人以不见为辩,众人以相示为辩,此其所以异耳。不称、不言、不仁、不嗛、不忮,历引古语以证之,五者至德浑成,名相不立,此所谓圆也。若道昭、言辩、仁常、廉清、勇忮,则圭角太露,而近于方矣。方即畛也。噫,世知不知之为至,不知知而不知为尤至。所谓不言之辩、不道之道是也。此则有即无,色即空。

岂非注而不满，酌而不竭，不知其所由来之天府乎？“葆光”，即知而不知之谓。

瞿鹊子问乎长梧子曰：“吾闻诸夫子，圣人不从事于务，不就利；不违害，不喜求，不缘道；无谓有谓，有谓无谓，而游乎尘垢之外。夫子以为孟浪之言，而我以为妙道之行也。吾子以为奚若？”长梧子曰：“是黄帝之所听荧也，而丘也何足以知之！且汝亦大早计，见卵而求时夜，见弹而求鸮炙。予尝为汝妄言之，汝以妄听之。奚旁日月，挟宇宙？为其脗合，置其滑涽，以隶相尊。众人役役，圣人愚芚，参万岁而一成纯。万物尽然，而以是相蕴。“予恶乎知说生之非惑邪！予恶乎知恶死之非弱丧而不知归者邪！丽之姬，艾封人之子也。晋国之始得之也，涕泣沾襟，及其至于王所，与王同筐床，食刍豢，而后悔其泣也。予恶乎知夫死者不悔其始之蕲生乎！梦饮酒者，旦而哭泣；梦哭泣者，旦而田猎。方其梦也，不知其梦也。梦之中又占其梦焉，觉而后知其梦也。且有大觉而后知此其大梦也，而愚者自以为觉，窃窃然知之。君乎、牧乎，固哉！丘也与女，皆梦也；予谓女梦，亦梦也。是其言也，其名为吊诡。万世之后而一遇大圣，知其解者，是旦暮遇之也！（《齐物论》第二）

《笔乘》“奚”，何不也，属下句读。“弱丧”，《礼记》“二十曰：弱丧，亡失也。”

“旦暮遇之”，言有知之者，虽万世之远犹如旦夕，其言其难得也。古云:千里而一圣,犹比肩也。语意亦如此。

罔两问景曰:“曩子行,今子止;曩子坐,今子起。何其无特操与?”景曰:“吾有待而然者邪?吾所待又有待而然者邪?吾待蛇蚹蜩翼邪?恶识所以然?恶识所以不然?”昔者庄周梦为胡蝶,栩栩然胡蝶也,自喻适志与!不知周也。俄然觉,则蘧蘧然周也。不知周之梦为胡蝶与,胡蝶之梦为周与?周与胡蝶,则必有分矣。此之谓物化。(《齐物论》第二)

《笔乘》《齐物篇》始之以无彼我,同是非、合成毁、一多少、均小大而已。及其言之至,则次之以参古今、一生死、同梦觉,千变万化而归于一致,所谓明达而无碍者也。然而物我齐之则可也,至于梦觉则何以同之欤?夫昼之所为与夜之所梦,一也。然昼以觉,夜以寐,小有不同也,积久而通。则昼所为,夜所梦,茫然无所分别矣。江遹有言,觉能知梦,梦不知觉,则觉固真于梦。觉之所为止,存于思虑之中。梦之先知,乃出于思虑之外,则梦又灵于觉。旦旦之觉,其云为常有伦,昔昔之梦,其见闻常不续。梦觉须臾之说耳。其差殊乃至此,况死生为去来之大变,苟非其人,欲无沦①溺于造化得乎哉!虽然苟能早悟于梦觉,则死生之去来亦不足道也。

① “沦”,《续道藏》本作“沦”,《金陵丛书》本作“轮”。《金陵丛书》本误。

公文轩见右师而惊曰:“是何人也?恶乎介也?天与,其人与?”曰:“天也,非人也。天之生是使独也,人之貌有与也。以是知其天也,非人也”。泽雉十步一啄,百步一饮,不蕲畜乎樊中。神虽王,不善也。(《养生主》第三)

《笔乘》 介,独也,即见独。疑独之独有与,则非独矣。右师知识俱忘,而澹然游心于独。公文轩已望而知之,故惊问其天耶、人耶。言何以致此也?夫天之生人,自有知见,而人不得以偶之,此天之使也。苟不知知之自知,见之自见,又为知见以益之,则有与而属之人矣。即老子所谓子何与人皆来之众也。泽雉饮啄虽难,必以樊中为居,要思以善其神耳。彼知见者,亦人之樊也,非至人则恶能县解之。

老聃死,秦失吊之,三号而出。弟子曰:“非夫子之友邪?”曰:“然。”“然则吊焉若此,可乎?”曰:“然。始也吾以为其人也,而今非也。向吾入而吊焉,有老者哭之,如哭其子;少者哭之,如哭其母。彼其所以会之,必有不蕲言而言,不蕲哭而哭者。是遁天倍情,忘其所受,古者谓之遁天之刑。适来,夫子时也;适去,夫子顺也。安时而处顺,哀乐不能入也,古者谓是帝之县解。”指穷于为薪火传也,不知其尽也。(《养生主》第三)

《笔乘》 佛典有解此者,曰:火之传于薪,犹神之传于形;火之传异薪,犹神之传异形。前薪非所薪,则知指穷之术妙；前形非后形，则悟情数之感深。惑者见形朽于一生，便谓神情共丧，犹睹火穷于一木，便谓终期都尽，可乎？此与说亦甚精矣。然舍生趋生，则犹未了之谈也。穷意以指计薪，薪多而指有穷。及①火相传烧，不知其即时尽矣。盖跃金不出乎炉，浮沤必还之海，以见其无死生，一也。前言生之当养，此言死生如一，岂故相反哉？知死生之一者，乃为善养生者耳。

卷二《内篇》

颜回见仲尼，请行。曰："奚之？"曰："将之卫。"曰："奚为焉？"曰："回闻卫君，其年壮，其行独；轻用其国，而不见其过；轻用民死，死者以国量乎泽若蕉，民其无如矣。回尝闻之夫子曰：'治国去之，乱国就之，医门多疾'。愿以所闻思其则，庶几其国有瘳乎！"仲尼曰："嘻！若殆往而刑耳！夫道不欲杂，杂则多，多则扰，扰则忧，忧而不救。古之至人，先存诸己而后存诸人。所存于己者未定，何暇至于暴人之所行！且若亦知夫德之所荡而知之所为出乎哉？德荡乎名，知出乎争。名也者，相轧也；知也者，争之器也。二者凶器，非所以尽行也。且德厚信矼，未达人气，名闻不争，未达人心。而强以仁义绳墨之言术暴人之前者，是以人恶有其美也，命之曰菑人。菑人者，人必反菑之，若殆为人菑夫？且苟为悦贤而

① "及"，《续道藏》本作"反"，《金陵丛书》本作"及"。《续道藏》本误。

恶不肖，恶用而求有以异？若唯无诏，王公必将乘人而斗其捷。而目将荧之，而色将平之，口将营之，容将形之，心且成之。是以火救火，以水救水，名之曰益多。顺始无穷，若殆以不信厚言，必死于暴人之前矣！且昔者桀杀关龙逢，纣杀王子比干，是皆修其身以下伛拊人之民，以下拂其上者也，故其君因其修以挤之。是好名者也。昔者尧攻丛枝、胥敖，禹攻有扈，国为虚厉，身为刑戮；其用兵不止，其求实无已。是皆求名实者也，而独不闻之乎？名实者，圣人之所不能胜也，而况若乎！虽然，若必有以也，尝以语我来！"颜回曰："端而虚，勉而一。则可乎？"曰："恶，恶可！夫以阳为充孔扬，采色不定，常人之所不违，因案人之所感，以求容与其心，名之曰日渐之德不成，而况大德乎！将执而不化，外合而内不訾，其庸讵可乎！然则我内直而外曲，成而上比。内直者，与天为徒。与天为徒者，知天子之与己皆天之所子。而独以己言蕲乎而人善之，蕲乎而人不善之邪？若然者，人谓之童子，是之谓与天为徒。外曲者，与人之为徒也。擎跽曲拳，人臣之礼也，人皆为之，吾敢不为邪？为人之所为者，人亦无疵焉，是之谓与人为徒。成而上比者，与古为徒，其言虽教，謫之实也；古之有也，非吾有也。若然者，虽直而不为病，是之谓与古为徒。若是则可乎？"仲尼曰："恶，恶可！太多政法而不谍，虽固亦无罪。虽然，止是耳矣，夫胡可以及化！犹师心者也。"（《人间世》第四）

《笔乘》 "若唯无诏王公"句绝。诏，告也，汝唯无告王公,则已言则必且乘人而斗其捷云云,皆指颜子也。

颜回曰:“吾无以进矣,敢问其方。”仲尼曰:“斋,吾将语若!有心而为之,其易邪?易之者,暤天不宜。”颜回曰:“回之家贫,唯不饮酒不茹荤者数月矣。若此,则可以为斋乎?”曰:“是祭祀之斋,非心斋也。”回曰:“敢问心斋。”仲尼曰:“若一志,无听之以耳而听之以心,无听之以心而听之以气!听止于耳,心止于符。气也者,虚而待物者也。唯道集虚。虚者,心斋也。”颜回曰:“回之未始得使,实自回也;得使之也,未始有回也。可谓虚乎?”夫子曰:“尽矣。吾语若!若能入游其樊而无感其名,入则鸣,不入则止。无门无毒,一宅而寓于不得已,则几矣。绝迹易,无行地难。为人使易以伪,为天使难以伪。闻以有翼飞者矣,未闻以无翼飞者也;闻以有知知者矣,未闻以无知知者也。瞻彼阕者,虚室生白,吉祥止止。夫且不止,是之谓坐驰,夫徇耳目内通而外于心知,鬼神将来舍,而况人乎!是万物之化也,禹舜之所纽也,伏戏几蘧之所行终,而况散焉者乎!”(《人间世》第四)

《笔乘》 “为天使”、“为人使”,与“未始得使”及“得使之使”相应。颜子闻虚为心齐也,而霍然有悟,故曰:回之不能运动如意者,有我也;能运动如意者,无我也。夫子叹其尽善,而又告之曰:女能游其樊而无动于名,意合则言,不合则止。广大而无门,澹泊而无毒,一处之以不得已焉,则几矣。几者,几于无我也。“绝迹”以下重发此义。不行而绝迹则易，行而不践地则难。为人使则有我，故易伪；为天使则无我，故难伪。夫知不以知，如人之行不以步，鸟之飞不以翼者，天使之也。此所谓虚也。室虚则白生，心虚则道集。盖非有吉祥也，而吉祥莫大焉。人之安心栖志，释此无归矣。而犹然不止，非“坐驰”而何？“坐驰”，如言陆沈之类。盖人心自止，而横执以为不止，是犹之马伏槽枥而意惊千里，即拱默山林秪滋其扰耳。夫耳目内通，则无闻见；外于心知，则无思为。如此，则可以言虚，而鬼神来舍矣，况于人乎？此所以命万物之化，而不化于物。古圣人所为服行终身者也。

叶公子高将使于齐，问仲尼曰：“王使诸梁也甚重，齐之待使者，盖将甚敬而不急，匹夫犹未可动也，而况诸侯乎！吾甚慄之。子常语诸梁也曰：‘凡事若小若大，寡不道以懽成。事若不成，则必有人道之患；事若成，则必有阴阳之患。若成若不成而后无患者，唯有德者能之。’吾食也执粗而不臧，爨无欲清之人。今吾朝受命而夕饮冰，我其内热与！吾未至乎事之情，而既有阴阳之患矣；事若不成，必有人道之患。是两也，为人臣者不足以任之，子其有以语我来！”仲尼曰：“天下有大戒二：其一命也，其一义也。子之爱亲，命也，不可解于心；臣之事君，义也，无适而非君也，无所逃于天地之间。是之谓大戒。是以夫事其亲者，不择地而安之，孝之至也；夫事其君者，不择事而安之，忠之盛也；自事其心者，哀乐不易施乎前，知其不可奈何而安之若命，德之至也。为人臣子者，固有所不得已。行事之情而忘其身，何暇至于悦生而恶死！夫子其行可矣！“丘请复以所闻：凡交近则必相靡以信，远则必忠之以言，言必或传之。夫传两喜两怒之言，天下之难者也。夫两喜必多溢美之言，两怒必多溢恶之言。凡溢之类妄，妄则其信之也莫，莫则传言者殃。故法言曰：“传其常情，无传其溢言，则几乎全。”(《人间世》第四)

《笔乘》 叶公之忧在利害，然害之极不过死亡而已，故夫子以生死决之。忠孝，人犹能言自事其心者，哀乐不易施乎前，则未易言也。盖事心则身忘，身忘而哀乐无所错矣。恶能施乎其前哉？故卒之曰行事之情而忘其身，何暇至于悦生而恶死？悦生恶死，即所谓哀乐者也。知其无可奈何而安之若命，须溪云：只此一语，慷慨明达，谈笑有余。夫不可奈何，非衰飒之谓也，其自决如此。

且以巧斗力者，始乎阳，常卒乎阴，泰至则多奇巧；以礼饮酒者，始乎治，常卒乎乱，泰至则多奇乐。凡事亦然：始乎谅，常卒乎鄙；其作始也简，其将毕也必巨。言者，风波也；行者，实丧也。夫风波易以动，实丧易以危。故忿设无由，巧言偏辞。兽死不择音，气息茀然，于是并生心厉。剋核太至，则必有不肖之心应之，而不知其然也。苟为不知其然也，孰知其所终！故法言曰：无迁令，无劝成，过度益也。迁令劝成殆事，美成在久，恶成不及改，可不慎与！且夫乘物以游心，托不得已以养中，至矣。何作为报也！莫若为致命，此其难者。(《人间世》第四)

《笔乘》 夫传两喜、两怒之言,而不敢溢者,凡以善终之难,不得不谨其始耳。观斗力者始阳卒阴,饮酒者始治卒乱,则知人之相与,始于信卒于鄙。事之在人,始于细卒乎大者,其必至也。夫一言之发,激怒于人,非风波乎?人既激矣,将行其怒,非实丧乎?故忿之设也无由,由巧言偏词,每每过实,不择正理。如兽之畏死,不择好音,气息佛然而出,则听者并生厉心,而忿从此设矣。克者责人太切,核者认真太甚,本以望人之美也,而人或以不肖之心应之,于是而知止焉可也。而不知其然,则积忿成患,将不知其所终矣。终,即前所谓卒乎鄙、卒乎巨者也。君命之,将率意迁改,事之未成,勉强以劝,此即溢美、溢恶之言。故曰:“过度益也”,溢则传言者,殃能无殆乎?“美成在久”者,成人之美,必优游深交,久乃可入也。“恶成不及改”者,一言愤事,并生心厉悔,将无及也。夫人喜为溢言者,意必存怀,而不能虚焉故耳。乘物游心则忘已,托不得已则忘物,斯则因其命而致之,我无心也。何必有所作为,以还报哉?夫子告叶公,或以为次于颜子,而实亦不能外于虚也。

孔子适楚,楚狂接舆游其门曰:“凤兮凤兮,何如德之衰也!来世不可待,往世不可追也。天下有道,圣人成焉;天下无道,圣人生焉。方今之时,仅免刑焉。福轻乎羽,莫之知载;祸重乎地,莫之知避。已乎已乎。临人以德!殆乎殆乎,画地而趋!迷阳迷阳,无伤吾行!吾行郤曲,无伤吾足。”山

木自寇也,膏火自煎也。桂可食,故伐之;漆可用,故割之。人皆知有用之用,而莫知无用之用也。(《人间世》第四)

《笔乘》 "吾行郤曲"当从碧虚作"郤曲"。"郤曲,无伤吾足",庶与上文相协。盖由传写者误叠"吾行"二字耳。"迷阳",勉道曰:蕨也。蕨生蒙密,能迷阳明之路,故曰"迷阳"。托兴言之也。其说甚异,存之以广异闻。

《笔乘》 士彰云:《养生主》是出世法,《人间世》是住世法。余谓出世而后能住世,老子所谓执古之道,以御今之有也。

鲁有兀者王骀,从之游者与仲尼相若。常季问于仲尼曰:"王骀,兀者也。从之游者与夫子中分鲁。立不教,坐不议;虚而往,实而归。固有不言之教,无形而心成者邪?是何人也?"仲尼曰:"夫子,圣人也,丘也直后而未往耳。丘将以为师,而况不若丘者乎!奚假鲁国!丘将引天下而与从之。"常季曰:"彼兀者也,而王先生,其与庸亦远矣。若然者,其用心也独若之何?"仲尼曰:"死生亦大矣,而不得与之变,虽天地覆坠,亦将不与之遗。审乎无假而不与物迁,命物之化而守其宗也。"常季曰:"何谓也?"仲尼曰:"自其异者视之,肝胆楚越也;自其同者视之,万物皆一也。夫若然者,且不知耳目之所宜,而游心乎德之和;物视其所一而不见其所丧,视丧其足犹遗土也。"常季曰:"彼为己以其知,得其心以其心。得其常心,物何为最之哉?”仲尼曰:“人莫鉴于流水而鉴于止水,唯止能止众止。受命于地,唯松柏独也在冬夏青青;受命于天,唯舜独也正,幸能正生,以正众生。夫保始之征,不惧之实;勇士一人,雄入于九军。将求名而能自要者,而犹若是,而况官天地,府万物,直寓六骸,象耳目,一知之所知,而心未尝死者乎!彼且择日而登假,人则从是也。彼且何肯以物为事乎!”(《德充符》第五)

《笔乘》 “受命于地”至“唯舜独也正”,文句不齐,似有脱略。张君房校本作“受命于地,唯松柏独也正,在冬夏青青;受命于天,唯尧舜独也正,在万物之首”。补亡七字,因郭注有“下首唯松柏,上首唯圣人”故也。今以“松柏独也在,舜独也正”为句,亦自文顺而义全矣。

鲁哀公问于仲尼曰:“卫有恶人焉,曰哀骀它。丈夫与之处者,思而不能去也。妇人见之,请于父母曰‘与为人妻,宁为夫子妾’者,十数而未止也。未尝有闻其唱者也,常和而已矣。无君人之位以济乎人之死,无聚禄以望人之腹。又以恶骇天下,和而不唱,知不出乎四域,且而雌雄合乎前,是必有异乎人者也。寡人召而观之,果以恶骇天下。与寡人处,不至以月数,而寡人有意乎其为人也;不至乎期年,而寡人信之。国无宰,寡人传国焉。闷然而后应。氾而若辞,寡人丑乎,卒授之国。无几何也,去寡人而行,寡人恤焉若有亡也,若无与乐是国也。是何人者也?”仲尼曰:“丘也尝使于楚矣,适见豚子食于其死母者,少焉眴若皆弃之而走。不见己焉尔,不得类焉尔。所爱其母者,非爱其形也,爱使其形者也。战而死者,其人之葬也不以翣资;刖者之屦,无为爱之;皆无其本矣。为天子之诸御,不爪翦,不穿耳;取妻者止于外,不得复使。形全犹足以为尔,而况全德之人乎! 今哀骀它未言而信,无功而亲,使人授己国,唯恐其不受也,是必才全而德不形者也。"哀公曰:"何谓才全?"仲尼曰:"死生存亡,穷达贫富,贤与不肖毁誉,饥渴寒暑,是事之变,命之行也;日夜相代乎前,而知不能规乎其始者也。故不足以滑和,不可入于灵府。使之和豫,通而不失于兑,使日夜无郤而与物为春,是接而生时于心者也。是之谓才全。""何谓德不形?"曰:"平者,水停之盛也。其可以为法也,内保之而外不荡也。德者,成和之修也。德不形者,物不能离也。"哀公异日以告闵子曰:"始也吾以南面而君天下,执民之纪而忧其死,吾自以为至通矣。今吾闻至人之言,恐吾无其实,轻用吾身而忘吾国。吾与孔丘,非君臣也,德友而已矣。"(《德充符》第五)

《笔乘》 "望",如月望之望,圆足饱满之义。"和而不倡",不见其能首事也。"知不出乎四域",不见其有远略也。禄位、才貌举皆无之,而致雌雄交归焉,非使物保,而物自保之也。是何人也? 疑其所以动人者何在?"豚子"之喻,言"行"不足爱,而"使其形者"可爱也。母爱以使其形者为本,战以武为本,行以足为本,哀骀它所以存而见任,去而见思者,有本故耳。"才",即《孟子》降才之才。才未全者,率喜于自衒。才全则德内足矣，奚形之有？死生、存亡、穷达、贫富、贤与不肖、毁誉、饥渴、寒暑，虽其变若彼，然求其所以为之者而不得，故谓之命也。苟知其始所以为之者，则独何能无概然？今其变虽日夜递迁，了无停息，而其所始，即智者莫能求之，所谓“未始有始者”也。知其“未始有始”，而又何至滑吾之太和、于①吾之灵府也耶？“兑”，如《老子》“塞其兑”之兑，“和豫通”而不失于兑，与物为春而日夜无隙，即所谓不形者也。如此，虽日接万变，皆动而不失其时矣。水停而平，则万物准之。平则内能自保，停则外不摇荡。水之平，犹德之和也。是和也修之已而成，故曰成。和之修，物不能离。又解“不形”之意，即一而不分，死生无变之谓也。

古之真人，其寝不梦，其觉无忧，其食不甘，其息深深。真人之息以踵，众人之息以喉。屈服者，其嗌言若哇。其耆欲深者，其天机浅。古之真人，不知悦生，不知恶死；其出不䜣；其入不距；翛然而往，翛然而来而已矣。不忘其所始，不求其所终；受而喜之，忘而复之，是之谓不以心捐道，不以人助天。是之谓真人。（《大宗师》第六）

《笔乘》 出世为出，即生也、来也，始与受也；返造化为入，即死也、往也，终与复也。知其始之未始，有始也，则不忘

① “于”，《续道藏》本作“干”，《金陵丛书》本作“于”。《续道藏》本误。

其所始矣；知其终之未始，有终也，则不求其所终矣。如此则可以出入造化，游戏死生，而奚悦与恶之有？“心捐道”者，心一有所变，即捐道矣。道无生死而人有二心，非弃道而何？“人助天”者，即《老子》狭其所居厌其所生，求益于有生之外者也。而真人不然，则知怖死生、求出离，犹为第二义也。

若然者，其心志，其容寂，其颡頯；凄然似秋，煖然似春，喜怒通四时，与物有宜而莫知其极。故圣人之用兵也，亡国而不失人心；利泽施乎万世，不为爱人。故乐通物，非圣人也；有亲，非仁也；天时，非贤也；利害不通，非君子也；行名失己，非士也；亡身不真，非役人也。若狐不偕、务光、伯夷、叔齐、箕子、胥余、纪他、申徒狄，是役人之役，适人之适，而不自适其适者也。（《大宗师》第六）

《笔乘》 “志”字，赵氏正为“忘”字，与“容”、“寂”义协，其论似当。吉甫解“役人”，盖本胥靡登高不惧遗死生也，意则妙矣。然以下文“役人”之“役”语观之，尤觉子玄为核。

夫道有情有信，无为无形；可传而不可受，可得而不可见；自本自根，未有天地，自古以固存；神鬼神帝，生天生地；在太极之先而不为高，在六极之下而不为深，先天地生而不为久，长于上古而不为老。狶韦氏得之，以挈天地；伏戏氏得之，以袭气母；维斗得之，终古不忒；日月得之，终古不息；堪坏得之，以袭昆仑；冯夷得之，以游大川；肩吾得之，以处大山;黄帝得之,以登云天;颛顼得之,以处玄宫;禺强得之,立乎北极;西王母得之,坐乎少广。莫知其始,莫知其终。彭祖得之,上及有虞,下及五伯;傅说得之,以相武丁,奄有天下,乘东维,骑箕尾,而比于列星。(《大宗师》第六)

《笔乘》 大宗师者,道也,至此方明说出。道无形无为也。而曰"有情有信"者,自有"以观其徼"者言之也。情者[①]静之动,信者动之符,即《老子》"其中有信"之信也。太易者未见气,大初者气之始。未见气为父,则气者母也。北斗,天之纲维,故曰维斗。堪坯[②],神名,人面兽形。冯夷,《清冷传》曰:华阴潼乡堤首人,服八石,得水仙,是为河伯。一云以八月庚子浴于河而溺死。肩吾,山神,不死,至孔子时黄帝得道登天,即鼎湖上升之事。玄宫,北方之宫。《月令》曰:其帝颛顼,其神玄冥是也。禺强,海神,《山海经》曰:北海之诸有神,人面鸟身,珥两青蛇,践两赤蛇,名禺强。西王母,《山海经》曰:状如人,狗尾蓬头,戴胜善啸,居洵水之涯。《汉武帝内传》:西王母与上元夫人降,帝美容貌,神仙人也。少广,山名。一云两方空界之名。传说一星在尾上,言其乘东维骑箕尾之间也。箕斗,为天汉津之东维。

---

① "者",《续道藏》载其字,《金陵丛书》本无"者"字。按:《金陵丛书》有误。

② "坯",《续道藏》作"坯",《金陵丛书》作"坏"字。按:《金陵丛书》有误。

肩吾见狂接舆。狂接舆曰:“日中始何以语女?”肩吾曰:“告我君人者以己出经式义度,人孰敢不听而化诸?”狂接舆曰:“是欺德也;其于治天下也,犹涉海凿河而使蚊负山也。夫圣人之治也,治外乎?正而后行,确乎能其事者而已矣。且鸟高飞以避矰弋之害,鼷鼠深穴乎神丘之下以避熏凿之患,而曾二虫之无知!”(《应帝王》第七)

《笔乘》 日中始,人姓名,经之式、义之度,皆所以正人也,而离性已远,故谓之“欺德”。涉海必溺,凿河难成,蚊负山则不胜任。以欺德而治天下,亦犹此耳,圣人之治也。治因其自治,而毋以正人为也,故曰“外乎正而后行”,断断然尽其性命之能事而已矣。性命之能事,我无为,而民自正之谓也。夫鸟鼠避患,曾不待教,况民之有知,岂不如二虫而必作为经式、义度以拂乱其常性哉?

天根游于殷阳,至蓼水之上,适遭无名人而问焉,曰:“请问为天下。”无名人曰:“去!汝鄙人也,何问之不豫也!予方将与造物者为人,厌,则又乘夫莽眇之鸟,以出六极之外,而游无何有之乡,以处圹埌之野。汝又何帠以治天下感予之心为?”又复问。无名人曰:“汝游心于淡,合气于漠,顺物自然而无容私焉,而天下治矣。”(《应帝王》第七)

《笔乘》 “豫”,即“凡事豫则立”之豫,言有先于为天下者也。无以先之而求为天下,于天下则后矣。“与造物者为人”，与化俱运，任而不助也。乘莽眇，出六极，凌虚履妙，超阴阳也。游何有，处圹埌，造道之域，居空同也。此即豫之道也。而犹不寤，故又明言以示之。游心者泛①然自得，而复于至静也，故曰“游心于淡”。合气者，其息深深而归于至虚也，故曰“合气于漠”。此皆顺物自然而不以己与之，故天下治。盖无意于为天下，而为天下之道，莫妙于此矣。

郑有神巫曰季咸，知人之死生存亡、祸福寿夭，期以岁月旬日，若神。郑人见之，皆弃而走。列子见之而心醉，归，以告壶子，曰：“始吾以夫子之道为至矣，则又有至焉者矣。”壶子曰：“吾与汝既其文，未既其实，而固得道与？众雌而无雄，而又奚卵焉！而以道与世亢，必信，夫故使人得而相汝。尝试与来，以予示之。”明日，列子与之见壶子。出而谓列子曰：“嘻！子之先生死矣！弗活矣！不以旬数矣！吾见怪焉，见湿灰焉。”列子入，泣涕沾襟以告壶子。壶子曰：乡吾示之以地文，萌乎不震不正。是殆见吾杜德机也。尝又与来。”明日，又与之见壶子。出而谓列子曰：“幸矣，子之先生遇我也！有瘳矣，全然有生矣！吾见其杜权矣。”列子入，以告壶子。壶子曰：“乡吾示之以天壤，名实不入，而机发于踵。是殆见吾善者机也。尝又与来。”明日，又与之见壶子。出而谓列子曰：“子之先生不齐，吾无得而相焉。试齐，且复相之。”列子

① “泛”，《续道藏》作“泛”，《金陵丛书》作“汎”字。按：“泛”，繁体为“汎”，与“汎”形近。泛然有漫不经心之意，与此句意合，故《金陵丛书》有误。

入，以告壶子。壶子曰："乡吾示之以太冲莫胜。是殆见吾衡气机也。鲵桓之审为渊，止水之审为渊，流水之审为渊。渊有九名，此处三焉。尝又与来。"明日，又与之见壶子。立未定，自失而走。壶子曰："追之！"列子追之不及，反，以报壶子曰："已灭矣，已失矣，吾弗及已。"壶子曰："乡吾示之以未始出吾宗。吾与之虚而委蛇，不知其谁何，因以为弟靡，因以为波流，故逃也。"然后列子自以为未始学而归，三年不出。为其妻爨，食豕如食人。于事无与亲，雕琢复朴，块然独以其形立。纷而封哉，一以是终。(《应帝王》第七)

《笔乘》 "不震不正"，崔本作"不震不止"。"全然"，《列子》作"灰然"。"莫胜"，《列子》作"莫朕"。"审"，《列子》作"潘"。"无与亲"，《列子》作"无亲"。"封哉"，《列子》作"封戎"。似于文义为优，当从之。

卷三《外篇》

是故骈于明者，乱五色，淫文章，青黄黼黻之煌煌非乎？而离朱是已。多于聪者，乱五声，淫六律，金石丝竹黄钟大吕之声非乎？而师旷是已。枝于仁者，擢德塞性以收名声，使天下簧鼓以奉不及之法非乎？而曾史是已。骈于辩者，累瓦结绳窜句，游心于坚白同异之间，而敝跬誉无用之言非乎？而杨墨是已。故此皆多骈旁枝之道，非天下之至正也。彼正正者，不失其性命之情。故合者不为骈，而枝者不为跂；长者不为有余，短者不为不足。是故凫胫虽短，续之则忧；鹤胫虽

长，断之则悲。故性长非所断，性短非所续，无所去忧也。(《骈拇》第八)

《笔乘》 按“累瓦”，作“累凡”。“窜句”，作“窜身”。“跬誉”，作“毁誉”。“正正”，作“至正”。“不为跂”，作“不为歧”。斯理顺文从不烦强解矣。疑皆传写之误。

吾意善治天下者不然。彼民有常性，织而衣，耕而食，是谓同德；一而不党，命曰天放，故至德之世，其行填填，其视颠颠。当是时也，山无蹊隧，泽无舟梁，万物群生，连属其乡，禽兽成群，草木遂长。是故禽兽可系羁而游，乌鹊之巢可攀援而窥。夫至德之世，同与禽兽居，族与万物并，恶乎知君子小人哉，同乎无知，其德不离；同乎无欲，是谓素朴。素朴而民性得矣。及至圣人，蹩躠为仁，踶跂为义，而天下始疑矣，澶漫为乐，摘僻为礼，而天下始分矣。故纯朴不残，孰为牺尊！白玉不毁，孰为珪璋！道德不废，安取仁义！性情不离，安用礼乐！五色不乱，孰为文采！五声不乱，孰应六律！夫残朴以为器，工匠之罪也；毁道德以为仁义，圣人之过也！(《马蹄》第九)

《笔乘》 牺樽之牺，当音羲。旧从郑司农读如娑者，非。郑答张逸以为画凤尾娑娑然也。梁刘杳曰：此言未必安。古樽彝，皆刻木为鸟兽，凿顶及背，以出内酒。魏鲁郡得齐子尾送女器，有牺樽，作牺牛形。晋曹嶷于青州发齐景墓得二樽，形亦为牛象，皆古遗器，则知郑为臆说矣。

尝试论之，世俗之所谓至知者，有不为大盗积者乎？所谓至圣者，有不为大盗守者乎？何以知其然邪？昔者龙逢斩，比干剖，苌弘胣，子胥靡。故四子之贤而身不免乎戮。故跖之徒问于跖曰："盗亦有道乎？"跖曰："何适而无有道邪？"夫妄意室中之藏，圣也；入先，勇也；出后，义也；知可否，知也；分均，仁也。五者不备而能成大盗者，天下未之有也。由是观之，善人不得圣人之道不立，跖不得圣人之道不行；天下之善不少，而不善人多，则圣人之利天下也少，而害天下也多。故曰：唇竭而齿寒，鲁酒薄而邯郸围，圣人生而大道起。掊击圣人，纵舍盗贼，而天下始治矣！夫川竭而谷虚，丘夷而渊实。圣人已死，则大盗不起，天下平而无故矣。圣人不死，大盗不止。虽重圣人而治天下，则是重利盗跖也。为之斗斛以量之，则并与斗斛而窃之；为之权衡以称之，则并与权衡而窃之；为之符玺以信之，则并与符玺而窃之；为之仁义以矫之，则并与仁义而窃之。何以知其然邪？彼窃钩者诛，窃国者为诸侯，诸侯之门而仁义存焉。则是非窃仁义圣知邪？故逐于大盗、揭诸侯、窃仁义并斗斛权衡符玺之利者，虽有轩冕之赏弗能劝，斧钺之威弗能禁。此重利盗跖而使不可禁者，是乃圣人之过也。故曰：鱼不可脱于渊，国之利器不可以示人。彼圣人者，天下之利器也，非所以明天下也。（《胠箧》第十）

《笔乘》“鲁酒薄而邯郸围”,据许慎注《淮南子》:楚会诸侯,鲁献酒于楚王,鲁酒薄而赵酒厚。楚之主酒吏求酒于赵,赵不与。吏怒,乃以赵厚酒易鲁薄酒,奏之,楚王以赵酒薄围邯郸。

夫子问于老聃曰:“有人治道若相放,可不可,然不然。辩者有言曰:‘离坚白若县寓’。若是则可谓圣人乎?”老聃曰:“是胥易技系、劳形怵心者也。执留之狗成思,猿狙之便自山林来。丘,予告若,而所不能闻与而所不能言。凡有首有趾无心无耳者众,有形者与无形无状而皆存者尽无。其动、止也,其死、生也,其废、起也,此又非其所以也。有治在人,忘乎物,忘乎天,其名为忘己。忘己之人,是之谓入于天。”(《天地》第十二)

《笔乘》“若放”,犹言相似也。孔子问老聃曰:有人于此,其所居之道,若与圣人相似,可人之不可,然人之不然。善辩者尝有言曰:离析坚白,如揭天宇,昭然可见。此人正如此问,可以为圣人乎?汝所不能闻,听之所不及也;汝所不能言,言之所不到也。夫无心、无耳、无形、无状者,世知其无矣。今有首、有趾与无心、无耳者,有形与无形、无状者,举而尽无之,则汝之听与言,将奚施乎?然吾所谓尽无者,非动止、死生、废起,皆与人异也。人动亦动,人止亦止,人死生亦死生,人废起亦废起,而卒不得,命之曰有,则能忘之故也。既忘乎物,又忘乎天。天者物之所从出,并忘则忘之至矣。

如此谓之曰忘己。人之与天异者，以其有己也。己而忘之，非天而何谓之入于天？此非圣人不能也。后面“有治在人”一句，应前“有人治道若相放”一句，文义甚明。

卷四

天道运而无所积，故万物成；帝道运而无所积，故天下归；圣道运而无所积，故海内服。明于天，通于圣，六通四辟于帝王之德者，其自为也，昧然无不静者矣。圣人之静也，非曰静也善，故静也；万物无足以铙心者，故静也。水静则明烛须眉，平中准，大匠取法焉。水静犹明，而况精神！圣人之心静乎！天地之鉴也；万物之镜也。夫虚静恬淡寂寞无为者，天地之平而道德之至，故帝王圣人休焉。休则虚，虚则实，实则伦矣。虚则静，静则动，动则得矣。静则无为，无为也则任事者责矣。无为则俞俞，俞俞者忧患不能处，年寿长矣。夫虚静恬淡寂寞无为者，万物之本也。明此以南乡，尧之为君也；明此以北面，舜之为臣也。以此处上，帝王天子之德也；以此处下，玄圣素王之道也。以此退居而闲游江海，山林之士服；以此进为而抚世，则功大名显而天下一也。(《天道》第十三)

《笔乘》“无所积”，无留滞也。“帝道”，即帝王天子之德。“圣道”，即玄圣素王之道，与末相应。旧注以三皇五帝分属者，非是。“六通四辟”，辟与闢同，言六合四方，皆洞达也。“昧然”，聪明尽泯也。“平中准，大匠取法”者，如《周礼·匠人》“水地以县”是也。“虚静恬淡,寂寞无为”,天地将准焉,故曰“天地之平”。“俞俞”,即愉愉。“处”,犹入也。自得则悲哀不能入,而形未尝哀也,故曰“俞俞者,忧患不能处,年寿长矣”。“本”,谓本根,言天地万物皆从虚静而生,故曰“万物之本”。此又推本言之,欲人知安身立命于此也。

士成绮见老子而问曰:“吾闻夫子圣人也,吾固不辞远道而来愿见,百舍重趼而不敢息。今吾观子,非圣人也。鼠壤有余蔬,而弃妹不仁也,生熟不尽于前,而积敛无崖。”老子漠然不应。士成绮明日复见,曰:“昔者吾有刺于子,今吾心正郤矣,何故也?”老子曰:“夫巧知神圣之人,吾自以为脱焉。昔日子呼我牛也而谓之牛,呼我马也而谓之马。苟有其实,人与之名而弗受,再受其殃。吾服也恒服,吾非以服有服。”士成绮雁行避影,履行遂进而问,“修身若何?”老子曰:“而容崖然,而目冲然,而颡頯然,而口阚然,而状义然,似系马而止也。动而持,发也机,察而审,知巧而睹于泰,凡以为不信。边竟有人焉,其名为窃。”(《天道》第十三)

《笔乘》 “弃妹”,旧解为末学,甚凿。① 意者妹氏弃蔬于鼠坏,老氏主于俭啬,故责其暴殄,而蔬弃之。“生熟不尽于前,而积敛无崖”,即俭啬之验也。夫巧知神圣尚存于胸中,则必有不合者矣。今解而脱之,则呼以仁也,可;呼以不仁

① “‘弃妹’,旧解为末学,甚凿”句,《续道藏》本阙。

也，可。即呼以马牛亦无不可。何者？知仁不仁，皆非其实也。苟见其实而不受，则始已有不仁之殃；而今再受之，徒增罪戾耳。“服”，服从也。吾之服从人，乃是平日常常如此，非有心以服之也。故曰：“吾服也恒服，非以服有服。”“雁行避影”，侧身而行也。“履行遂进”，踵步而前也。“崖”，崖异也。“冲”，突目而视也。“颡頯”，中央广而两头锐也。“阚”，口呿之貌。“义”，严毅之貌，以嗜修自示异者，其状如此。“动而持发也”，言马虽系而意常奔驰，如彼之动而将发而强持之也。“机察而审”，其机括能伺察而详审也。“知巧而睹于泰”，自恃其知巧而骄泰可睹也。夫机警之人窍凿日深，而浑沌已死，故曰“不信”。言非安于性命之情也。如边境之间各有封守，好诈者每伺隙乘便以自为功，故敌国以盗窃目之，不信之人厚自矜饰，欲以扬己掩物，是亦盗窃而已。如《孟子》所谓穿窬之类。

缮性于俗，学以求复其初；滑欲于俗，思以求致其明；谓之蔽蒙之民。古之治道者，以恬养知；生而无以知为也，谓之以知养恬。知与恬交相养，而和理出其性。夫德，和也；道，理也。德无不容，仁也；道无不理，义也；义明而物亲，忠也；中纯实而反乎情，乐也；信行容体而顺乎文，礼也。礼乐偏行，则天下乱矣。彼正而蒙己德，德则不冒，冒则物必失其性也。（《缮性》第十六）

《笔乘》 “缮性于俗学”，“滑欲于俗思”为句，旧解失之。

性非学不复，而俗学不可以复性；明非思不致，而俗思不可以求明。谓之俗者，对真而言。盖动念即乖，况于缮？拟心即差，况于思？非惟无以辙其覆，而秖①益之蔽耳。以恬养知，乃复性致明之要。知，即人之觉性，是性也，可以恬养之，而不可以学缮之思乱之者也。恬者，无为自然之谓。夫谓之养知，若有心于知矣，不知知体虚玄，泯绝无寄。盖有知而实无以知为者也，故又谓之以知养恬。恬即禅家所谓无知者也，知即禅家所谓知无者也。即恬之时，知在恬；即知之时，恬在知，故曰知与恬交相养也。如此，则道、德、仁、义、忠、礼、乐无不一贯之，如木之有根而华实并茂，所必至者不得谓之偏行也。若不出于性而第求之礼乐，则逐末忘本，支离于俗学，而天下乱矣。何也？知、恬交相养，则仁义礼乐混而为道德；知、恬交相失，则道德枝而为仁义礼乐。此学术真俗之辨也。

卷五

孔子穷于陈蔡之间，七日不火食，左据槁木，右击槁枝，而歌猋氏之风，有其具而无其数，有其声而无宫角，木声与人声，犁然有当于人之心。颜回端拱还目而窥之。仲尼恐其广己而造大也，爱己而造哀也，曰："回，无受天损易，无受人益难。无始而非卒也，人与天一也。夫今之歌者其谁乎？"回曰："敢问无受天损易。"仲尼曰："饥渴寒暑，穷桎不行，天地

① "秖"，《续道藏》作"秖"，《金陵丛书》作"祇"。《金陵丛书》本误。

之行也，运物之泄也，言与之偕逝之谓也。为人臣者，不敢去之。执臣之道犹若是，而况乎所以待天乎！”“何谓无受人益难？”仲尼曰：“始用四达，爵禄并至而不穷，物之所利，乃非己也，吾命其在外者也。君子不为盗，贤人不为窃。吾若取之，何哉！故曰，鸟莫知于鷾鸸，目之所不宜处，不给视，虽落其实，弃之而走。其畏人也，而袭诸人间，社稷存焉尔。”“何谓无始而非卒？”仲尼曰：“化其万物而不知其禅之者，焉知其所终？焉知其所始？正而待之而已耳。”“何谓人与天一邪？”仲尼曰：“有人，天也；有天，亦天也。人之不能有天，性也，圣人晏然体逝而终矣！”（《山木》第二十）

《笔乘》 “犂然”，如犂田者其土①释然也。饥渴塞暑，穷困不通，皆天地之气之流行，所以运动万物，发泄而不可遏者，人恶能逃之，但当与之偕往，可也。“鷾鸸”，燕也。“不给”，不暇也。“实”，如《易》“自求口实”之实。“社稷”，春秋祭社稷时也。君子视无功之爵禄如盗窃然，岂有心于取之？而命之所制，亦有不得自由者，故曰非己也。命有在外者也，如燕于己之不宜处，目不及视，虽弃其口实，亦所不顾。其畏人甚矣。而不能不袭处于人间，则以社稷之时有，若或驱之，而不得自主者耳。燕以春社来秋社去，故云。然数语本非难解，而旧注多谬，聊为疏之。

---

① “土”，《续道藏》作“土”，《金陵丛书》作“上”。《金陵丛书》本误。

列御寇为伯昏无人射，引之盈贯，措杯水其肘上，发之，适矢复沓，方矢复寓。当是时，犹象人也。伯昏无人曰：“是射之射，非不射之射也。尝与汝登高山，履危石，临百仞之渊，若能射乎？”于是无人遂登高山，履危石，临百仞之渊，背逡巡，足二分垂在外，揖御寇而进之。御寇伏地，汗流至踵。伯昏无人曰：“夫至人者，上窥青天，下潜黄泉，挥斥八极，神气不变。今汝怵然有恂目之志，尔于中也殆矣夫！”（《田子方》第二十）

《笔乘》 罗勉道云：“‘适矢复沓’者，矢去而复沓前矢也。‘方矢复寓’者，矢方发而后矢复寓于弦上也。”范无隐则谓“方矢”犹方舟之方。并也，言并执之矢。已寓于弦，非寓杯水于肘上也。郭论为非。

知北游于玄水之上，登隐弅之丘，而适遭无为谓焉。知谓无为谓曰：“予欲有问乎若：何思何虑则知道？何处何服则安道？何从何道则得道？”三问而无为谓不答也，非不答，不知答也。知不得问，反于白水之南，登狐阕之上，而睹狂屈焉。知以之言也问乎狂屈。狂屈曰：“唉！予知之，将语若，中欲言而忘其所欲言。”知不得问，反于帝宫，见黄帝而问焉。黄帝曰：“无思无虑始知道，无处无服始安道，无从无道始得道。”知问黄帝曰：“我与若知之，彼与彼不知也，其孰是邪？”黄帝曰：“彼无为谓真是也，狂屈似之；我与汝终不近也。夫知者不言，言者不知，故圣人行不言之教。道不可致，德不可至。仁可为也,义可亏也,礼相伪也。故曰'失道而后德,失德而后仁,失仁而后义,失义而后礼。礼者,道之华而乱之首也'。故曰'为道者日损,损之又损之以至于无为,无为而无不为也'。今已为物也,欲复归根,不亦难乎!其易也,其唯大人乎!生也死之徒,死也生之始,孰知其纪!人之生,气之聚也;聚则为生,散则为死。若死生为徒,吾又何患!故万物一也,是其所美者为神奇,其所恶者为臭腐;臭腐复化为神奇,神奇复化为臭腐。故曰'通天下一气耳'。圣人故贵一"。知谓黄帝曰:"吾问无为谓,无为谓不应我。非不我应,不知应我也。吾问狂屈,狂屈中欲告我而不我告,非不我告,中欲告而忘之也。今予问乎若,若知之,奚故不近?"黄帝曰:"彼其真是也,以其不知也;此其似之也,以其忘之也;予与若终不近也,以其知之也"。狂屈闻之,以黄帝为知言。(《知北游》第二十二)

《笔乘》 无为谓之"真是"也,以其不言也。黄帝之"不近"也,以其言之也。此特相与激扬此一大事耳。黄帝之于道实非减于无为谓也。《净名经》:诸菩萨共论"不二法门",净名独默然无言,意以无言为至矣。乃舍利弗默然,天女不之许也,曰:解脱者不内不外,不在两间;言语文字亦不内不外,不在两间,是故无离言语文字说解脱相也。知此则言默一如,知不知一体,有思有虑,亦可以知道;有处有服,亦可以安道;有从有道,亦可以得道。何以故?思虑尽空,处服无所,从亦无从,道实非道故耳。

卷六《杂篇》

南荣趎请入就舍，召其所好，去其所恶，十日自愁，复见老子。老子曰："汝自洒濯，熟哉郁郁乎！然而其中津津乎犹有恶也。夫外韄者不可繁而捉，将内揵；内韄者不可缪而捉，将外揵。外内韄者，道德不能持，而况放道而行者乎！"南荣趎曰："里人有病，里人问之，病者能言其病，然其病病者，犹未病也。若趎之闻大道，譬犹饮药以加病也，趎愿闻卫生之经而已矣。"老子曰："卫生之经，能抱一乎？能勿失乎？能无卜筮而知吉凶乎？能止乎？能已乎？能舍诸人而求诸己乎？能翛然乎？能侗然乎？能儿子乎？儿子终日嗥而嗌不嗄，和之至也；终日握而手不挽，共其德也；终日视而目不瞚，偏不在外也。行不知所之，据不知所为，与物委蛇，而同其波：是卫生之经已。"（《庚桑楚》第二十三）

《笔乘》"能抱一"、"能勿失"，即《道德经》所谓"载营魄抱一，能无离"

也。"无卜筮而知吉凶"，即"不出户知天下，不窥牖见天道"也。"能止"，即知止也。"能已"，即知足也，"舍诸人而求诸己"，即自知者明，自胜者强也。"翛然"，即"氾兮其可左右"也。"侗然"，即"浑兮其若浊"也。"儿子"，即"专气至柔，能婴儿"也。"和之至"、"共其德"、"偏不在外"。盖所谓"含德之厚比于赤子"者如此。

齧缺遇许由，曰："子将奚之?"曰："将逃尧。"曰："奚谓邪?"曰："夫尧，畜畜然仁，吾恐其为天下笑。后世其人与人相食与！夫民，不难聚也；爱之则亲，利之则至，誉之则劝，致其所恶则散。爱利出乎仁义，捐仁义者寡，利仁义者众。夫仁义之行，唯且无诚，且假乎禽贪者器。是以一人之断制利天下，譬之犹一覕也。夫尧知贤人之利天下也，而不知其贼天下也，夫唯外乎贤者知之矣。"有暖姝者，有濡需者，有卷娄者。所谓暖姝者，学一先生之言，则暖暖姝姝而私自说也，自以为足矣，而未知未始有物也，是以谓暖姝者也。濡需者，豕虱是也，择疏鬣自以广宫大囿，奎蹄曲隈，乳间股脚，自以为安室利处，不知屠者之一旦鼓臂布草操烟火，而已与豕俱焦也。此以域进，此以域退，此其所谓濡需者也。卷娄者，舜也。羊肉不慕蚁，蚁慕羊肉，羊肉膻也。舜有膻行，百姓悦之，故三徙成都，至邓之虚而十有万家。尧闻舜之贤，举之童土之地，曰冀得其来之泽。舜举乎童土之地，年齿长矣，聪明衰矣，而不得休归，所谓卷娄者也。是以神人恶众至，众至则不比，不比则不利也。故无所甚亲，无所甚疏，抱德炀和以顺天下，此谓真人。于蚁弃知，于鱼得计，于羊弃意。以目视目，以耳听耳，以心复心。若然者，其平也绳，其变也循。(《徐无鬼》第二十四)

《笔乘》 "以目视目"，不以我视也。"以耳听耳"，不以我听也。"以心复心"，不以我复也。人惟有我，则不能循物，而失其平者，多矣。耳、目、心皆任之而一无所与。《列子》所谓废心而用形者也。有不如绳之平，惟变之循者乎？“变”，言物之万变也，心与耳目并言，即释典以意与眼、耳、鼻、舌身为六根同意。“其平也绳，其变也循”，王元泽本作：“其平也水，其直也绳，其变也循。”

静然可以补病，眦搣可以休老，宁可以止遽。虽然，若是，劳者之务也，非佚者之所未尝过而问焉。圣人之所以駴天下，神人未尝过而问焉；贤人所以駴世，圣人未尝过而问焉；君子所以駴国，贤人未尝过而问焉；小人所以合时，君子未尝过而问焉。（《外物》第二十六）

《笔乘》 “眦搣”，旧解目病也。须溪云：“静非药也，然可以补病，目无所见，虽病也，而可以休老。”不知“眦搣”盖养生家之术耳。按《真诰》云：“时以手按目四眦，令见光分明。是检眼神之道，久为之，见百灵。”老形之兆，发于目眦，披搣皱纹，可以沐浴老容。

卷八

圣人以必不必，故无兵；众人以不必必之，故多兵；顺于兵，故行有求。兵，恃之则亡。（《列御寇》第三十二）

《笔乘》 兵非戈矛之谓，喜怒之战于胸中者是也。庚桑子曰：怀恚未发，兵也。岂止锋镝之惨而已？

正考父一命而伛，再命而偻，三命而俯，循墙而走，孰敢不轨！如而夫者，一命而吕钜，再命而于车上儛，三命而名诸父，孰协唐许！贼莫大乎德有心而心有睫，及其有睫也而内视，内视而败矣。凶德有五，中德为首，何谓中德？中德也者，有以自好也而吡其所不为者也。穷有八极，达有三必，形有六府。美、髯、长、大、壮、丽、勇、敢，八者俱过人也，因以是穷。缘循、偃佒、困畏不若人，三者俱通达。知慧外通，勇动多怨，仁义多责。达生之情者傀，达于知者肖，达大命者随，达小命者遭。(《列御寇》第三十二)

《笔乘》《文子》曰："道有知则乱，德有心则险，心有眼则眩。"何者？有眼必有见。学道者每患于无见而不知见，为德之贼也。释氏所说五种眼，唯天眼、肉眼在面，慧法、佛眼皆在心。彼心眼者，德之成。此心眼者，德之败，知其所以败，则知其所以成，无二理也。然则"达于知"者，非眼乎？而何以言"肖"？曰老子不云乎："夫道大，似不肖。若肖，久矣其细。"

惠施多方，其书五车，其道舛驳，其言也不中。历物之意，曰："至大无外，谓之大一；至小无内，谓之小一。无厚，不可积也，其大千里。天与地卑，山与泽平。日，方中方睨；物，方生方死。大同而与小同异，此之谓小同异；万物毕同毕异，此之谓大同异。南方无穷而有穷，今日适越而昔来。连环可解也。我知天下之中央，燕之北越之南是也。泛爱万物，天地一体也。”惠施以此为大，观于天下而晓辩者，天下之辩者相与乐之。卵有毛，鸡三足，郢有天下，犬可以为羊，马有卵，丁子有尾，火不热，山出口，轮不蹍地，目不见，指不至，至不绝，龟长于蛇，矩不方，规不可以为圆，凿不围枘，飞鸟之景未尝动也，镞矢之疾，而有不行不止之时，狗非犬，黄马、骊牛三，白狗黑，孤犊未尝有母，一尺之捶，日取其半，万世不竭。辩者以此与惠施相应，终身无穷。桓团、公孙龙，辩者之徒，饰人之心，易人之意；能胜人之口，不能服人之心。辩者之囿也。惠施日以其知与人之辩，特与天下之辩者为怪，此其柢也。然惠施之口谈，自以为最贤，曰：“天地其壮乎！施存，雄而无术。”南方有倚人焉曰黄缭，问天地所以不坠不陷，风雨雷霆之故。惠施不辞而应，不虑而对，遍为万物说；说而不休，多而无已，犹以为寡，益之以怪。以反人为实，而欲以胜人为名，是以与众不适也。弱于德，强于物，其涂隩矣。由天地之道，观惠施之能，其犹一蚉一虻之劳者也。其于物也何庸？夫充一尚可，曰愈贵道，几矣！惠施不能以此自宁，散于万物而不厌，卒以善辩为名。惜乎！惠施之才，骀荡而不得，逐万物而不反，是穷响以声，形与影竞走也。悲夫！（《天下》第三十三）

《笔乘》 自“惠施多方”以下，与《列子》载公孙龙诳魏王之语，绝相类。解者多属臆说。范无隐与其门人尝论此云：恢恑憰怪，道通为一，存而勿论，可也。何者？此本非南华语，是其所辟舛驳不中之言，恶用解为？虽然凡庄生之所述，岂特墨翟、禽滑厘以来为近于道？即惠施之言，亦有似焉者也。刘辰翁所谓唯爱之，故病之。而不知者以为疾也。毁人以自全也，非庄子也。

赵吉士《寄园寄所寄》凡7条[①]

卷四《捻须寄·诗原》 王昌龄《灞池》诗："开门望长川，薄莫见渔者。借问白头翁，垂纶几年也？"二韵俱助语，殊有致。孟襄阳诗："所居最幽绝，所住皆静者。依止此山门，谁能效丘也？"亦潇洒可喜。（《焦氏笔乘》）

卷四《捻须寄·诗话》 定襄伯郭登镇大同，有古良将风。己巳之变，力守边疆，大小十数战，设飞天网搅地龙等法，发其机，顷刻数里皆陷破，一发五百步。顾又娴文学，所著《左传解》可与杜武库争衡。尝记其二诗，《哀征人》云："天迷离，水呜咽，战马无声宝刀折，冤鬼惨酸啼月夜，青燐荧荧明又灭，照见征夫战时血。"《客中春晚》云："远塞书难寄，空庭花自开。旧巢双燕子，今岁不曾来。"登以勇将，而风流儒雅若此。（《焦氏笔乘》）

卷四《捻须寄·诗话》 《金陵》词，是台城妓作。"宫中细草香红湿，宫内纤腰碧窗泣。唯有虹梁春燕雏，犹傍珠帘

① ［清］赵吉士著，周晓光、刘道胜点校：《寄园寄所寄》，黄山书社2008年版。

玉钩立。"(《焦氏笔乘》)

卷六《焚尘寄·胜国遗闻》 刘太常介继娶妻艳,冢宰张彩欲夺之。乃问介曰:"我有所求,肯从我,始言之。"介曰:"一身之外,皆可奉公。"彩曰:"我所求者,新嫂也,敢谢诺?"少顷舆归。(《续笔乘》)

卷六《焚尘寄·闺中异人》 韩氏,保宁民家女也,明玉珍乱蜀,女恐为所掠,乃易男子饰,从征云南,往返七年,人无知者。后遇其叔,一见惊异,乃携归四川,人皆呼曰"贞女"。(《焦氏笔乘》)

卷六《焚尘寄·闺中异人》 黄善聪,金陵惟清桥人,年十二失母,有姊已适人。父贩线香为活,怜善聪孤幼无依,诡为男子装,携之游卢凤间。数年,父亦死。善聪变姓名曰张胜,仍习其业。李英者,亦贩香,自金陵来,不知其女也,约为火伴,同寝食者逾年,恒称有疾,不解衣,夜乃溲溺。弘治辛亥正月,与英偕返金陵,年已二十矣。往见其姊,姊言:"我初无弟,安得来此?"善聪笑曰:"弟即善聪也。"泣语其故。姊怒且詈之曰:"男女乱群,辱我甚矣!汝虽自明,谁则信之?"拒不纳。善聪不胜愤懑,泣且誓曰:"妹此身苟涴,有死而已。须令明白,以表此心。"其邻有隐婆,姊呼验之,果处子,乃相持恸哭,手为易男子装。明日英来,再约同往,则善聪俄为女子矣。英大骇,问知其故,怏怏如有失。归告其母,其母贤之,时英犹未室,即为求婚。善聪不从曰:"妾竟归英,保人无疑乎?"交亲邻里相劝,则涕泣横流,所执益坚。倾都喧传,以为奇事。厂卫闻之,乃助其聘礼,判为夫妇。(《焦氏笔乘》)

卷六《焚尘寄·谭屑》 有举孝廉而为人主者，魏武吴大帝也。状元及第而为人主者，夏主李遵顼也。(《续笔剩(乘)》)

卷十《驱睡寄·方抄》 焦弱侯《笔乘》言：夏至石灰收百草方甚验。愚者曰："百草霜止血，但嫌其黑耳。惟以生半夏末，与制过松香最妙，敷上即合口，以半夏力，得不知痛。"

附录二　焦竑著述考[1]

焦竑“博极群书，自经史至稗官杂说无不淹贯，善为古文，典正驯雅，卓然名家”。在士林中，有很高的威信，被称为“巨儒宿学”“士林祭酒”，一时成为江南学苑的领袖。焦竑著作颇丰，但亡佚不少，即使现存传世的著述，有些也可能已被书坊商贾作伪改篡。从现在可以见到的著述来看，大致包括：学术性著作、读书札记、诗文集、史料文献考证和汇编、信函及书序跋和墓志、碑文、祭文等。所涉领域包括心学、子学、佛学、文学、史学、文献学等。兹拟以焦竑的著述析为三大类：其一是焦竑具有总其成性质的著作、史料文献考证和汇编，突出他的史学、文学及文献学地位；其二是焦竑治学所涉诸多门类的学术专著，突出他在学术思想史领域的地位；其三是焦竑的诗词赋选编、杂著及所编纂的别人集子，更全

---

① 按：该文与杨昶师合作发表于《历史文献研究》（第 26 辑），华中师范大学出版社 2007 年版。

面地表现他淹贯群书的博学才识。对每部著述,笔者既叙其主旨,又录其版刻,间或有所辨疑,以俟方家是正。

一

《澹园集》49卷、《澹园续集》27卷 在历代传本中书名和卷数均有异,现存有明万历刻本和民国蒋国榜《金陵丛书》本。《澹园集》刻于万历三十四年(1606),有许吴儒题识。《续集》刻于万历三十九年(1611),刻书人金励、朱汝鳌,金励、徐光启作序。《金陵丛书》著录正集49卷、续集27卷。陈第《世善堂藏书目录·集类》载录《澹园续集》27卷。《大清一统志》卷五十三《江宁府志》著有《澹园集》,但无卷数。《续修四库全书总目·集部·别集类》著录《焦氏澹园集》49卷、《焦氏澹园续集》27卷。蒋氏在跋文中记录:"右《澹园集》四十九集,《续集》二十七卷,亦焦弱侯先生所著也。初集为明刻原本,《续集》未见明刻,今据傅苕生丈旧抄。"郑振铎在《澹园续集》的跋文中指出:"焦竑《澹园续集》二十七卷,明刊本。《禁书总目》入《全毁书目》,故传本甚罕见。予旧有不全本《澹园集》,故于富晋书社见此《续集》即复收之。"《清代禁书知见录》载录《澹园集》49卷,附录1卷,《澹园续集》27卷。《江苏第一次采进书目》著录《焦澹园集》49卷、《续集》27卷。清陈作霖《金陵通传·焦竑传》仅录《澹园集》。《明史·艺文志》著录《澹园集》49卷、《续集》35卷。黄虞稷《千顷堂书目》录《忻赏斋集》49卷、《续集》35卷。《浙江采进总录简目》录《忻赏斋集》49卷。台北伟文图书公司1977

年排印《澹园集》49 卷，刊行于《明代论著丛刊》第三辑。中华书局于 1999 年排印李剑雄先生点校整理的《澹园集》，其中收录正集 49 卷、续集 27 卷。《澹园集》与《澹园续集》体例相似，收入焦竑的奏疏、启书、序跋、传记、行状、碑记、墓志、祭文、诗歌文赋和讲学答问等，是一部集大成之作，对研究焦竑的学术思想、政治活动、师承渊源等有重要的参考价值，同时也是研究明史和晚清文化不可或缺的文献资料。按：“忻赏斋”为焦竑的书斋名，万历刻本《澹园集》书缝中有“忻赏斋刊”字样，且焦竑在《焦氏笔乘·序》中署有“万历丙午春日，焦竑书于所居之忻赏斋”的题款，故《澹园集》49 卷与《忻赏斋集》49 卷应为一书。《广程学备考第六函》本著录《焦澹园集》1 卷，此 1 卷本《焦澹园集》实系《澹园集》的简编本。另外，明过庭训《本朝分省人物考》卷十三《南直隶应天府》、清徐开任《明名臣言行录》卷七十四《修撰焦文端公竑》除录有正、续二集外，还录有《澹园别集》。

《焦氏笔乘》6 卷、《续集》8 卷　正集刻于万历八年（1580）。万历三十四年（1606），谢与栋（吉甫）刻成正、续两集。书前有顾起元序和焦竑自序。又有清道光、光绪年间南海伍崇曜刊本。《四库全书总目·子部·杂家类存目五》、《艺风堂藏书》均著录《焦氏笔乘》8 卷。《明史·艺文志》载录《焦氏笔乘》20 卷。《粤雅堂丛书初编第一集》、《金陵丛书乙集》、《丛书集成初编·文学类》、《续修四库全书总目·子部·杂家类》著录《焦氏笔乘》6 卷、《续集》8 卷。陈第《世善堂藏书目录·诸子百家类》著录《焦氏笔乘》6 卷。明过庭训

《本朝分省人物考》卷十三《南直隶应天府》、清陈作霖《金陵通传·焦竑传》、清徐开任《明名臣言行录》卷七十四《修撰焦文端公竑》均有载录。日本庆安二年刻《焦氏笔乘》6卷。上海古籍出版社于1986年排印李剑雄点校整理的《焦氏笔乘》，共录正集6卷、续集8卷，并附有《四库全书总目提要评语》、《明史·焦竑传》、《顾起元序》、《孙祖同读后记》、《郑堂读书记跋语》和《粤雅堂刻本伍崇曜跋》。苗枫林主编的《孔子文化大全·论著类》排印此书，由山东友谊书社于1991年出版。后齐鲁书社又在1996年出版该书。是书为焦竑读书札记，其中包括名物典章、明代人物传记、文史经籍及儒释道医方的简论和考证，是一部学术成果总纲，是研究焦竑心学、诸子学、校雠学等方面的重要文献资料。焦竑在该书的序中写道："余观古今稗说，不啻千数百家。其间订经子之讹，补史传之阙，网罗时事，缀辑艺文，不谓无取；而肤浅杜撰，疑误观听者，往往有之。"《四库提要》认为："是书多考证旧闻，亦兼涉名理，然多剿袭说部，没其所出……其讲学解经，尤喜杂引异说，参合附会。"评价有失公允。另《澹园集题记》及黄氏《千顷堂书目》除正、续集外，另录《别集》8卷，但未见传本。《老子翼》和《庄子翼》中有冠以"笔乘曰"的文字计60条，还有清代学者赵吉士的《寄园寄所寄》7条，或为《别集》之佚文。

《玉堂丛语》8卷　万历四十六年（1618）曼山馆刻，刘必逵、徐象枟校刻，顾起元、郭一鄂作序，另有焦竑自序。《明史·艺文志》、《四库全书总目·子部·小说家存目一》、《续修四库全书总目·子部·杂家类》均有著录。明过庭训《本朝分省人物考》卷十三《南直隶应天府》、清陈作霖《金陵通传·焦竑传》、清徐开任《明名臣言行录》卷七十四《修撰焦文端公竑》均有载录。但刻本不多,流传不广。朱国桢《涌幢小品》、谢国桢《明清笔记谈丛》均有评介。中华书局于1981年整理排印,书后附《明史·焦竑传》和《四库全书玉堂丛语提要》。齐鲁书社于1996年出版此书。该书是焦竑生前的最后一部集子。《四库提要》指出该书:“是编仿《世说》之体,采摭明初以来翰林诸臣遗言往行,分条胪载,凡五十有四类。”该书所记内容,多为焦竑耳闻目睹,有些采自传记、碑文和年谱,也有出自文集、笔记等,引文均有出处,对研究明朝国际关系、《永乐大典》的修撰和考证《明史》等均有很高的史料价值。

《国史经籍志》6卷 明万历曼山馆刻,徐象枟、许自昌校刻,后有清曹琰抄本。《四库全书总目·史部·目录类存目》、《丛书集成初编》、《续修四库全书总目·金石类》均有著录。明过庭训《本朝分省人物考》卷十三《南直隶应天府》、清陈作霖《金陵通传·焦竑传》、清徐开任《明名臣言行录》卷七十四《修撰焦文端公竑》均有载录。商务印书馆于1959年整理排印。全书编目体例以四部分类法为核心,又有所增益,共分制书、经、史、子、集5卷,并附“纠谬”1卷,有总序和序论,是研究焦竑目录学思想以及明朝书籍流布情况的重要文献。但《四库提要》认为:“其书丛抄旧目,无所考核,不论存亡,率尔滥载,古来目录,惟是书最不足凭。”这一评价难免有“苛责”之嫌。

《国朝献征录》120卷 万历四十四年(1616)曼山馆徐象枟刊刻,有黄汝亨、顾起元序。《四库全书总目·史部·传记类存目四》、《续修四库全书总目·史部·传记类》均著录《献征录》120卷。《国史经籍志》录此书360卷。黄氏《千顷堂书目》、《明史·艺史志》载录《国朝献征录》120卷。顾氏在《国朝献征录·序》中称此书“多至百三十卷”。该书明代仅刻印一次,清代乾隆时列为禁书,故传本甚少。1965年台湾学生书局出版的《中国史学丛书》中有影印本。上海古籍书店于1986年影印明万历刻本。台湾明文书局1990年整理排印《国朝献征录》120卷,刊行于《明代传记丛刊》。清《抽毁书目》谓:“查《献征录》系明焦竑辑。是书以明代王公诸臣传分类编载,各自为篇。”该书以正史体例编辑,条目分明,纲分类剖,搜集从洪武至嘉靖的十二朝的训录、方志、野史、神道碑、墓志铭、行状、别传等原始史料,以宗室戚畹、勋爵、内阁、六卿以下各官分类标目,无官者以孝子、义人、儒林、艺苑等目分别记载的体例编辑,从大臣到地方官吏,几乎莫不有传。大多数人物传记,都注明引述之书。该书搜罗甚广,内容远比徐纮编的《明名臣琬琰录》丰富。万斯同修《明史》时,曾利用它与官修实录对勘,并说“可备国史之采择者,唯此而已”。乾隆中叶的《明史考证》多据该书以校《明史》。但由于其征引庞杂,而碑文、墓铭往往阿谀死者,稗官、野史又每多失实,故其史料价值高低参差,需要考订区分。《四库提要》评批此书:“搜采极博,然文颇泛滥,不皆可据。又于引据之书或注或不注,亦不免疏略。”

《熙朝名臣实录》27卷 《四库全书总目·史部·传记类存目四》、《续修四库全书总目·史部·传记类》均著录此书。齐鲁书社于1996年出版此书。是书主要记载明朝名臣的言行和事迹,而据《四库提要》载此书“自王侯将相及士、庶人、方外缁黄、僮仆、妾伎无不备载,人各为传。盖宋人实录之体,凡书诸臣之卒,必附列本传,以纪其始末。而明代实录,则废此例,故竑补修之”。可见内容与书名不符,渊源有自。

《逊国忠节录》8卷 《明史·艺文志》、《同治上元县志·艺文志》皆有载录。黄氏《千顷堂书目》著录此书为4卷。明过庭训《本朝分省人物考》卷十三《南直隶应天府》、清陈作霖《金陵通传·焦竑传》、清徐开任《明名臣言行录》卷七十四《修撰焦文端公竑》均有载录。《大清一统志》卷五十三《江宁府志》著录焦竑辑《逊国忠节录》。该书是记叙明建文帝时殉难诸臣的事迹。按:《四库存目》载录《忠节录》6卷,题明张朝瑞撰。焦竑在《忠节录·序》称:“大鸿月户张公朝瑞以旧京兆摄府事,顾瞻祠宇,慨然兴叹,谓当时事迹。蔽见他书者尚多有之,乃芟繁剔伪,合为一编。”张氏编《忠节录》可证,疑焦竑之书为张书改编或续编。

《焦氏类林》8卷 万历十五年(1587)刻本。又有清道光、光绪年间伍氏刊本。王元贞、姚汝循、李士龙(登)作序,焦竑题识。《明史·艺文志》、《四库全书总目·子部·杂家类存目九》、《粤雅堂丛书三编》、《丛书集成初编·总类》、清陈作霖《金陵通传·焦竑传》、《续修四库全书总目·子部·杂家类》均有载录。陈第《世善堂藏书目录·史类》著录此书为10卷。该书刻本较多,流传甚广。齐鲁书社于1995年出版此书。焦竑在题识中写道:"庚辰(1580)读书,有感葛稚川语,遇会心处,辄以片纸记之,甫二岁,计偕北上,因皆去。残藁委于箧笥,尘埃漫来,不复省视久已,李君士龙见之,谓其可资文字之引用,备遗忘之万一也,用手自整理,取《世说》篇目括之,其不尽者,括以他目。"该书仿《世说新语》体例,选编从伏羲至元朝人物事迹,书中彰显焦竑编纂学之思想,同时对考证史实也起到一定的作用。李贽对此书评价甚高:"《类林》妙甚,当与《世说》并传。"但《四库提要》认为"凡分五十有九类,皆非奇秘希之文"。

《皇明人物考》未标明卷数 明有刻本。《四库禁书总目》认为:"此书系明焦竑、翁正春撰,当时坊间所刊行,所录皆明臣小传。"该书是对明朝人物传记的评述,保存许多正史外的资料,对《明史》的考证起到重要的作用。台湾明文书局1991年排印出版,刊行于《明代传记丛刊》。按:《明史·艺文志》登录《皇明人物考》7卷,薛应旗编撰,郑以伟注。不知二书关系如何。从内容上看此书应是对《熙朝名臣实录》的补充。

《明世说》8卷 黄氏《千顷堂书目》、《明史·艺文志》皆有载录。该书盖是叙述明朝世人的言论和事迹。

《新刻七十二朝四书人物考注释》40卷 北京图书馆藏有明刻本,内容是焦竑对《四书人物考》的注解。按:《四库全书总目》著录薛应旗著《四书人物考》40卷,则该书应为薛书的注释本。

《列卿记》未标明卷数 《同治上元县志·艺文志》著录,题为黄应登撰。另作小注:“陈《志》作焦竑撰。”按:陈《志》为何人何书,尚待考证。黄氏《千顷堂书目》、《四库全书总目·史类·传记类存目三》皆著录《列卿记》,但题为雷礼撰。顾起元在《国朝献征录·序》中谈道:“近代若丰城之《列卿记》,琅琊之《弇山别集》、《琬琰录》,皆有意宪章,博为之地……实未有澹园先生之《献征录》。”从顾氏的序中可知《列卿记》非焦竑作品。

二

《易筌》6卷 有万历四十年(1612)刻本。《明史·艺文志》、《四库全书总目·经部·易类存目二》、清陈作霖《金陵通传·焦竑传》、《大清一统志》卷五十三《江宁府志》均有载录。《续修四库全书总目·经部·易类》著录《易筌》6卷、《附论》1卷。明过庭训《本朝分省人物考》卷十三《南直隶应天府》、清徐开任《明名臣言行录》卷七十四《修撰焦文端公竑》皆题为《解易筌》。齐鲁书社于1997年出版《易筌》6卷,并有《附论》1卷。是书体现了焦竑贯通佛道的思想。《四库提要》评价为:“是书大旨,欲以二氏通于《易》。每杂引《列子》、《黄庭内经》、《抱朴子》诸书以释经。”按:焦竑释《易》,研精覃思数十载,并常与师友和门下论《易》,但是在《澹园集》、《焦氏笔乘》等焦竑主要文集中,却没有发现焦竑为《易筌》作序，不知为何？

《易因》2卷 有明刻本，现存北京图书馆。书前题焦竑、方时化讲，汪本珂记。该书系焦竑、方时化等讲《易》时的记录，后整理成书。是书体现焦竑《易》学的思想，对研究焦竑的三教会通思想有重要的参考价值。

《易筌》1卷 焦竑撰，该书系焦竑讲《易》时的记录，也体现焦竑《易》学的思想，对研究焦竑的三教会通思想有一定的参考价值。上海古籍出版社于1996年影印出版此书。

《老子翼》2卷、《考异》1卷 书名和卷数，诸官私书目著录有异。万历九年(1581)始刻，次年成书，刻书人王元贞，有焦竑自序。万历十五年(1587)再刻。《明史·艺文志》有著录。黄氏《千顷堂书目》录《老子翼》2卷，《考异》、《附录》1卷。《四库全书总目·子部·道家类》作《老子翼》3卷。《丛书集成初编》据《浙西精舍丛书》本排印录《老子翼》6卷，《附录》、《考异》各1卷。《续道藏》载录《老子翼》6卷。陈第《世善堂藏书目录·诸子百家类》把《老子翼》与《庄子翼》合为一书，称《老庄翼》，计11卷。明过庭训《本朝分省人物考》卷十三《南直隶应天府》、清陈作霖《金陵通传·焦竑传》、清徐开任《明名臣言行录》卷七十四《修撰焦文端公竑》均称《老庄翼》。台湾商务印书馆于1983年整理排印《老子翼》2卷。焦竑在该书的序文中指出："取家藏《老子故》，既《道藏》所收遍闻之……于是辍不复作，但取前人所疏，手自排缵为一编，而一二虑见附焉。"该书选摘韩非以下至李贽计64家说(其中以苏辙、吕吉甫、李息斋、王纯甫、李贽等家为主)，又以“笔乘曰”兼抒焦竑己见,实为65家。在摘取各家注解时,焦竑采用在本章下标举注家姓名,音义训诂但取一字一句,缀于章末句下的方法。此书是研究焦竑老学思想的重要文献。《四库提要》对此书评价甚高:“大旨主于阐发玄言,务明清净自然之理……于诸家注中最为赡博而有理致。”

《庄子翼》8卷 始撰于万历十六年(1588)。《明史·艺文志》有载录。黄氏《千顷堂书目》录《庄子翼》8卷、《考异》1卷。《四库全书总·子部·道家类》录《庄子翼》8卷,《庄子阙误》、《附录》各1卷。《续道藏》、《金陵丛书甲集》均著录《庄子翼》8卷、《附录》1卷。陈第把此书与《老子翼》合称《老庄翼》。台湾广文书局于1970年整理排印此书。后台湾商务印书馆于1983年又整理排印此书。该书体例仿《老子翼》,在采录前人对《庄子》的注释(自郭象以下凡22家),旁引他说(自《支遁》以下共16家),又章句意义(自郭象以下凡10家),其中以郭象、吕惠卿、褚伯秀、罗勉学、陆西星为主,最后以“笔乘曰”表述自己的见解,充分体现了焦竑的庄学思想。《四库提要》评价此书:“其所引据,究多古书,固较流俗注本为有根柢。”

《南华真经余事杂录》2卷 黄氏《千顷堂书目》、《明史·艺文志》、《同治上元县志·艺文志》皆有著录,并附《拾遗》1卷。

《阴符经解》1卷 《四库全书总目·子部·道家类存目》、《续百川学海》、《宝颜堂秘籍》均有载录。齐鲁书社于1995年出版此书。是书在考论太公《阴符》时,核其宗旨以佛理解之。《四库提要》评价该书:“其作此注,仍然三教归一之旨。”

《法华经精解评林》2 卷、《圆觉经精解评林》2 卷(全名《精解评林大方广圆觉经修多罗了义经》)、《楞伽经精解评林》3 卷(全名《楞伽阿跋多罗宝德经精解评林》)、《楞严经精解评林》3 卷(全名《大佛顶如来密因修证了义诸菩萨万行首楞严经精解评林》) 四书均题:“太史漪园焦弱侯父纂,太史如风陈懿典孟常父校。”日本藏经书院刊印的《续藏经》有载录,其中《圆觉经精解评林》只存上卷。大陆刻本及传抄本罕见,台湾《新文丰卍续藏》第 93 册有载录。该书对焦竑的三教归一的思想及明末学术倾向有研究价值。按:焦竑力主三教归一,三教会通的学术思想在《澹园集》、《焦氏笔乘》等书中都有论述和阐发,然而“释经评林四书”均无载录;又,“释经评林四书”署名“太史漪园焦弱侯父”与焦竑现存著述中的署名不同,则其真伪难以确定。

《支谈》3 卷 有万历绣水沈氏刊本,又有民国十一年上海文明书局石印本。《四库存目·子部·杂家类存目二》有著录,《宝颜堂秘籍》亦有载录。齐鲁书社于 1995 年出版该书。该书是研究焦竑三教归一思想的重要资料,如《四库提要》称:“是书主于三教归一,而并欲阴驾佛老于孔子之上。”按:《焦氏笔乘》录有“支谈”上、中、下 3 卷,卷数相当,盖二者是为一书。另:《续文献通考》录《支谈》一目,但题为潘曾竑编撰。不知二者关系如何?

《禹贡解》未标明卷数 黄氏《千顷堂书目》、《大清一统志》卷五十三《江宁府志》均有载录，但未见传本。

《考工记解》2 卷 黄氏《千顷堂书目》、《明史·艺文志》均有著录，但未见传本。

《葬录》1 卷 黄氏《千顷堂书目》、《同治上元县志·艺文志》均有载录，但未见传本。

《墨苑序》1 卷 《十六家说墨》（上册）有载录，该书是焦竑对《墨子》思想的阐释，对了解焦竑墨学的思想有重要的参考价值。

《春秋左传抄》14 卷 黄氏《千顷堂书目》有载录，但未见传本。

《四经古本》未标明卷数 是书见于《同治上元县志·艺文志》，但未见传本。

《焦氏四书讲录》14 卷 《续修四库全书总目·经部·四书类》有载录。该书是焦竑讲学的记录，是研究其理学思想的重要文献。

《俗书刊误》12 卷 万历十八年（1560）杨中甫刻，有焦竑题识。《四库全书总目·经部·小学类存目》有载录。陈第的《世善堂藏书目录·集类》著录此书为 10 卷。是书为焦竑早年教育孩子读书时编撰的识字启蒙课本，所以刻本和翻刻很多，流传甚广。书中不但辨正俗、别字，而且从字的本义、人名、地名、骈字等复音词的读音、奇文异字、形音义不同等方面进行考辨，并附有实例证明。此书体现了焦竑在文字学、考据学的成就，又是研究汉字流变和音韵发展的重要资料。《四库提要》对此书给予很高的评价：“其辨最详，而又非不可施用之僻论，愈于拘泥篆文，不分字体者多矣。”

《两苏经解》不分卷 万历二十五年(1597)刻行，焦竑作序。在序中焦竑谈道：“弱冠得子由(苏辙)《老子解》，奇之，寻于荆谿唐中丞(顺之)得子瞻(苏轼)《易》、《书》一解，己丑，检中秘书，始获《论孟拾遗》，壬辰奉使大梁，于中尉西亭所获子由《诗》与《春秋》解……编成《两苏经解》，由毕公刻行。”后焦竑又给顾桐柏刻《两苏经解》与《再刻两苏经解序》。《两苏经解》应为焦竑所编辑，但未见传本。

《理学诸公传》不分卷 又称《理学名臣传》。该书见于陈懿典《陈学士初集》卷三十三、三十四的评述。此书盖是宋明理学诸子的传记，但未见传本。

《焦弱侯问答》1 卷 《四库存目·子部·杂家类存目二》有载录，题焦竑撰，潘曾竑编。该书是焦竑在讲学中与听讲者问答记录，分别为《崇正堂答问》、《古城答问》、《明德堂答问》，是研究焦竑心学及其思想源流的重要资料。《四库提要》称：“竑亦至尊崇杨、墨，与孟子为难……乃缀拾刻之，以教新郑之士子。”后来 3 篇答问又分 3 卷载入《澹园集》。

《訾言》不知卷数 耿定向在《訾言解》中说：“焦子弱侯为徐子重……大指盖助之(徐重)知性。”可确定该书是焦竑所著是论说心性之学的著作。可惜未见刻本和传抄本，无以管窥其豹。

《新锲翰林三状元会选二十九子品汇释评》20 卷 万历四十四年(1616)刻本，题为：“从吾焦竑校正，青阳翁玉春参阅，兰隅朱之蕃同点”，又有李廷机作序。《四库存目·子部·杂家类存目九》题曰:翰林三状元会选,前列焦竑、翁玉春、朱之蕃。所收子书分别为:《老子》、《庄子》、《列子》、《淮南子》、《吕氏春秋》、《韩非子》、《尉潦子》、《屈原》、《杨子法言》、《墨子》、《鹖冠子》、《陆贾》、《管子》、《区言》、《吴子》、《文中子》、《韩(婴)子》、《谭子》、《抱朴子》、《刘子》、《尹文子》、《适一子》、《子华子》、《孔丛子》、《桓子》、《鬼谷子》、《孙武子》、《郁离子》。齐鲁书社于1995年出版此书。该书是节录诸子的言论,同时采录焦竑、翁玉春、朱之蕃三人评论。《四库提要》谓:“其书杂取诸子,毫无伦次,评语亦庆皆托名,谬陋不可言状,盖坊贾射利之本,不足以当指摘者也。”李序或为伪托。

《注释九子全书》14卷 明书林詹圣译刻,《丛书综录》有载录,题为明焦竑注释,翁正春评林。所选子书分别为《老子》、《庄子》、《列子》、《淮南子》、《吕氏》、《韩非子》、《杨子法言》、《文中子》、《荀子》等。该书体例仿《二十九子品汇》,盖为《二十九子品汇》的改编本。

三

《四家诗选》1卷 《四库提要总目·集部·总集类存目三》题为傅振商编撰,又称:“是集选顾起元、焦竑、郭正域、叶向高四人诗,人各一卷。盖崇祯元年为南京兵部侍郎时刻,亦书帕书也。”是研究焦竑诗文论和文学成就的重要文献。

《诗隽类函》150卷 《四库全书总目·子部·类书存目二》题为明俞安期撰,称:“故但分摭录,间附以诗话小说。又称焦竑之语。”

《艺薮谈宗》6 卷　明周子文编。《四库提要总目·集部·诗文评选类存目》有载录。该书是编辑包括焦竑在内的明朝文人共十九家的诗论语，对研究焦竑及其明季诗歌文论有着重要的参考价值。

《金陵雅游篇》1 卷　明熹宗天启三年(1623)朱之蕃刻，北京图书馆藏，题余孟麟、焦竑、顾起元、朱之蕃撰，顾起元在《客座赘语》中题为:“余(余孟麟)与焦澹园、朱蓝隅(之蕃)、顾邻初(起元)同赋作。”该书收录余、焦、朱、顾四位金陵名流的唱和诗作。

《澹园词》1 卷　民国初年赵尊岳辑刻《惜阴堂汇刻明词》(又名《明词汇刊》)有载录。该书收焦竑词 40 余首。是研究焦竑文学成就的重要文献。

《绝句衍义》4 卷、《绝句辨伪》8 卷、《绝句附录》1 卷、《唐绝增奇》5 卷、《唐绝搜奇》1 卷、《六言绝句》1 卷、《五言绝句》1 卷　明曼山馆刻，题杨慎辑，焦竑批点。《续修四库全书总目·集部·总集类》有著录。该书是研究焦竑诗歌和文学成就的重要文献。

《焦氏藏书目》2 卷　黄氏《千顷堂书目》有著录。按:《澹生堂藏书训》称:“金陵焦太史弱侯，藏书两楼，五楹俱满。”在《天禄琳琅书目》中的宋版《演繁露》、明刻《事类赋》上均印有“澹园焦氏珍藏”。另:《千顷堂书目》载录《忻赏斋书目》2 卷，但不记编撰者。“忻赏斋”为焦竑书斋名，可见《忻赏斋书目》与《焦氏藏书目》都是记载焦竑藏书情况，不知是否为同一书目。黄氏录《忻赏斋书目》而不记编撰者，盖当时黄氏已有疑问。或许二书目中其中一个为焦竑所书，另一书目为亡佚后，后人根据所搜集到书籍而编制的。焦竑图书亡佚很多，黄宗羲在《天一阁藏书记》中记载："余在南中，闻焦氏书欲卖，急往讯之……时冯邺仙官纳言，余以为书归邺仙，犹归我也，邺仙大喜，及余归而不果，后来闻亦散去。"但何为焦竑所书，何为后人所书，无法考证。

《京学志》8卷　黄氏《千顷堂书目》、《明史·艺文志》皆有载录。《同治上元县志·艺文志》著录此书为3卷。书前有焦竑自序，序中谈到该书是张履正始撰，经何琪枝、张礼化整理，由焦竑最后定稿。该书是叙述应天府学的沿革及典制情况，对研究南京的教育状况和江南文化有一定的参考价值。陈懿典在《陈学士初集》卷三十叙有《应天学志》，两著似为一书。

《金陵旧事》10卷　黄氏《千顷堂书目》有著录。《同治上元县志·艺文志》的"注"载录："《金陵旧事》十卷，焦竑纂。"陈第《世善堂藏书目录·诸子百家类》、清陈作霖《金陵琐事》均著录为2卷。顾起元在《客座赘语·金陵人金陵志诸志》中记载："焦太史竑有《金陵旧事》。"按：《焦氏笔乘》卷七、八有"金陵旧事"2卷。盖二者应为一书，只是分卷次数有异。从《笔乘》记载中可知，该书讲述金陵（南京）人物传记、风土人情、传说典故等，对研究南京的历史和江南文化颇有参考价值。

《东宫讲义》6卷　黄氏《千顷堂书目》有著录，但无卷数。清徐开任《明名臣言行录》卷七十四《修撰焦文端公竑》有载录。是书盖是焦竑任东宫讲读官时讲稿，但未见传本。

《养正图解》2 卷 《明史·艺文志》、陈第《世善堂藏书目录·诸子百家类》均有载录。万历二十一年(1593)安徽新安玩虎轩刻本，刻工黄锛。万历二十二年(1594)金陵陈奎壁斋刊本，刻工黄奇。该书有焦竑自序，丁云鹏作图。除万历刻本外，还有清康熙、光绪等刻本，刻本较流布甚广。《续修四库全书总目·子部·儒家类》著录此书，但不分卷。《中国传统德育经典名著丛书》收入何新波译注、文白对照的《养正图解》，海南国际新闻出版中心于 1997 年出版此书。北京图书馆于 2000 年排印出版《养正图解》2 卷。《二十一世纪人文经典——皇家藏书系列》收录由柯夫、倩青点校注译，文白对照的《养正图解》，由中国言实出版社于 2001 年出版。湖南美术出版社于 2005 年出版何新波译注、文白对照的《养正图解》。焦竑在自序中称："高皇帝选出耆老魁垒之士，从太子诸王以游，命诸臣在讲经书的闲暇，开陈明君良相、孝子忠臣的故事，及时政沿革、民间疾苦之类，又命绘农业艰难和古孝行图以进，以做到本末具举。"全书选辑从春秋战国到唐宋时期一些有作为的皇太子的事迹达 60 个，分门别类，图文并茂，是研究焦竑政治思想和教育思想的重要资料。

《百贤图》1 卷 题署为"焦竑撰，思齐编，丁云鹏等绘画"。本书汇辑历代名臣言行和儒林故事，描绘了中国古代士大夫的精神风范，内容有寝门视膳、膳斥鲍鱼、赈贷贫民、丹书受戒、听朝四辅、桐叶封虞、亟用贤人、戒君节饮、善言格天、自结履系计十部分。该书由三秦出版社于2001年出版。

《词林历官表》3卷 《明史·艺文志》著录此书。明过庭训《本朝分省人物考》卷十三《南直隶应天府》、清陈作霖《金陵通传·焦竑传》、清徐开任《明名臣言行录》卷七十四《修撰焦文端公竑》均有载录。该书是明朝翰林出身的官员的历官表,对研究明朝官员和官制情况,有重要的参考价值。

《词林嘉话》不知卷数 陈懿典在《陈学士初集》卷三十四叙及此书。孙殿起的《贩书偶记》卷六著录此书。盖此书是叙述翰林典故之类的作品。

《状元策》未标明卷数 黄氏《千顷堂书目》、《明史·艺文志》均著录《明状元策》12卷,注"坊刻本",但未题撰著姓名。《四库禁书总目》有著录,题焦竑撰,认为此书是"历科状元对策之文,其后坊间陆续增刻,自明刻至本朝集录颇为完备"。

《两翰林纂注诸子折衷汇锦》10卷 万历三衢书林龚少冈刻本,题焦竑撰,陈懿典评阅,但未见传本。

《两汉萃宝评林》2卷 明万历十九年(1591)余明吾自新斋刻,题李廷机注释,李光缙汇评,又有许国作序。是书选编《汉书》及《后汉书》的文章,又汇辑自苏轼至田艺衡等人的评论,最后由焦竑润色而成。序文浅陋,疑非许氏之笔,盖商贾借焦竑之名为牟取暴利而伪作此书。北京出版社于2000年出版此书,刊印于《四库未收入辑刊》。

《史记萃宝评林》3卷 明万历十九年(1591)余明吾自新斋刻,题李廷机注释,李光缙汇评,又有许国作序。是书选编《史记》的文章，又汇辑后人的评论，最后由焦竑润色而成。序文浅陋，疑非许氏之笔，盖商贾借焦竑之名为牟取暴利而伪作此书。该书刊印于《四库未收入辑刊》，2000 年由北京出版社刊印出版。

《新刊焦太史续选百家评林明文珠玑》10 卷 明末刻本，题焦竑撰。该书是明代文章选评本，文字粗浅，应是民间坊刻本。

《古珠玑》未标明卷数 《同治上元县志·艺文志》有载录，题焦竑撰。该书是古文选本之类，盖是《明文珠玑》的增本。

《中原文献》24 卷 明万历刻本，有焦竑自序，汇选明以前经、史、子、集的内容，以利于科举考试。《四库全书总目·集部·总集类存目三》有载录，并附《通考》1 卷。《四库提要》疑此书为伪书："是书自序云：'一切典故无当于制科者，概置弗录。'识见已陋，至首列六经，妄为删改，以为全书难穷，只揭大要，其谬更甚，竑虽耽于禅学，敢为异论，然在明人中尚属赅博，何至颠舛如是，殆书贾所伪托也。"

按：从焦竑《中原文献·序》中也可看出端倪。其一，序文开头："焦竑曰：不佞自属文时，辄喁喁嗜古，讲殚五本，富百民。"

焦竑虽然思想自由不为传统所缚，但是其人为性情中人，为人谦逊，笔者所见到的焦竑序文中，从未见过径直用"焦竑曰"表达自己的见解，而是用"余"代替"焦竑"。其二，序末署款为："万历丙申一阳月谷旦，金陵漪园焦竑弱父书"，不符合焦竑的用语习惯,所以可以判断该序文应为伪作。

《明四先生文范》4卷 有日本元文二年(1737)刻本,题为弱侯父焦竑选。刻书人是日本熊耳山人余承裕。该书是选“四先生”文章为范文,各1卷。“四先生”即李梦阳、李攀龙、汪道昆、王世贞。余氏已疑其书为伪作:“此书之刻,余有未能信者,而犹豫焉。”

《汉前将军关公祠志》8卷 明万历三十一年(1603)赵钦阳刻,题“赵钦阳、焦竑撰”。黄氏《千顷堂书目》载录为9卷。焦竑曾为该书作序。从焦竑的序中我们可知,此书为赵钦阳所著,焦竑“乃稍稍增损而绪正之,分为八卷,已定可缮写”。

《刻郑一拂先生祠录》1卷 明万历三十四年(1606)邓镳刻,题焦竑辑。黄氏《千顷堂书目》有载录,但不标注辑者。按:一拂即一拂居士,宋郑侠号,南京上元县人。王安石变法时郑侠上《流民图》,谏变法之弊病。焦竑甚推重一拂居士,并为之刻祠,以抒胸臆。

校刻《北西厢记》 万历十年(1582)焦竑以龙洞山农之名校刻《北西厢记》,题陈大来校,龙洞山农序。① 万历二十六年(1598),陈邦泰继志斋重刊此书。日本尚存重刊本,名为《重校西厢记》,龙洞山农序文仍存。序云:“余园庐多暇,粗为点定,其援据稍僻者,略加诠释,题于卷额,合《琵琶记》

---

① 卜键:《焦竑的隐居、交游与其别号“龙洞山农”》,《文学遗产》1986年第1期。

刻之。”另:陈荩卿的《北宫词纪》中又有一序署名为:龙洞山农,同时印有“太史氏”、“弱侯”二章。

《升庵外集》100卷 杨慎著,焦竑编辑。万历四十五年(1617)刻,崇祯十一年(1638)重刻,清道光二十四年(1844)四川新都修志局再刻,《明史·艺文志》载录有“杨慎《升庵外集》一百卷,焦竑编次”。书前有顾起元作序,汪辉与焦竑题识。顾起元在序中谈道:“吾乡澹园先生……生平读其(杨慎)书而好之,凡所为闷而不传者,广为搜辑……手自排缵,汇为内外二集……异者疏之,同者舍之,复者删之,互者仍之,疑者阙之,误者正之。就一部之中,别之以类,就一类之内,辩之以目。巨细毕收,纲维不紊。”焦竑在题识中指出:“《外集》,余乡叶循甫(遵),豫章王曰常嗣经共为排纂,而余先后词成。顾公(起元),汪公(辉)则喜与剞劂焉。”从中可知此书是由焦竑、叶遵、王豫章担任,而焦竑用力最勤,并有顾起元、汪辉出资刊刻。

参考文献

一、古人著述

[汉]司马迁:《史记》,中华书局 1959 年版。

[宋]黄庭坚:《宋黄文竹公全集》,《四部丛刊》本。

[明]杨慎:《升庵诗话》,中华书局 1986 年版。

[明]焦竑著,李剑雄点校:《焦氏笔乘》6 卷、续集 8 卷,上海古籍出版社 1986 年版。

[明]焦竑:《国史经籍志》6 卷,《丛书集成新编》本,台湾新文丰出版公司 1985 年版。

[明]焦竑:《庄子翼》8 卷、《阙误》1 卷、《附录》1 卷,《四库全书》本。

[明]焦竑:《老子翼》6 卷、《附录》1 卷、《考异》1 卷,《丛书集成新编》本,台湾新文丰出版公司 1985 年版。

[明]焦竑:《易筌》6 卷、《附论》1 卷,《续修四库全书》本。

[明]焦竑:《国朝献征录》120 卷,上海书店 1986 年影印

明万历刻本。

[明]焦竑著,李剑雄点校:《澹园集》49卷、续集27卷,中华书局1999年版。

[明]沈德符:《万历野获编》,中华书局1959年版。

[明]顾起元:《客座赘语》,中华书局1987年版。

[清]黄宗羲:《明儒学案》,中华书局1985年版。

[清]张廷玉等:《明史》,中华书局1974年版。

二、近人专著

胡朴安、胡道静:《校雠学》,商务印书馆1931年版。

郑鹤声、郑鹤春:《中国文献学概要》,商务印书馆1933年版。

刘叶秋:《历代笔记概述》,中华书局1980年版。

唐兰:《古文字学导论》(增订本),齐鲁书社1981年版。

吴枫:《中国古典文献学》,齐鲁书社1982年版。

侯外庐等:《宋明理学史》,人民出版社1984年版。

胡朴安:《中国文字学史》,上海书店1984年版。

姚名达:《中国目录学史》,上海书店1984年版。

胡朴安:《中国训诂学史》,上海书店1984年版。

张世禄:《中国音韵学史》,上海书店1984年版。

周大璞主编:《训诂学初稿》,武汉大学出版社1987年版。

李国祥、彭益林主编:《古籍整理研究(八种)》,武汉工业大学出版社1989年版。

杨燕起、高国抗主编:《中国历史文献学》,书目文献出版社 1989 年版。

陈来:《宋明理学》,辽宁教育出版社 1991 年版。

汪耀楠:《注释学纲要》,语文出版社 1991 年版。

管锡华:《校勘学》,安徽教育出版社 1991 年版。

李国祥、杨昶主编:《国学知识指要》,广西人民出版社 1993 年版。

嵇文甫:《晚明思想史论》,东方出版社 1996 年版。

李剑雄:《焦竑评传》,南京大学出版社 1998 年版。

汪涌豪、骆玉明主编:《中国诗学》,东方出版中心 1999 年版。

瞿林东:《中国史学史纲》,北京出版社 1999 年版。

左东岭:《王学与中晚明士人心态》,人民文学出版社 2000 年版。

周群:《儒释道与晚明文学思潮》,上海书店出版社 2000 年版。

张常智:《明代哲学史》,北京大学出版社 2000 年版。

唐作藩:《音韵学教程》,北京大学出版社 2002 年版。

向燕南等:《中国史学思想通史·明代卷》,黄山书社 2002 年版。

李圣华:《晚明诗歌研究》,人民文学出版社 2002 年版。

张三夕主编:《中国古典文献学》,华中师范大学出版社 2003 年版。

钱茂伟:《明代史学的历程》,社会科学文献出版社 2003

年版。

傅玉璋、傅正:《明清史学史》,安徽大学出版社 2003 年版。

张舜徽:《中国文献学》,华中师范大学出版社 2004 年版。

张舜徽:《广校雠略》,华中师范大学出版社 2004 年版。

张立文主编:《中国学术通史(明代卷)》,人民出版社 2004 年版。

倪其心:《校勘学大纲》,北京大学出版社 2004 年版。

〔德〕加达默尔著,夏镇平、宋建平译:《哲学解释学》,上海译文出版社 2004 年版。

龚鹏程:《晚明思潮》,商务印书馆 2005 年版。

杨艳秋:《明代史学探研》,人民出版社 2005 年版。

张舜徽:《爱晚庐随笔》,华中师范大学出版社 2005 年版。

南炳文、何孝荣:《明代文化研究》,人民出版社 2006 年版。

三、学术论文

谢国桢:《明清野史笔记概述》,见《明史研究论丛(第一辑)》,江苏人民出版社 1982 年版。

朱积孝:《〈笔记小说大观〉述评》,载《齐齐哈尔大学学报(哲学社会科学版)》1993 年第 3 期。

张克伟:《论泰州王门学派对晚明思潮之影响》,《齐鲁学刊》1998 年第 6 期。

刘晓东:《“三教合一”思潮与“三一教”——晚明士人学术社团宗教化转向的社会考察》,《东北师范大学学报(哲学社会科学版)》2002 年第 1 期。

杨绪敏:《论焦竑及其史学研究的成就与缺失》,《江苏社会科学》2002 年第 3 期。

陶敏、刘再华:《“笔记小说”与笔记研究》,《文学遗产》2003 年第 2 期。

龙晓英:《焦竑研究》,南京师范大学 2005 年硕士论文。

刘海滨:《焦竑与晚明会通思潮》,复旦大学 2005 年博士论文。

戴继诚:《左派王学:出世信仰的彰显与入世智慧的尴尬》,《浙江社会科学》2005 年第 6 期。

展龙:《论焦竑〈献征录〉的史料价值》,《史学史研究》2007 年第 1 期。

陈瑞芳:《从〈焦氏笔乘〉看焦竑文献考据学研究》,湖南师范大学 2010 年硕士论文。

姚家全:《焦竑的编纂活动考略》,华东师范大学 2010 年硕士论文。

黄熹:《试论晚明儒学转向说的理论缺陷:以焦竑思想为中心》,《孔子研究》2011 年第 2 期。

胡翠娈:《焦竑〈焦氏类林〉研究》,浙江师范大学 2011 年硕士论文。

白静:《焦竑思想研究》,北京大学 2011 年博士论文。

黄熹:《从“明道”到“明性”:焦竑〈老子翼〉思想阐释》,《中国哲学史》2011 年第 4 期。

韩伟:《杨慎对焦竑之影响考释》,《古籍整理研究学刊》2013 年第 2 期。

刘根勤:《“心学”与“实学”之间——对焦竑与徐光启学术交往的考察》,《暨南学报(哲学社会科学版)》2013 年第 2 期。

后记

拙著即将付梓了，看着一串串跳动的字符，使我又回到在华中师范大学读研究生的美好时光。时光如梭，一晃就是六年，在这六年里，我从对文献学充满好奇的学生蜕变成站在大学的讲坛上讲授文献学的老师，心中之情难以言表。

我才疏学浅且愚，忝列杨师昶门墙，杨师从未遗弃，反而关注尤佳，增加了我对文献学学习和研究的信心。后在周师国林的教诲下完成博士论文的写作。杨师母和周师母也时常问及我的生活，叨念我家庭情况。在求学期间，文献所的刘韶军老师、王玉德老师、董恩林老师、刘固盛老师、李晓明老师、谭汉生老师、查旺双老师、徐艳芳老师等都给我莫大的帮助。这些使我感受到文献所这个大家庭的温暖。

我们从事文献的整理不仅仅是简单地整理文献，贤人云："睹乔木而思故家，考文献而爱旧邦。"每每国家处在危难之时，一批硕儒贤能聚集书斋，整理旧典，以表其爱国之情。中国古籍可谓汗牛充栋，但是世人可见、可读的文献典籍不到十一，这些旧典何以得见天日，让我们再述先人情怀，这必是文献整理之重任。

有了可靠的文献资料后，我们也不能看着硕硕成果窃自欢喜，要继续深入探究先人的学术思想。当前学界对学术思想史的研究，大概有两种取向：第一，哲学史的取向。近代以来从事学术思想史研究的大家大都源自西方哲学之体系，故他们关注中国历史上的著名哲学大家和重要的哲学观点，这对于我们明晰哲学的变迁大有裨益，但这种取向易忽略学术思想的整体性；第二，社会史的取向。近几年来这种趋势受到学者的青睐，社会史的研究方法使我们在探究学术思想史的演进中关乎更多的群体，在材料上也大开眼界，尤其是一些方志、碑刻、谱牒等"边缘"文献以及出土文献的介入，使我们的视野大为开阔，但这种取向易忽视学术的前瞻性。其实我们要想全面理清先贤的学术思想，必然需要掌握大量传世文献，从文献中探究学术思想，还贤人们一个真实的自我。

毫无疑问，学术思想史研究离不开当时的社会背景，进一步讲，贤人所阐发的学术思想是为了解决当时的社会问题，"义理、考据、词章"是三位一体的，"文以载道"，他们的所发之言、所抒之情、所著之述，其实都是他们面对国家和社会的现状，或赞誉，或批判，祈希国家和社会向着更好的目标迈进。关注社会，必然是他们一生的追求。

我从文献学入门，进而步入学术思想史的殿堂，再而探究社会史的旨趣。这本小书是摸索这一路径的试验田：首先较为全面分析《焦氏笔乘》的文献学价值；其次探究《焦氏笔乘》的哲学建树，希望在文献梳理的基础上，走进焦竑的思想世界；再次从史学和诗学两个层面梳理焦竑的见解，以凸显焦竑对社会的关注。

当然这些短视，难以成熟，期待读者的斧正。

此书的出版由衷地感谢齐鲁书社的编辑孔帅师弟，是他的辛勤编校，才使拙著得以与读者见面。感谢我的学生杨中曦、王鸿洋和康蓉芳，帮我校对文字。感谢海南师范大学对此书的资助。

我的爱人和老人对此书也很关注，乃至孩子也为我写作让路。

诚惶诚恐地捧上这本不成熟的小书，表达对关心我的人的诚挚的谢意！

史振卿

2013年5月于海口

图书在版编目(CIP)数据

《焦氏笔乘》研究/史振卿著.—济南：齐鲁书社，2013.8

ISBN 978-7-5333-2757-6

Ⅰ.①焦… Ⅱ.①史… Ⅲ.①笔记—中国—明代—选集②中国历史—史料—明代③《焦氏笔乘》—研究 Ⅳ.①K248.066

中国版本图书馆 CIP 数据核字(2013)第 179005 号

《焦氏笔乘》研究

史振卿 著

出版发行	齊鲁書社
社　　址	济南市英雄山路 189 号
邮　　编	250002
网　　址	www.qlss.com.cn
电子邮箱	qilupress@126.com
印　　刷	山东人民印刷厂
开　　本	850mm×1168mm 1/32
印　　张	10
插　　页	3
字　　数	207 千
版　　次	2013 年 8 月第 1 版
印　　次	2013 年 8 月第 1 次印刷
标准书号	ISBN 978-7-5333-2757-6
定　　价	**38.00 元**